体育与健康

黄建团　蒋东升　主　编

北京理工大学出版社
BEIJING INSTITUTE OF TECHNOLOGY PRESS

内容简介

全书分两篇：第一篇体育理论篇，阐述体育文化、体育赛事文化、中华民族传统体育文化的含义、历史与特点，学校体育文化、思想与人才培养，健康教育的基本含义、体育锻炼与健康、体育保健技能、体育与人的心理健康、体育与人的社会适应。第二篇运动技术篇，系统地介绍了篮球、排球、足球、网球、乒乓球、羽毛球、轮滑、瑜伽、太极拳、搏击、武术、健美操、游泳、导引经络养生、脚斗士、空竹、抛绣球、毽球、跳竹杠、木板鞋、踩高跷的基本技术、练习要求与方法、比赛规则以及注意事项，让大学生通过学习与锻炼，掌握运动技能与锻炼方法。

图书在版编目（CIP）数据

体育与健康／黄建团，蒋东升主编．—北京：北京理工大学出版社，2012.10
ISBN 978－7－5640－6803－5

Ⅰ.①体…　Ⅱ.①黄…②蒋…　Ⅲ.①体育－高等学校－教材　②健康教育－高等学校－教材　Ⅳ.①G807.4

中国版本图书馆 CIP 数据核字（2012）第 219553 号

出版发行／北京理工大学出版社
社　　址／北京市海淀区中关村南大街 5 号
邮　　编／100081
电　　话／(010)68914775(办公室)　68944990(批销中心)　68911084(读者服务部)
网　　址／http://www.bitpress.com.cn
经　　销／全国各地新华书店
印　　刷／北京泽宇印刷有限公司
开　　本／787 毫米×1092 毫米　1/16
印　　张／16
字　　数／526 千字
版　　次／2012 年 10 月第 1 版　2012 年 10 月第 1 次印刷
印　　数／1～1000 册
定　　价／38.00 元

责任编辑／施胜娟
申玉琴
责任校对／周瑞红
责任印制／王美丽

前　言

体育与健康课程是大学生以身体练习为主要手段，通过合理的体育教育和科学的体育锻炼过程，达到增强体质、增进健康和提高体育素养为主要目标的公共必修课程。它是寓促进身心和谐发展、思想品德教育、文化科学教育、生活与体育技能教育于身体活动并有机结合的教育过程，是学校课程体系的重要组成部分，是高等学校体育工作的中心环节，是实施素质教育和培养全面发展的人才的重要途径。

随着经济的全球化发展，高等教育改革也不断深入，办学规模不断扩大，招生人数不断增加，为了适应高等教育教学内容和课程体系改革总体目标，根据教育部《全国普通高等学校体育课程教学指导纲要》基本要求，我们积极开展体育课程课堂实效性教学的研究。经过多年的教学实践，我们编写了这本具有地方特色的高等院校公共体育教材。此教材同时也是我们自治区级精品课程“民族传统体育学”和校级教材建设项目的研究成果之一。

本书吸取了10年来我国体育教学实践经验、教改研究成果，充分挖掘地方性体育课程教学资源，按知识模块将现代体育项目与民族传统体育项目、体育文化知识、健身锻炼内容与方法结合起来，在内容选择上力求具有教育性、健身性、娱乐性、地方性与不同层次学生的兴趣与爱好，突出培养学生体育文化素养与运动技能，将技能掌握与运动生涯有机结合，充分体现了“健康第一”的学校教育指导思想。本书不仅可以作为高等院校体育课程的教材和科技人员的参考书籍，也可作为高等教育自学考试教材及考研参考书。本书具有以下特点：

1. 体现新课程标准理念。本书在整体设计上，以“健康第一”为指导思想，以学生为主体，突出培养学生体育文化素养与运动技能，将终身体育意识培养贯穿于各个知识模式中。

2. 教学内容的普适性。本书在知识结构与内容的设计上，充分考虑了不同高校的教学基本条件、教学模式与地方教学资源的特点，在章节中以知识模式、项目独立设计，以便各校选取符合本校的教学内容。

3. 充分开发地方资源。将多年建设的自治区精品课程“民族传统体育学”优秀成果吸取于本书中，突出地方性与创新性。

4. 强化教学的直观性。实践模块教学中，以图片演示的方式直观演示运动技术动作的轨迹。

由于编者水平有限，本书在编写和内容的组织上必定存在一些不足之处，敬请同行及读者批评指正。

编　者

作者简介

黄建团，广西体育事业规划评审专家组成员、广西优秀体育课评审专家组成员，研究方向为体育教学与民族传统体育文化。近年来公开发表论文13篇，其中核心期刊5篇；主持或参与科研课题8项，其中参与国家社科基金课题2项；作为主要负责人承担教育部重点课题子课题1项；参与国家民委课题1项；主持国家体育总局课题1项；主持广西哲学社会科学课题1项；主持广西教育厅课题2项；主持校级课题5项；编写教材2部；获省部级教学科研成果奖4项。

蒋东升（1968— ），男，副教授，硕士，硕士生导师，主要研究方向为体育人文社会学和民族传统体育。在国内外核心期刊、省级期刊上共发表论文20余篇，主持完成编著2部，参编7部。

目　录

第一篇　体育理论篇

第二篇　运动技术篇

第一篇

体育理论篇

第一章 体育文化

第一节 体育的起源与发展

一、体育的概念

长期以来学术界对“体育”一词的理解一直存在分歧，通常认为：体育是“人们锻炼身体、增强体质、延长生命的重要方法；是与德育、智育、美育等相配合的整个教育的组成部分；它以竞技的形式，成为人们文化生活的内容和各国人民之间加强联系的纽带”。因而，学者们将体育分为广义体育和狭义体育。广义体育是指以身体练习为基本手段，以增强体质，促进人的全面发展，丰富社会文化生活和促进精神文明为目的的一种有意识、有组织的社会活动；狭义体育是一个发展身体，增强体质，传授锻炼身体的知识、技能，培养道德和意志品质的教育过程；是对人体进行培育和塑造的过程；是教育的重要组成部分；是培养全面发展的人的一个重要方面。

通过上述表述，我们发现无论人们对“体育”的理解有多大的差异，但有两点是基本相似的，即对“手段”和“目的”的理解：所有人都承认“体育”的基本手段是“身体练习”（或“人体运动”），而这种手段总是具有一定的非功利性目的。

二、体育的起源

体育产生于人类初始阶段的原始社会，因而，人类体育活动的原型和起因，应该到从猿到人的整个过程中去找寻。从古老神话中宙斯战胜自己的父神克罗诺斯和珀罗普斯战胜未来岳父之后登上王位视为古部落酋长的产生过程，其所传达的信息，即通过竞技的方式产生新的部落酋长。这些古老的身体活动都带有强烈的功利性目标，那它们是怎样转化为非功利性的体育活动呢？从匈牙利人拉斯洛·孔所著《体育运动全史》中小故事——“俾格米人的巫术”来看，正是巫术（本故事是射毒箭）使身体活动具有了非功利性的、独立的意义和仪式化的形式。在当时生产效率极端低下、人们为生存不得不付出大量时间和精力的情况下，只有在巫术的庇佑下，身体活动才能逐步与劳动、军事等活动分离出来，并逐步发展成为独立的社会。

总的来看，体育的起源是一个复杂的过程：组织化的身体教育行为产生于劳动技能的传习、巫术和模仿游戏；形成于原始族群首领产生过程（从动物首领到部落酋长的产生）的原始祭祀和成年礼仪中发育出最初的竞技形式；某些娱乐性身体活动可能来源于动物阶段的嬉戏行为或对劳动、军事活动的再现；而形形色色的运动形式部分来源于人类动物祖先遗传下来的本能活动，部分脱胎于对劳动或军事活动的提炼。在这个过程中，由于原始人类万物有灵意识的影响，巫术发挥了重要作用。我们把这种在时间、空间和目标意义上实现了与直接的劳动和军事过程的分离的身体互动称为原始体育，其时间大约在距今15 000年的中石器时代，而弓箭的发明和各种巫术化身体活动的出现，正是原始体育形成的主要标志。

三、体育的发展

从原始体育产生到当今的体育，经历过古代体育、现代体育和当代体育三个阶段。

古代体育跨时最长，从中石器时代一直到西方中世纪时期。阶段性的典型的代表有，第一阶段为不同特色的区域体育文化形成时期，表现为古代大和流域农耕文明社会的体育、古代亚欧草原游牧民族的体育以及古代美洲体育；第二阶段为古代中国体育，表现为先秦两汉时期中国古代体育基本格局的形成，晋唐时期和而不同、多族共荣体育格局的形成，重心向民间转移的宋元明清体育；第三阶段为古希腊罗马体育，主要有古代奥林匹克祭典下的体育、古希腊城邦社会体育与竞技、古罗马体育；第四阶段为中世纪的欧洲体育，主要有骑士教育中的体育和中世纪后期的欧洲民间体育。

现代体育从西方文艺复兴到新中国的成立，即15世纪到1949年。这一时期，西方体育主要经历了文艺复兴宗教改革与现代体育的兴起，现代奥林匹克运动的形成与早期发展，西方现代体育在中国的早期传播以及中国体育的初步现代化等过程。

当代体育指1945年至今的体育发展，第二次世界大战后体育获得了新发展，体育的全球化与多元化成为新的发展趋势；在这一过程中，新中国体育事业创立并曲折发展，经历过“文化大革命”时期和奥运会中国代表权问题等，我国大陆及港澳台地区体育都获得了前所未有的发展景象。但同时，受种种因素制约，我国体育的发展仍面临不少问题，如不同群体体育发展不平衡，体育的社会问题仍存在，相关体育体制不能完全适合当前社会发展等。

四、体育的本质

本质是事物本身所固有的、决定事物性质、面貌和发展的根本属性。在国外体育发展史上，众多学者，从古希腊的柏拉图、亚里士多德、卢梭到后来众多的学者都对体育有过较多的研究和描述。总的来看，国外观点多把体育看成教育的一个重要组成部分，重视从强身健体、增进健康的视角去认识体育的本质属性。国内学者严复、蔡元培、杨昌济、陶行知、方万邦直至毛泽东等提出了“德、智、体”三育并重，“教育不可不置重于体育”，“发展体育运动，增强人民体质”等观点。这些观点都把体育理解成教育的一部分，强调体育对健康的促进作用。

体育作为一种锻炼身体、增进健康、改善生活方式、提高生活质量的本质规定。体育过去是、今天是、将来也必定还是“以人体运动为基本手段，增进人们健康，提高生活质量”，这就是体育的本质。

五、体育的功能

在当今全球化和体育扩大化发展背景下，体育的功能由单一的身体功能向政治、经济、文化等多元功能扩张，但无论怎样的变化，体育的本质功能总是与健康联系在一起的。

进入小康社会，体育在生理、心理方面的功能得以细化和加强，而体育的社会功能正在悄然发生转变。第一个转变：从生产到生活。这一转变涉及体育与经济的关系，是世界性的趋势。促进生产发展，曾被认为是体育最重要的社会功能。在体力对生产力的发展起重要作用的年代，体育培养体力强壮的生产者，而生产的目的就是为了再生产，增强体质直接增强了劳动生产力。进入后工业社会，体力不直接作用于生产，体育的社会功能就从促进生产劳动转变为提高生活质量，并为培养高素质的人起作用。第二个转变：从群体到个体。这一转变涉及体育与政治的关系所发生的变化。20世纪，体育活动尤其是高水平的竞赛，作为意识形态较量的工具，曾被种族主义、军国主义利用，抵制奥运会甚至成为超级大国之间较量的武器，给人类的和平发展带来了损害，偏离了体育的终极目标。从群体到个体，并不是说应该放弃群体的需要和利益，而是指应该把这种需求和利益更好地体现于个体。当体育不再强调为培养生产工具或政治工具而回到马克思主义提倡的培养全面发展的人的终极目标的时候，体育将实现从满足个体需要的重心转换。第三个转变：从工具到玩具。工具是为了完成工作而利用的器物，玩具是在休闲生活中得到快乐的载体。当然，功能的转移并不意味着其“工具”作用的消失，而是它作为政治工具，不再强调为“专政”和阶级斗争服务，而是转向维护国家的利益和人民的安康；“玩具”作用的增加，实际是要突出它在满足人们在小康社会对体育休闲文化的渴求，弥补中国体育在游戏理论和娱乐实践方面的长达几十年的缺失。

第二节　体育文化概述

一、体育是一种文化

从体育与人类的关系角度看体育文化。人类文化的作用对象不外乎自然、社会和人，而体育文化作为人类文明的标志和发展方向，其根本的核心和灵魂在于改造人，因此，审视体育的文化内涵必须考察它与人的关系。首先，体育是人类把握世界的内容和方式。体育无疑是人类自我控制和调节机能的一种形式，最基本的手段是通过身体活动对人体机能进行再创造，从而改善人类自身；同时，体育通过改善人的身心发展状况和提高人对自然的控制能力，为人的生存和发展需要创造了双重条件。其次，体育是人类推动社会运行的动力和中介。体育文化作为以提高人的肉体能力为基本任务的文化，具有提高人的生存、发展能力的独特作用；体育文化对导向、控制和协调人们社会交往、娱乐、健身等的促进具有社会性意义；在此基础上，体育文化促使人的自然属性与社会属性达到统一，实现了情与理、灵与肉的和谐。最后，体育是人类创造精神财富的载体和标志。体育文化促进人的物质活动和精神活动联系紧密。一方面，体育文化通过锻造身心健康的人和积极向上的社会精神风貌为人的主体性提供良好的前提条件；另一方面，体育文化坚持反对和排斥非文明、反文明的体育形式和思想，将人类行为和思想导向文明范畴。

从体育与文化的关系角度看体育文化。首先，体育符合文化概念与特征。体育文化是在以健身为目的的活动中形成的，并为顺应和满足这种活动的需要而创造一切物质、精神设施。纵观文化的相关内容，体育符合其概念和特征。其次，体育包含文化现象和要素。作为文化的一种，体育文化及其多样化活动展现在人类的各个历史时段；体育文化是人类情感和灵魂的重要体现，是人类思想和观念的重要产物，也是人类智慧和理性的重要创造。最后，体育具备文化结构与功能。在众多的文化结构划分法中，体育文化都与文化的自身结构具有全信息统一的特征，并以其特殊的功能形式契合着文化的功能形式。

二、体育文化的界定

关于什么是体育文化，不同时期、不同国家的学者有不尽相同的理解与阐释。较早的观点之一认为，“体育文化”的英文为 Physical Culture，国内译为“身体文化”。20 世纪，人们对身体文化的理解更加多元化：有人认为身体文化就是身体锻炼；有人认为身体文化是促进健康和增进体力的身体运动体系，顾拜旦即持这种观点；也有人认为身体文化是用科学和美的规律、生命的规律来解释的文化表现，等等。1974 年，国际体育名词术语委员会主席尼古·阿莱克塞博士在《体育运动词汇》一书中认为，体育文化是广义“文化”的一个部分，是各种利用身体练习来提高人的生物学和精神潜力的范畴、规律、制度和物质设施的总和。我国学者冯胜刚认为，体育文化就是人类在所有的体育现象及促进体育发展的活动中，在价值观念、精神状态、情感倾向等层面，在理论认识、方法手段、技能技术等层面表现出来的思维方式，与在有意识的实践活动中表现出来的行为方式的总和。这一观点，尽管罗列了较详尽的领域，但略显繁复。

根据上述观点，并结合体育的概念，我们认为，只有当人们把身体运动作为一种形式和手段，有目的性、有选择性、能动地挖掘人体潜力并促进身心全面发展的社会实践活动后，身体运动才具备体育文化的意义。

三、体育文化的本质

作为人类文明象征的体育文化，其根本的核心和灵魂是“人”，从身体文化和生命文化与人类起源关系的角度看，军事、宗教、教育、游戏等都是晚于体育文化产生的。可以说，体育文化的本质是提高人的素质，培养适合社会需求并能服务社会的人。

体育文化提高人类适应自然的能力。人在生理体质上的纤弱性，使得人只能以群体的形式在自然界中进行生命活动，体育作为尽量提高人的肉体能力的手段，对于提高人的斗争和生存能力具有无可替代甚至是第一重要的作用。这一过程形成了人的物质活动、精神活动及群体生活；同时，人类有目的的生产和劳动活动，形成了区别于动物的“对象化”特征，人与外界所形成的具有对象性特征的关系总和，便成为人的本质。从原始社会到当今高度发达的工业社会，在形式上脱胎于生产劳动的体育，在人类劳动造就人类对象性特征的过程中，即促进人的本质发展方面一直起着重要作用。从人的主体性和本性看，一方面，体育文化通过锻造身心健康的人和积极向上的社会精神风貌为人的主体性提供良好的前提条件；另一方面，体育文化又使人的主体性受到制约，反对不文明的体育行为，将人的体育行为和整个行为导向文明范畴。

四、体育文化的特征

体育文化作为一种社会文化，除了具备上述一般文化的特征外，还具有一些与其他文化不同的特性，具体表现在以下几方面。

（一）主体与客体的同一性

人类的各种文化活动，根据人的活动作用对象不同可分为物质文化、制度文化和精神文化，分别作用于自然、社会、人。体育文化作为文化的一种，其作用的对象虽然是人，但人既有自然属性，又有社会属性，因此，作为身体文化的体育文化最基本的特征是人的活动主体与客体的同一性。

（二）身体表征和传承性

体育文化是一种非语言文字，在运动教育中多采用身体动作，尤其是体育比赛，展现了以身体表征和传承的人体文化特征。

（三）较易理解的亲和性

由于依托最基本的人体活动，体育文化往往比较容易被人接受，并超越民族、阶级、社会制度、宗教信仰等，表现出很强的亲和力。

（四）激越和动感的竞争性

由于竞赛的普遍存在，体育文化往往表现为一种身体技艺的对抗竞赛，超越与竞争一起构成体育文化的一个生命机制。

（五）表现和评价的直观性

体育活动的公平、公正、公开的活动原则以及成绩评价的直观性是体育的生命活力所在，也构成了区别于其他文化的体育文化精髓。

（六）参与和实现方式的多样性

由于体育活动的身体性特征，构筑了参与体育活动的群体、目的、时空、内容、方式以及效果的多样性。

体育文化的上述特征都由体育活动的本质决定，即体育的身体对象性活动，体育活动培养人的最终宗旨。

五、体育文化的功能

体育文化是社会文化在体育活动中的一种独特的文化形式，其内容与形式、结构与功能都有着特殊的规定性和表象形式。体育文化具有以下基本功能。

（一）控制功能

控制功能指体育文化对体育系统的活动进行着自觉或不自觉的控制，从而使体育系统的活动沿着一定体育文化的取向运转。主要表现为：规定体育组织的价值取向；确定体育组织的明确目标；规定体育参与者的行为准则等。

（二）凝聚功能

凝聚功能指体育文化为全体同一参与者确立，产生凝聚力，提供凝聚剂，从而使他们紧密团结在一起，为了共同的目标，追求共同理想，同心协力，开拓前进。体育目标文化、体育团队意识、体育价值取向、体育共同理想等发挥凝聚功能。

（三）运作功能

体育文化的运作功能包括其自身的发展和推动体育系统的发展两方面。对体育文化发展有促进的因素，一是体育文化对生态系统、体育活动和社会进化的适应；二是文化间的流传和传播。内部促进因素有：体育文化内部的求新求全机制，体育文化的求效求优机制，体育文化系统的完备性和自洽性机制，这些因素相互交织起作用。

六、中国体育文化的现代化

任何体育的现代化都是在世界体育文化现代化的规律指导下的综合和动态过程，而中国体育的现代化至少需要把握下述三方面内容，也即体育文化现代化的三条途径：首先，中国传统体育应该顺应“世界体育一体化”体育文化发展趋势，克服单项发展，发挥传统体育优势，充分考虑我国国情，趋同、融合发展传统体育。其次，应向世界进发，走国际化的道路。在传统体育中弘扬奥林匹克精神，推动项目进入奥运会，并利用竞赛推动传统体育的普及提高。最后，必须在挖掘中华民族传统体育的特性的基础上对传统体育的发展趋势进行定位。这些过程不是单一的，也不会有严格的先后顺序，而是一个综合的系统过程，在这一过程中逐步完善和成熟。

对外来体育文化的吸收。吸收的外来体育是否有生命力，取决于能否与本民族的实际相结合创建的体育。在吸收外来体育时，应当科学地选择那些体育中的精华，选择那些适合于我国国情的体育，并将外来体育与本国实践结合，实现两者的融合，创造中华民族的新体育。由于我国幅员辽阔，地形、气候等自然条件和社会风土习俗差异较大，社会经济条件也不尽相同，因此在引进外来体育时，必须结合本地区的实际情况，有选择地吸收，而不是盲目学习。

对现代体育文化精神的把握。首先，应认识和解决中国体育改革面临的若干问题，这些问题主要是体育改革战略目标的不明确所造成的多元功利倾向。其次，要建立中国特色社会主义体育文化。遵从体育文化的相关规律，对旧模式社会主义体育业文化、中国传统体育文化、西方现代体育文化进行鉴别选择，集其精华于一体，形成完美精粹的新型体育文化。再次，在理论上明确体育文化与社会主义市场经济的关系。市场经济需要体育文化，市场经济与体育文化的共同点为优胜劣汰的竞争原则、投入产出的效益原则、公平有序的守法原则。最后，大力发展体育文化产业。体育属于精神生产范畴，发展体育文化业应尊重体育生产的自身规律，以市场为优势，不断提高体育文化产品质量，加快先进文化传播，在满足精神文化需求的同时，进一步激发群众的体育消费欲望，实现体育生产与消费的良性循环。

我国当前正努力由体育大国向体育强国迈进，这种战略转型其实是积极同国际主流文化接轨，在具体实践上表现为：一方面，将逐步实现群众体育的主流地位。我国的体育发展历程表明，过去极少数竞技体育群体只是体育运动群体的小部分，是体育群体的非主流文化，真正的主流文化是广泛的大众都参与体育运动，使运动成为每一个人的生活部分，使其由点向面移动，由运动的“树叶”向运动的“森林”发展。另一方面，发展群众喜闻乐见的体育项目将成为体育文化主流。体育强国的经验表明，发展、普及群众喜闻乐见的体育项目，并在职业体育和重大国际赛事中获得好成绩，如美国的“草根”篮球普及以及美职篮的高水平联赛。再如英国从来不是奥运的金牌大户，但英国足球凭借大众普及广度和文化厚度，一直在世界体坛拥有特殊的地位。而我国目前许多能拿奥运金牌的项目，如举重、体操等，多数是学校不开展，青少年不爱玩，大众不流行的，形成人们常说的“成绩世界一流，普及基本没有”的尴尬局面。当前，篮球、网球的领军人物姚明、李娜的出现，使我国同国际体育文化接轨的成果初步显现，这一局面的改观也将成为我国体育战略转型的重要推动力。在体育文化建设的本质观念上，应重塑“以人为本”与“培养人”的正确观念，这也是我国体育文化的核心内容。由于历史原因，中国体育文化在很长一段时间内都是以国家、民族荣誉为指向的竞技体育，与以大众体育和职业体育为核心的国际主流体育文化存在较多差异。在新时期的体育文化建设中，我们应充分认识到体育是一种生活方式，其终极目的是为了培养人的素质，提高人们的生活质量。

第三节　中西方体育文化

世界各民族都有自己的文化传统和各自社会发展的道路，人类历史的经验比较表明，不同文化只有相互比较、借鉴，才能共同繁荣。作为文化重要组成部分之一的体育文化也不例外，东方体育文化和西方体育文化都是人类共同的体育文化，是人类相互交往的结果，对东西方体育文化进行比较研究，有利于加强不同背景文化之间的交流与合作，通过相互吸收、相互借鉴、优势互补，有利于我们更好地发展世界体育文化，实现共同繁荣。

一、中国传统体育文化的特征

中国传统体育文化以汉族文化为主体，融合多种民族文化而形成，是各民族养生、健身和娱乐体育活动的总称，它决定着传统体育文化所表现出来的种种特征。

中国传统体育文化内容丰富、源远流长。中华民族在几千年的发展过程中，以自己的聪明才智创造了极其丰富灿烂的中国体育文化。对人类的体育文化作出了巨大贡献的中国传统体育文化，经历了漫长的历史发展过程，兼容了各个历史阶段的优秀体育文化成果。中国传统体育文化以中国传统哲学思想为理论基础。中国传统哲学思想中的“天人合一”和“气一元论”等重要观点，具有典型的整体观，强调人与自然是一个整体，把“神”与“形”视为一个整体，强调神形合一。以此为基础，中国体育文化呈现出丰富的文化内涵和广博宏大的理论体系。

中国传统体育以防病健身、竞技表演、文化娱乐为基本模式。中国古代的养生主张形神兼顾、内外同修、以外练身、以内修心，并认识到了心理在健身的重要作用。这些延年益寿的健身活动成为集竞技性、表演性、游戏娱乐性、艺术观赏性、趣味性于一体的综合运动形式。中国传统体育文化以宽厚、礼让、和平为价值取向。古代中国注重情感和尊崇道德观念，这种观念在体育活动中得到了充分体现。儒家的“尚仁”，墨家的“兼爱”等思想在规范人们的体育行为、平和体育气氛方面具有积极意义。传统文化中重义轻利的价值观念历代相传，反映在体育中就是崇尚体育的伦理价值而贬低体育的实用价值，是中国体育文化呈现出以宽厚、礼让、平和为特征的伦理价值取向。

二、西方体育文化特征

西方文明在开始阶段就表现出了对现实功利的积极追求，讲究在平等的基础上开展竞争，努力获得个人的最大利益和幸福。在这样的基础上，早期西方社会就逐渐形成了功利主义的道德原则、强烈的竞争意识和对力量的崇拜。

强调以人为中心——以个人为社会本位。西方传统价值观中主张竞争为贵，物竞天择，适者生存的信条和德性。在这种理念下也就自然诞生了以个体为本位的体育思想，他们进行比赛时代表个人，参加体育活动纯粹是个人的爱好，这些思想也深刻地反映在奥林匹克运动上。西方从事体育活动坚持的是个人主义，提倡个性解放，宣扬个性独立，突出个人自由，尊重个人权利，重视契约关系。在竞技体育运动中，充分肯定了个人的奋斗与个人价值，将个人英雄主义推至极致。

多元的文化价值。长期以来，西方体育文化产生与发展的经济基础是以海洋贸易为本的商品经济，具有开放性和外向性；此外，欧洲历史的特点之一是文化的多样性，民族国家众多林立。因此，不同国家和民族的体育一经产生，在融入西方体育中，不但没有受到排斥，而且被很好地融为一体，同时在人们选择运用这些体育运动时也体现出鲜明的多元文化特色。不同民族丰富多彩的体育汇成了西方体育文化的大家庭，经过不断的融化，形成了西方体育文化的完整体系，并成为了当今世界体育的主流。令人瞩目的现代奥林匹克运动，就是西方的多元文化价值观对世界体育的重大贡献。

三、中西方体育文化的差异

中西方体育文化产生和依存的社会环境不同。中国传统体育是以农业文明为基础，是在独特的社会环境中孕育和发展起来的。农业社会形成了相应的封建社会政治条件，专制、集权以及儒家为主的文化伦常，形成了中国人传统的思维方式和社会价值体系。因此，不热衷于冒险、冲突和对抗的竞争活动，武术修身、气功、太极等体育形式得到强化。西方体育以工业文明为依托，西方较短的历史传统，刺激了自由、平等、民主、竞争观念的产生。工业革命后，能调节快节奏的体育活动方式迅速发展起来，这种体育具有世界性、竞争性、科学性和商品性等特色。与中国农业型体育文化相比，在价值观念、理论认识、运动方式方法等方面都具有巨大的差异。

中西方体育思想基础不同。中国传统体育以古代朴素唯物主义哲学作指导，强调整体，以心为本。在传统文化影响下的中华民族的体育观念大致分为两个方面：一方面，中国传统体育文化是一个以内达外，追求内在超越的精神理念，如天人合一，顺应自然的体育理念，鼓吹养生之道，其典型代表产物有气功、导引、养生术等。另一方面，伦理道德观压制了个人外在超越和公平公正意识的竞技体育的发展。西方体育文化以自然科学为依据，注重分解，以身为本。西方古典文化影响下的西方体育理念大体体现在三个方面：第一，竞争是西方体育的灵魂，在竞争中追求更快、更高、更强的外在超越的个人价值实现。第二，以自然科学和人文科学知识为基础发展起来的西方体育理念中的科学性和民主性比较强。第三，西方体育充满对健美人体的崇拜和对力的赞美，在运动中力求透射出雄劲的阳刚之气，注重竞技能力的培养，追求肌肉强化，多讲究动作的自然性，尽量要求动作的舒展，并强调要用大肌肉群参与动作的完成。

中西方体育价值观不同。中西方在对体育与人的价值上强调点和侧重点不同，中方注重人的内在修养，西方更注重体育对人体的塑造和培养。中国的“天人合一”与西方的“以人为本”的体育价值观不同。

中西方对体育活动方式、手段的认识不同，中方重“养”，西方体育强调运动和肌肉健美。

中西方对待竞技的态度和胜负观不同。中国体育强调不借助外力之功，而是通过自娱性活动，通过较心较智，较人格的高度、较修养的高低达到价值实现，而胜负是无足轻重的。西方体育则提倡竞争，提倡超越对手，超越自然，胜者被视为偶像、英雄。而竞技场上的结果、成绩、名次直接影响到做人的价值以及人本身的尊严。

第四节　大学校园体育文化

一、校园体育文化的内涵

校园体育文化主要是指人们在学校体育教育过程中所创造和拥有的精神财富和物质财富的总和。校园体育文化是体育文化的子系统、亚文化，它是呈现在校园内的一种特定体育文化氛围，是以学生为主体，以体育文化活动为主要内容，以校园环境为主要活动空间，以校园精神为主要特征的一种群体文化，涵盖了校园体育意识文化、校园体育行为文化和校园体育物质文化三大类。

校园体育意识文化包括了体育意识、体育价值观、体育道德观等；校园体育行为文化表现为体育学习、科学锻炼、体育竞赛、体育制度、体育规范等方面；校园体育物质文化主要反映为校园体育建筑、体育环境、体育设施、体育服装等。

二、校园体育文化的特征

校园文化特征是指校园体育文化区别于其他文化特有的、独立的典型特质。第一，校园体育文化具有内隐性：校园体育文化是以间接、内隐的方式呈现的，是通过无意的、非特定心理反应机制影响学生的。大学生在体育文化环境中学习、生活，在不知不觉中接受体育文化信息，并受到感染、熏陶，潜移默化地实现着文化的心理积淀，并逐渐内化成为自己的行为方式。第二，校园体育文化具有独立性：校园体育文化是校园里的人群共同参与体育活动形成的一种文化，它有特殊的主体和环境，这一主体具有较高的知识水平，在接受传统体育文化精神和物质的同时，还能主动吸取世界优秀体育文化精髓，并逐步创造发展具有特色的校园体育文化。第三，校园体育文化具有多样性：校园文化的优势注定了校园体育文化的多样性，无论是体育意识文化、体育行为文化还是体育物质文化，都极为丰富多彩。以人为本，注重学生个性培养的体育教育指导思想，使个性鲜明的体育文化主体得以充分展示个体的创造性，显示其独立性和自主性，因而极大地丰富了校园体育文化生活的内容。

三、校园体育文化的功能

（一）教育功能

校园体育文化是实现教育培养目标的载体，在体育文化活动中，大学生必然受到集体主义、爱国主义、团结协作、遵纪守法、勇敢顽强等优良品质和高尚道德情操的教育。校园体育文化的开展过程，实际上就是大学生自我表现、自我管理、自我提高、不断社会化的过程。校园体育文化的开展离不开广大学生的自觉意识和主动参与，同时也为大学生进行自我教育、自我管理和自我服务提供了良好的条件和场所。学生通过自觉组织、自觉参与校园体育文化活动，不断提高和发展自身的综合素质。

（二）情操陶冶功能

校园体育文化可以理解为一种校园精神的环境和文化氛围，其作用是通过体育文化氛围的营造来陶冶大学生的情操，规范大学生的行为。校园体育文化活动通过整体环境、文化氛围、实践活动、激励机制等影响和教育广大学生，使他们积极主动地投入到这一环境和氛围中，既能从中学到知识，又丰富生活；既锻炼组织能力，又培养合作精神和竞争意识。人体的健康美、形体美、姿态美是长期运动的结果。高雅的校园体育文化活动所带来的语言美、行为美、心灵美等，对于培养大学生感受美、鉴赏美、表现美和创造美的能力具有特殊、不可替代的作用。

（三）心理疏导功能

校园体育文化活动以其固有的竞争性、娱乐性、艺术性，丰富了大学生的精神生活，使他们在紧张的学习之余获得心情愉快、精力旺盛、情绪高涨等感受。校园体育文化活动产生的精神氛围，可以帮助大学生消除心理上和情绪上的自我干扰和相互摩擦，减少内耗，协调人际关系。

（四）社会实践功能

校园体育文化活动加强了大学生之间的交流，使他们逐步积累不同的角色体验和经验，扩大人际交往，既增进同学之间的友谊，又逐步学会自我管理，不断增强自主意识、自强意识，提高独立生活、组织管理和社会活动等方面的能力，提升社会责任感。

四、校园体育文化的表现形式与素质教育

校园体育文化活动大多以余暇体育的形式进行，即在假日或闲暇时所进行的体育活动。学生的体育活动包括有组织的早操、课外体育活动、校内外体育交流、节假日体育及学生自发进行的各项体育活动。不仅有学生自发锻炼的成分，还含有丰富的健身知识与体育科学方法的内容。

体育是素质教育的主要内容和重要方面，体育文化的多起源学说和丰富内涵，证明了人类在寻求自身发展过程中与体育不可分割的关系。终身体育是体育素质教育的主要任务，大学体育素质教育的主要目的是使学生在学习敏感时期和世界观形成时期，接受体育思想，继承健身文化，进而形成终身体育意识。因此，营造健康的校园体育文化氛围、倡导终身体育理念对于造就高素质人才尤为重要和迫切。

五、加强校园体育文化建设

（一）校园体育意识文化建设

开展积极健康、生动活泼的校园体育文化活动，抵制低俗文化和非理性文化倾向，引导校园文化向健康方向发展，形成良好的校园体育风气，培养师生共同的体育意识、体育观念和体育精神，构建体育精神文化环境，促进学生振奋精神、陶冶情操、增强健康意识、提高体育素质。

（二）校园体育文化行为建设

体育文化是意识文化和行为文化的融合。科学锻炼身体是体育行为文化的基本表现形式，对人体产生的刺激，使人体的生理机能、身体形态发生适应性的良好变化。而运动中获得成功体验所产生的精神上的愉悦，则是它的另一个重要作用。实践表明，科学锻炼有助于身体健康，陶冶情操。

（三）校园体育物质文化建设

校园体育文化中物质文化是指经过人对自然物质的组织、改造和利用形成的文明现象。校园体育的物质基础本身就是人们意识文化的载体；是人们体育知识、体育精神和智慧的结晶，体现了人们的意志、情操、价值观等文化特质；是一种文化现象。校园体育场馆、设施是校园中一道亮丽的风景，自觉维护、合理利用场馆、设施，本身就是构筑校园体育文化的一部分，也能展示当代大学生的文明行为。

当前，我国大学校园体育文化面临的三方面亟待解决的问题：一是物质体育文化中场馆不足，利用不尽合理。随着大学的数年扩招，各个高校招生规模成倍增长，体育场馆因种种原因无法跟上学生数量，有的学校甚至因为校舍修建用地占用，场馆比过去减少。在大学新校区建设过程中，已渐现老校区“人多场地少”，新校区“人少场地多”的不尽合理局面。二是适合大学生健身、娱乐的体育项目开发不充分。进入新时期，由于社会环境变化，大学生的体育健身项目、方式等诉求逐渐发生了变化。因而创建与改革适合大学生群体喜闻乐见的体育项目，并以此为载体进行终身体育锻炼，是当前大学校园体育文化建设的重要任务。例如，我国一些地区悄然兴起气排球运动热，带动了相关高校的气排球教学，深受学生欢迎。三是高校体育文化特色不鲜明。高校体育文化建设只有形成特色与品牌，才能持续发展。特色建设应充分考虑当地的地理、气候、人文、历史及风俗等自然、社会环境，如北方的冰雪项目，南方的水上项目，民族体育项目等。场馆、项目加特色，成为当前大学校园体育文化建设中不可或缺的三大支柱。

第五节　体育赛事文化

一、古代奥运会

（一）起源

相传公元前9世纪，伊菲托斯王到皮提亚询问德尔斐神谕：如何把他的人民从战争的苦难中拯救出来。拥有预言能力的女祭司告诫伊菲托斯王，要他筹办竞技比赛以彰显对希腊诸神的崇敬。伊菲托斯王的敌方——斯巴达人，也决定在比赛期间停止战争，那些比赛被尊称为奥林匹克，在奥林帕斯山下举办，据说

这座山是希腊诸神所居住的神圣之地。

古希腊人于公元前776年起规定每四年在奥林匹亚举办一次运动会（为了和平）。运动会举行期间，全希腊选手及附近的黎民百姓相聚于奥林匹亚这个希腊南部风景秀丽的小镇。公元前776年在这里举行第一届奥运会时，多利亚人克洛斯在192.27米短跑比赛中取得冠军，成为国际奥林匹克运动会荣获第一个项目的第一个桂冠的人。

（二）发展与兴盛

公元前776年后，古希腊运动会的比赛项目逐渐增多，比赛规模逐渐扩大，成为显示民族精神的盛会。特别是公元前490年，希腊雅典在马拉松河谷大败波斯军之后，民情奋发，国威大振，兴建了许多运动设施、庙宇等，参赛者遍及希腊各个城邦，比赛的优胜者获得月桂、野橄榄和棕榈编织的花环等，奥运会盛极一时，成为希腊最盛大的节日之一。

（三）赛程安排

古代奥林匹克运动会举办日期在夏至之后，会期共五天，前两天为祭神日，第三天及第四天为运动会比赛，最后一天为颁奖日及庆祝活动。比赛开始前一天由裁判带领参赛选手至神坛前祈祷宣誓，必须作公正比赛和公平裁判。

（四）参赛运动员资格

古代奥林匹克运动会对于运动员参赛的条件规定非常严格，必须符合以下条件才可以参加比赛：

参赛选手必须为纯正的希腊人，且父母必须是希腊血统；在道德上或政治上必须无缺点，没有不良记录；必须经医师检验，证明其体格健全；必须有超过八位以上的裁判员证明其已有十个月以上的训练。参加比赛之前，所有参加比赛的选手必须集中到奥林匹亚的训练营训练，由裁判员身兼训练员，对运动员实施训练，让运动员的体能和技能都能符合奥运会的比赛标准；古代奥运会禁止女性参赛，女性不但被禁止参加比赛，且不允许观赏比赛。如果违反此禁令，违规者将被处以极刑。

（五）比赛项目

最初第一届古代奥运会仅有一个比赛项目，即192.27米赛跑。

经过日积月累，比赛项目亦随之增加：拳击、角力、古希腊式搏击、战车竞赛、其他的赛跑项目（中短跑、中距离跑、长距离跑及武装赛跑），以及包含“摔跤”“短跑”“跳远”“掷标枪”和“掷铁饼”五项运动。

竞赛项目的胜利者除了获得橄榄枝之外，也会在希腊地区，尤其是他们的家乡，得到无上光荣。胜利者很多时会获得家乡给予大笔金钱。雕刻家会为他们做雕像；诗人会为他们谱颂歌。

有一些考古学家相信在奥运竞技赛期间，各城邦会停止战争，让各运动员和观赛的人能安全抵达奥运场地。只有男性才可以参加奥运竞技赛，运动员通常全裸参赛，不单是为了配合天气，更是赞美身体的成就的表现。运动员会涂上橄榄油，不单是为了保持皮肤光滑，更加是为了令身体更有吸引力。

（六）授奖与惩罚

古代奥运会的授奖仪式庄严而隆重。授奖台设在宙斯像前，橄榄冠放在一个特制的三脚台上。授奖时，先由报道官宣布运动员的姓名、比赛成绩、所属的城邦及运动员父母的名字。然后由司仪把优胜者领到主持人面前，主持人起身，将橄榄冠从三脚台上取下来，给优胜者戴上。这时，观众唱歌、诵诗、奏乐、欢呼，并向运动员投掷鲜花。古奥运会对获胜运动员的奖励，虽曾多次改变，但原则都是着重于精神奖励。物质奖励也有，但相当微薄。

古代奥运会的比赛规则十分严厉，违者要受到严厉的惩罚。这表现了他们的荣辱感。古希腊人认为，奥运会是神圣的，光明正大地取胜才是最光荣的。反之，则是对神圣事业的亵渎。

（七）衰败与消亡

从公元476年到1640年英国资产阶级革命前夜，被称为欧洲黑暗的中世纪。公元476年西罗马帝国灭亡后，基督教占据了主流文化。在基督教哲学教义中，鄙视现实，鄙视肉体，肉体被认为是灵魂的监狱，对现世人生和身体都持否定态度，人对体育的需求几乎荡然无存，体育的发展受到极大的阻碍。在基督教占统治地位的一千多年的欧洲，“赞美身体”的古奥运会的衰败与消亡就在所难免了。

二、现代奥运会

从古代奥运会的消失到现代奥运会的复兴，又经历了1 500余年。

15世纪的文艺复兴使得许多欧洲人开始重新赞扬奥林匹克精神。意大利的马泰奥·帕尔米里亚在1450年提出要提倡奥运会的和平与友谊的精神；德国人库齐乌斯花了多年时间挖掘古希腊的奥林匹亚村，他在1852年1月在柏林宣读了考察报告，并建议恢复奥运会。

被尊称为现代奥林匹克之父的法国教育家皮埃尔·德·顾拜旦于1892年在索邦大学大礼堂首次公开提出恢复奥运会，并把范围扩大到全世界。1894年，顾拜旦致函各国体育组织，邀请他们参加在巴黎举行的国际体育大会。在同年6月16日12国的代表在巴黎举行了恢复奥林匹克运动大会。会议决议每四年举行一次全球范围的奥林匹克运动会。6月23日，国际奥林匹克委员会成立，希腊人维凯拉斯出任主席，顾拜旦任秘书长，并亲自设计了奥运会的会徽、会旗。会议还通过了奥林匹克宪章。1896年，第一届现代奥林匹克运动会终于在希腊雅典正式举行，并决定此后每四年举行一次，会期不超过16天。

（一）顾拜旦与现代奥运会

现代奥运会的复兴，必须要说到“现代奥林匹克之父”皮埃尔·德·顾拜旦（以下简称顾拜旦），正是他的远见卓识和锲而不舍的努力，才使得奥林匹克运动会得以重新登上历史舞台。

体育和教育在顾拜旦的价值观念中一直占据了极高的地位，而当他站在奥林匹克的废墟上产生复兴奥林匹克运动会想法以后，这就成了他生命中不可或缺的事业。顾拜旦曾经陆续发表过《教育制度的改革》《运动的指导原理》《运动心理之理想》《英国与希腊回忆记》《英国教育学》等一系列著作，提出了不少改革教育和发展体育的建议，在《英国与法国的教育之比较》一文中，他热情洋溢地呼吁：“让我们在城市的中心开设先进的体操馆，沿着法国的河流开辟游泳区吧！让法国学校的孩子们玩五花八门的民众集体游戏吧！更为重要的是：体育教育绝不能军事化，体育运动是和自由连为一体的。”

经过顾拜旦及其同事们的多年努力和精心筹备，“恢复奥林匹克运动会代表大会”于1894年6月16日在巴黎索邦圆形剧场召开。来自9个国家37个体育组织的78名代表参加了会议。大会正式成立了奥运会的永久性领导机构——国际奥林匹克委员会，希腊著名诗人泽维凯拉斯被选为第一任国际奥委会主席，顾拜旦当选为秘书长。会议还决定，第一届现代奥运会于1896年4月在希腊举行。

1913年，顾拜旦为国际奥委会设计了会徽、会旗。会旗图案白底、无边，上面有蓝、黄、黑、绿、红5个环环相扣的彩色圆环，象征着5大洲团结以及全世界运动员以公正比赛和友好精神相聚在奥林匹克运动会。此外，他还倡议燃放奥林匹克火焰、设立奥林匹克杯等。在确定奥林匹克运动会口号的问题上，顾拜旦最初觉得应以“团结、友好、和平”的口号来指导比赛。顾拜旦的精神导师迪东神父提出了“更快、更高、更强”的口号，得到顾拜旦的赞赏，认为它体现了人类永远向上、不断进取的伟大精神，便倡议把它作为国际奥林匹克运动会的口号。1925年顾拜旦辞去了国际奥委会主席的职务。在他任职期间（1896—1925年），国际奥委会成员由14个增加到40个，并先后成立了20多个国际专项运动联合会。他卸任后被终身聘为国际奥委会名誉主席。1937年9月2日，顾拜旦在瑞士日内瓦去世，随后被安葬在国际奥委会总部所在地瑞士洛桑。按照他的遗嘱，他的心脏安葬在奥林匹克运动发源地——希腊奥林匹亚的科罗努斯山下。

皮埃尔·德·顾拜旦认识到体育的重要性，认识到体育在教育中占据着重要的地位，他立下了教育救国、体育救国的志向，并决心为复兴奥林匹克运动做出不懈的努力，为其发展奋斗终生。顾拜旦在复兴奥林匹克运动中遇到了重重困难，可他执著地发展体育事业的意志从不动摇。他从1883年20岁时就开始了复兴奥运会的工作，直到他1937年9月2日逝世，整整为奥林匹克运动奋斗了54年。顾拜旦原则性强，他坚持奥运会是属于世界的，应该在全世界各个不同城市举办，而希腊人认为奥运会是希腊的，雅典应是奥运会的永久举办地。由于顾拜旦的坚持原则才使奥运会有今天的辉煌。顾拜旦对和平、友谊、进步宗旨的原则，对反对歧视、坚持平等的原则，对奥运与文化教育的结合、对人的和谐发展、对逆向代表制等原则的坚持不渝，如今已成效显著地写入奥林匹克宪章中。

（二）奥运会比赛简介

1. 夏季奥林匹克运动会

（1）简介。夏季奥林匹克运动会（Summer Olympic Games 或 Games of the Olympic）是由国际奥林匹克委员会主办的国际性多项运动赛事，每隔四年的夏季举办一次。夏季奥运会取得的成功促使了冬季奥林匹克运动会的产生。

第一届希腊雅典举办夏季奥运会设田径、游泳、举重、射击、自行车、古典式摔跤、体操、击剑和网球9个大项目，43个小项目。此后，随着奥运会的影响力不断扩大，其规模越来越大，比赛项目也越来越多。到2008年北京奥运会，比赛大项目已增至28个，38个分项，302个小项目。2005年国际奥委会在新加坡全会上决定，2012年伦敦奥运会只设26个大项，且今后每届奥运会最多不得超过28个大项。

（2）历届夏季奥林匹克运动会。美国举办过四次夏季奥运会，是举办奥运会次数最多的国家。英国伦敦在2012年第三次举办夏季奥运会，并且伦敦成为第一个举办三次夏季奥运会的城市。澳大利亚、法国、德国和希腊都举办过两次夏季奥运会。其他举办过夏季奥运会的国家有：比利时、加拿大、芬兰、意大利、日本、墨西哥、荷兰、韩国、西班牙、苏联和瑞典。中国举办了2008年北京奥运会。南美洲的第一次奥运会将在巴西里约热内卢举办。有四个城市曾两次举办过夏季奥运会：洛杉矶、伦敦、巴黎和雅典。瑞典的斯德哥尔摩在两次夏季奥运会中举办过赛事，一次是1912年夏季奥林匹克运动会，并在1956年夏季奥林匹克运动会中与其他国家合作举办了马术项目的比赛。个别比赛项目在我国香港和荷兰举办，分别是2008年夏季奥林匹克运动会马术项目及1920年夏季奥林匹克运动会的两场帆船比赛。五个国家——希腊、英国、法国、瑞士和澳大利亚（曾两次和新西兰组成澳大利亚队）参与了所有的夏季奥运会。

2. 冬季奥林匹克运动会

（1）简介。冬季奥林匹克运动会，简称为冬季奥运会或冬奥会，是国际奥林匹克委员会主办的世界性冬季项目运动会。第一届冬季奥林匹克运动会于1924年1月25日在法国的夏慕尼举行，每隔四年举行一届，1986年，国际奥委会全会决定将冬季奥运会和夏季奥运会从1994年起分开每两年间隔举行，1992年冬季奥运会是最后一届与夏季奥运会同年举行的冬奥会。

冬奥会的主要特征是在冰上和雪地举行的冬季运动项目，如滑冰、滑雪等适合在冬季举行的项目。

目前冬季奥运会的比赛项目有：冰球、冰壶、滑冰（速度滑冰、花样滑冰、短道速滑）、滑雪（高山滑雪、越野滑雪、跳台滑雪、自由式滑雪、单板滑雪、北欧两项）、现代冬季两项、雪车、钢架雪车、雪橇。

（2）起源。19世纪末20世纪初，一些冰雪运动如滑雪、滑雪橇、滑冰、冰球等项目在欧美国家逐渐得到普及和发展。1887年挪威成立了世界上第一个滑雪俱乐部。1890年加拿大成立了世界上第一个冰球协会。1892年国际滑冰联盟在荷兰成立。1893年，在阿姆斯特丹举行了首届男子速度滑冰锦标赛。1908年，法国成立了世界范围的国际冰球联合会。在冰雪运动日益普及的情况下，现代奥运会创始人顾拜旦建议单独举办冬季奥运会。

1908年第四届夏季奥运会上增加了花样滑冰项目。1920年第七届夏季奥运会上，国际奥委会拒绝接受北欧两项项目，而增加了冰球项目。花样滑冰和冰球加入奥运会后引起了观众的极大兴趣，但因天气条件给组织者带来诸多不便。鉴于此，人们倾向于把冰雪项目从夏季奥运会中分离出来，单独进行冰雪项目的奥运会。

3. 残疾人奥林匹克运动会

（1）起源。经历了第一次世界大战和第二次世界大战后，全球出现了不少残障军民，第一次世界大战结束后，复健治疗渐渐被重视，为了减少因为肢体伤残所带来的影响，这些残障者开始接受体能训练，从运动中帮助复健以及恢复自信。

1948年，英格兰为第二次世界大战时的脊髓损伤军人组织了一个运动竞赛，四年之后，荷兰开始有参加者加入了这项运动会。第一届的残奥会举办于1960年的罗马，只有400多名运动员参加。

（2）普及与发展。

2000年悉尼残奥会中，已经有超过4 000名运动员参加。

2004年雅典残奥会共有136个国家以及地区参与，运动员人数为3 969人。

2008年北京残奥会。

中国参加残奥会成绩：

1984年纽约残奥会，中国首次参加残奥会，参赛的运动员人数为24人，其中平亚丽和赵继分获女子B2、B3（视力障碍）的跳远金牌，是该届残运会中国唯一夺得的2块金牌。在该届残奥会中，中国共获2金、13银、9铜，在奖牌榜的第23位，有9人打破了世界纪录。

1988年汉城残奥会，中国派出了43位运动员，夺得17金、17银、10铜，奖牌榜排名14，当中11人破世界纪录。

1992年巴塞罗那残奥会派出的人数与首届派出的人数相同，夺得奖牌数目较上届少，共为11金、7银、7铜，14人破世界纪录，21人破残运会纪录。

1996年亚特兰大残奥会，37人参赛，16金、13银、10铜是该届的成绩，当中10人16次破世界纪录，奖牌榜排名第9。

2000年悉尼残奥会派出了87位运动员，摘下了34金、22银、16铜的卓越成绩，奖牌榜排名进一步提升到第6，该届残奥会共有25次的世界纪录被中国代表队打破，当中包含了15人以及4人4次创下残奥会的新纪录。

2004年雅典残奥会共派出了200位运动员，其中161位运动员是首次参加残奥会。中国共夺得了63金、奖牌46银、32铜，总奖牌数为141块，奖牌榜排行首位，打破了一直由欧美垄断首位的局面。共参与了11个大项、284个小项。

2008年北京残奥会，中国凭借东道主优势获得了全部20个大项的参赛权，共派出了332名运动员参加了295个小项的比赛，共获得89金、70银、52铜共211枚奖牌，金牌榜和奖牌榜上双双排第一。

（三）奥林匹克思想体系

奥林匹克运动经历百年而愈加蓬勃兴旺，其重要原因之一就是它在发展过程中逐渐形成了以奥林匹克主义为核心的思想体系，使奥林匹克运动有了一个比较坚实的思想基础，使各种奥林匹克活动有了明确的指导方针。从某种意义上讲，奥林匹克运动的思想体系构成了这一运动的灵魂，这一运动的一切活动都是由奥林匹克思想体系产生出来的，一切特征也都是基于奥林匹克思想体系而逐渐具备的。奥林匹克运动的思想体系是沿着由个体到社会，由微观到宏观的逻辑顺序构建的。首先是个人的全面发展，进而扩大到社会，最后扩大到国际社会。奥林匹克运动是在奥林匹克主义指导下的一种国际性的社会运动，它的目的并不限于促进这一运动的参加者个人的发展与完善。它担负着更加重大的历史使命和社会责任——促进不同国家、不同文化之间的相互了解，从而促进和维护世界和平。

奥林匹克思想体系主要包括：奥林匹克主义、奥林匹克宗旨、奥林匹克精神、奥林匹克格言与名言、奥林匹克标志等。

1. 奥林匹克主义

1927年4月17日，顾拜旦曾发表过一封信《致各国青少年运动员》，他说："当今世界，充满发展的极大可能，但同时也存在着危险的道德衰败，奥林匹克主义能建立一所培养情操高尚与心地纯洁的学校，也是发展身体耐力和力量的学校，但这必须在进行强化身体练习的同时不断加强荣誉观念和运动员大公无私精神的条件下才能做到。"他试图以"奥林匹克主义"为现代奥运确立高尚的目标和哲学基础，把奥林匹克运动比喻为一所学校，奥林匹克主义就是这个学校伟大的教育计划中的教育宗旨，在奥林匹克主义的指引下，来自世界各地的年轻人通过刻苦的训练，通过身心的和谐发展，感悟新世界"共同的价值和力量"，以养成拥有男人的勇气、骑士的精神、良好的文学艺术修养、精力充沛的身心状态，以及快乐的生活与乐于为国家服务的生活态度。

国际奥委会新修订的、自2000年9月11日起生效的《奥林匹克宪章基本原则》中的第二条，对奥林匹克主义的概念作了明确界定："奥林匹克主义是增强体质、意志和精神并使之全面发展的一种生活哲学。奥林匹克主义谋求把体育运动与文化和教育融合起来，创造一种在努力中求欢乐、发挥良好榜样的教育价值并尊重基本公德原则的生活方式。"第三条还指出："奥林匹克主义的宗旨是使体育运动处处为人的和谐发展服务，以促进建立一个维护人的尊严的、和平的社会。"可见，奥林匹克主义的内涵是非常丰富的。

《奥林匹克宪章》的基本原则中明确指出："由国际奥委会领导的奥林匹克运动来源于现代奥林匹克主义。"这说明奥林匹克主义是奥林匹克运动的指导思想，是构建奥林匹克运动的思想体系的基础。

奥林匹克主义是奥林匹克运动的指导思想，规定了奥林匹克运动的性质和发展方向，即在奥林匹克主义指导下的奥林匹克运动，不仅仅局限于体育，更不局限于奥运会的竞技比赛，而是一种超越体育和竞技运动的关于人的全面发展、人类完善和社会发展的思想、理论和运动。其特征是以体育为载体，通过体育运动的社会学校对青年进行身体、心智和精神的教育，以培养全面发展或完善的人为目标的世界性的社会运动。

2. 奥林匹克宗旨

《奥林匹克宪章》指出奥林匹克运动的宗旨是"通过没有任何歧视、具有奥林匹克精神——以友谊、团结和公平精神的互相了解基础上的体育活动来教育青年，从而为建立一个和平的更美好的世界作出贡献"。这一宗旨具体包括如下内容：

鼓励作为体育运动基础的身体素质和优良道德品质的发展；通过体育运动的竞技，以相互更好地了解和友谊的精神教育青年，从而有助于建立一个更加美好的世界；在全世界传播奥林匹克精神，从而建立国际和平友好的亲善关系；使全世界优秀运动员在每四年一次的盛大的体育节——奥林匹克运动会中聚会在一起。奥林匹克运动宗旨的内涵是：让体育运动为人类的和谐发展服务，以提高人类尊严；以友谊、团结和公平竞赛的精神，促进青年更好地相互了解，从而有助于建立一个更加美好和平的世界。奥林匹克宗旨指导着每届奥运会都获得成功，指引着现代奥林匹克运动在全球范围内健康而迅速地发展，其意义是十分重大的。

3. 奥林匹克精神

奥林匹克精神是奥林匹克运动的实质内容，《奥林匹克宪章》指出，奥林匹克精神就是在友谊、团结、公平竞争基础上的相互了解。通常它包括参与原则、竞争原则、公正原则、友谊原则和奋斗原则。"参与原则"是奥林匹克精神的第一项原则，参与是基础，没有参与，就谈不上奥林匹克的理想、原则和宗旨等。奥林匹克精神对奥林匹克运动具有十分重要的指导作用。

（1）奥林匹克精神强调对文化差异的容忍和理解。奥林匹克运动是国际性的运动，它不可避免地面临着世界上文化间的各种差异及由此引发的各种问题。差异的存在有可能引发矛盾，矛盾就可能引发冲突。奥林匹克精神强调相互了解、友谊和团结，就是要形成一种精神氛围。在这种氛围中，人们可以摆脱各自文化带来的偏见，在不同文化的展示中，看到的不是矛盾与冲突，而是人类社会百花齐放、千姿万态的文化图景，从而使文化差异成为促进人们互相交流的动因，而不是各自封闭的樊篱；使矛盾成为互相学习的动力，而不是互相轻视的诱因。打破各自狭窄的眼界，以世界公民的博大胸怀，去认识和理解自己民族以外的事物，领悟到各个民族都有着神奇的想象力和巨大的创造力，学会尊敬其他民族，以比较客观和公正的态度去看待别人和自己，虚心地吸取其他文化的优秀成分，不断丰富自己，从而使奥林匹克运动所提倡的国际交流真正得以实现。

（2）奥林匹克精神强调竞技运动的公平与公正。奥林匹克运动以竞技运动为其主要活动内容，竞技运动最本质的特征就是竞赛与对抗。但是，竞技体育的教育功能和文化娱乐功能的基本前提是公平竞争。只有在公平竞争的基础上竞争才有意义，各国运动员才能保持和加强团结、友谊的关系，奥林匹克运动才能实现它的神圣目标。正如已故美国著名黑人田径运动员杰西·欧文斯所说的："在体育运动中，人们学到的不仅仅是比赛，还有尊重他人、生活伦理、如何度过自己的一生以及如何对待自己的同类。"

4. 奥林匹克格言与名言

"更快、更高、更强。"这一格言是亨利·马丁·迪东提出的。后经顾拜旦提议，并在1913年得到国际奥委会的正式批准，将上述格言正式写入《奥林匹克宪章》。1920年，在第六次国际奥林匹克代表大会上又通过了把"更快、更高、更强"作为国际奥林匹克委员会会徽构成部分的决定，这一格言便正式成为奥林匹克标志的一部分。

"参与比取胜更重要"是奥林匹克运动广为流传的名言，是奥林匹克的信念。顾拜旦对此作出的精辟的解释是："生活中重要的不是凯旋而是奋斗，其精髓不是为了获胜而是使人类变得更勇敢、更健壮、更谨慎和更落落大方。这是我们国际奥委会的指导思想。"

5. 奥林匹克标志系统

（1）奥林匹克标志。奥林匹克标志是1913年根据奥林匹克运动奠基人顾拜旦先生的提议设计的，它由单独使用的五个奥林匹克环组成，这五个环可以是单色，也可以由蓝色、黄色、黑色、绿色和红色五种颜色构成，这五种颜色从左到右相互套接，上面三个是蓝色、黑色、红色，下面两个是黄色与绿色。

国际奥委会起初选用蓝色、黄色、黑色、绿色和红色五种颜色是因为它能代表当时所有成员国国旗的颜色。自1920年第7届安特卫普奥运会起，五环的蓝、黄、黑、绿和红色开始成为五大洲的象征，分别代表欧洲、亚洲、非洲、澳洲和美洲。

现行的《奥林匹克宪章》指出，奥林匹克标志不仅象征五大洲的团结，而且强调所有参赛运动员应以公正、坦诚的运动员精神在比赛场上相见。

（2）奥林匹克旗。奥林匹克旗于1913年在顾拜旦的建议下确定，并在1914年巴黎奥林匹克代表大会上为庆祝国际奥委会成立20周年首次升起。奥林匹克旗为白底、无边，中间绘有五色的奥林匹克标志。

（3）奥运会会徽。奥运会会徽是一届奥林匹克运动会的徽记，是该届奥运会最有权威性的形象标志。会徽的图样不仅要体现奥林匹克精神，而且还要反映出东道国和奥运会主办城市的特征。《奥林匹克宪章》规定，各届奥运会的会徽，未经奥运会组委会同意，不得用于广告和为商业服务，从而保证了奥运会会徽的严肃性和权威性。

（4）奥运会吉祥物。现代奥运会的吉祥物都是独一无二的，它们都富有活力的性格，体现了友谊和公平竞赛的奥林匹克理想。奥运会吉祥物最早出现在1968年法国格勒诺布尔举行的第10届冬季奥运会上。为夏季奥运会设计吉祥物始于1972年的慕尼黑奥运会。如今，吉祥物已经成为奥运会的一个独特标志和最有代表意义的纪念品。到目前为止，奥运会的吉祥物有动物、人像和抽象形象三种造型。这些吉祥物都称得上是奥运史上的“明星”。

（5）奥运会会歌。1896 年 4 月 6 日，当希腊国王乔治一世宣布第一届奥运会开幕以后，希腊著名音乐家斯皮罗斯·萨马拉斯指挥 9 个合唱团和 250 人演唱了这首由他作曲、抒情诗人科斯蒂斯·帕拉马斯作词的《奥林匹克圣歌》。悠扬的乐曲、悦耳的歌声久久回荡在帕那辛尼安体育场上空，把人们带入了缅怀古奥运会的辉煌和憧憬现代奥运会的美好的境界之中。

在第一届奥运会之后的相当长一段时间内，历届奥运会均由东道主确定会歌，并未形成统一的会歌形式。如 1936 年柏林奥运会的会歌是理查德·施特劳斯特意为这届奥运会所作的《奥林匹克之歌》，1948 年奥运会则选用罗杰·奎尔特作曲、拉迪亚德·基米林作词的《不为自私而为主》作为会歌。50 年代以后有人建议重新创作新曲作为永久性的会歌，但几经尝试都不能令人满意。

国际奥委会在 1958 年于东京举行的第 55 次全会上最后确定还是用《奥林匹克圣歌》这首歌为《奥运会会歌》。其乐谱存放于国际奥委会总部。从此以后，在每届奥运会的开、闭幕式上都能听到这首悠扬的古希腊管弦乐曲。奥林匹克会歌歌词原文为拉丁文，亦曾被翻译成法文、英文、中文，其主要的含义是从奥林匹克活动中去追求人生的真、善、美。

（6）奥运会口号。历届奥运会主办国在筹备奥运时都有其独特的举办理念，而奥运会口号是奥运会举办理念的高度概括和集中体现。奥运口号的任务是把奥运会举办理念浓缩为一句更加简单有力和容易记忆的话，一句更富于视觉表现能力和感情色彩，能被各种不同文化背景的人广泛接受的口号。历届奥运会都精心设计打动人心的奥运口号以使其广泛传播，深入人心，并使其成为奥运会各种文化和视觉设计活动（场馆建设、文化活动、形象与景观、开闭幕式等）的创作依据。

为一届奥运会提出口号的做法在 1984 年洛杉矶奥运会之前并不普遍。“在历史中扮演你的角色（Play a Part in History）”是组织者为鼓励当地居民而在宣传活动中使用的口号。从这届奥运会开始，口号作为一届奥运会重要的标志性核心内容，越来越受到国际奥委会和举办城市的重视。

1995 年，美国盐湖城获得了 2002 年冬季奥运会的主办权，但盐湖城随即陷入了不尽的申办丑闻之中。在其组委会主席因此而去职之后，新上任的盐湖城奥组委主席认为，盐湖城冬奥会迫切需要重新树立和端正自己的公共形象。“点燃心中之火”（Light the Fire Within）的口号便是在这种背景下走上了舞台，“圣火”是正义与纯洁的象征，而燃烧在内心的“圣火”当然也就暗喻了这届冬奥会正义的内在心灵。《点燃心中之火》还被谱写成这届奥运会的会歌，并作为一个设计理念成为其开幕式的主题。

“点燃心中之火”是现代奥林匹克历史中一个非常成功的口号案例：这个口号不仅含义深刻、饱含激情、感人至深，而且提供了极强的视觉表现力，为各项奥运实务提供了很好的指导，并对树立赛会的公共形象贡献良多。“点燃心中之火”被国际奥委会认为是有史以来最为成功的一句奥运口号。

在 2004 年举办的雅典奥运会上，希腊人热情而自豪地喊出了“欢迎回家”（Welcome Home）的口号。这其中不仅包含了雅典奥运会对全球奥林匹克大家庭所有成员最诚挚、最热烈的欢迎盛情，更充分表达了希腊作为奥林匹克发祥地对奥运会重归故里的喜悦和自豪之情。

（四）中国与奥林匹克运动

1. *初识奥运*

1）中国第一个提出参加奥运会的人

中国人最早提出参加奥运会、加入国际体育大家庭的，是中国近代著名教育家张伯苓。

张伯苓把体育看作是教育的一个重要方面，他认为体育是根除中华民族贫、弱、愚、私、散五病以雪耻自强的重要方法之一。“不懂体育，不能当一个好老师、好校长。”张伯苓不仅在办学之初就设立了体育课程，同时明确规定体育考试不及格，或者高中三年级以前不习满规定体育课学时的学生不能毕业。

1907 年 12 月 24 日，这是中国体育史上一个值得记忆的重要日子。天津第五届学校联合运动会在刚刚改组成立的南开中学运动场举行颁奖仪式，张伯苓作为南开中学校长发表了热情洋溢的讲话：“此次运动会的成功，使我对中国选手在不久的将来参加奥林匹克运动会充满希望。”张伯苓第一次提出了中国人应该参加奥运会，表达了中国希望进入奥运大家庭的愿望。

2）中国第一个国际奥委会委员

1922 年，王正廷当选为国际奥委会委员，成为中国历史上第一位和远东地区第二位国际奥委会委员。中国和国际奥委会自此建立了正式的联系。1928 年，中国派观察员观摩了阿姆斯特丹奥运会。

王正廷当选为国际奥委会委员后，发起成立了中华全国体育协进会，1931 年国际奥委会上正式承认中华全国体育协进会为中国奥林匹克委员会。1936年8月1—16日，他还以总领队的身份率领中国体育代表团先后参加过第11届和第14届奥林匹克运动会。

2. 首登奥运赛场

1）中国首位参加奥运会的运动员

1932年，当时的中国政府派出代表团参加了洛杉矶奥运会，代表团中只有刘长春一人。由于路途劳顿，体力不支，且第二天便仓促上阵，他在100米和200米预赛中就被淘汰，还不得不放弃了400米比赛。这次参赛虽然成绩不佳，但刘长春是第一个出现在奥运会赛场的中国运动员，他是中国奥运第一人。

2）中国第一次组团参加奥运会

第11届奥运会于1936年在德国首都柏林举行。中国从1934年开始筹备参加柏林奥运会的具体事宜，中华体育协进会正式向国际奥委会提出申请参加该届运动会并获批准。

1936年中国体育代表团终于成立，中国体育代表团总领队为王正廷，总教练为马约翰，正式运动员69人，其中男子67人，女子2人，分别参加田径、足球、游泳、篮球、拳击、举重、自行车等项目的比赛。另外还有一个由9人（6男3女）组成的武术表演团和一个由37人组成的赴欧洲体育考察团。

3）新中国第一次参加奥运会

1952年第15届奥运会在芬兰赫尔辛基举办。新中国成立后，原中华全国体育协进会改为中华全国体育总会，并行使中国奥委会的权利。但由于在本届奥运会之前，新的中国奥委会未得到国际奥委会的承认。通过当时已经与新中国建交的芬兰政府及其他友好国家的努力，新中国在本届奥运会开幕前的国际奥委会第48届年会上终于获得了参加本届奥运会的资格。新中国参加第15届奥运会的代表团一行40人赶到赫尔辛基时，大会已经进行了10天，因此只参加了游泳的一项比赛和闭幕式。

4）新中国重返奥运会赛场

由于政治原因，直至1979年，中华人民共和国在奥林匹克组织中的合法地位才得以恢复。1980年，中国派团赴美国普莱西德湖参加了第13届冬季奥运会，1984年，中国派出225名运动员参加了洛杉矶夏季奥运会16个项目的比赛。

3. 中国参加奥运会奖牌零的突破

1）杨传广——中国第一个获得奥运会奖牌的男运动员

中国第一位在奥运会比赛中获得奖牌的运动员，是来自中国台湾的杨传广，他在1960年第17届罗马奥运会上，为中国台北代表团在十项全能上获得一块银牌。

2）纪政——中国第一个获得奥运会奖牌的女运动员

中国第一位在奥运会比赛中获得奖牌的女运动员，是来自中国台湾的纪政。她在1968年墨西哥城举办的第19届奥运会田径比赛中，获得80米栏铜牌，成为中国在奥运会上首次获得奖牌的女运动员。

3）许海峰——中国第一个获得夏季奥运会金牌的运动员

1984年7月29日，在洛杉矶奥运会男子手枪慢射比赛中，中国选手许海峰获得冠军。这是中国在奥运史上获得的第一枚金牌。

4）杨扬——中国第一个获得冬季奥运会金牌的运动员

2002年2月，在盐湖城冬奥会短道速滑女子500米决赛中，中国选手杨扬获得冠军，实现了中国冬奥会金牌零的突破。

4. 中国第一次申办奥运会

1991年2月13日，原国家体委、外交部、财政部、北京市人民政府联合向国务院报送《关于申请在北京承办2000年奥运会的请示》。2月22日，北京市人民政府向中国奥委会正式提出举办2000年第27届奥林匹克运动会的申请。2月26日，中国奥委会在北京举行全体委员会议一致同意了北京市政府关于承办2000年第27届奥林匹克运动会的申请。2月28日中国政府同意北京承办2000年奥运会。1991年4月1日北京奥申委第一次主席办公会议召开并宣布北京2000年奥运会申办委员会正式成立。

1993年9月，国际奥委会第101次全会投票表决，结果以两票之差（43:45）落后于澳大利亚悉尼，没有获得主办权。

5. 中国第一次举办奥运会

1998年11月，国务院总理办公会议和中央政治局常委会先后对申办工作进行研究，决定由北京申办2008年夏季奥运会。1998年11月25日，北京市人民政府向中国奥委会递交申请2008年夏季奥运会的申请书。

1999 年 4 月 7 日，北京市市长刘淇和中国奥委会前主席伍绍祖在瑞士洛桑向国际奥委会主席萨马兰奇正式递交了北京市申办 2008 年夏季奥运会的报告。

2000 年 8 月 28 日，国际奥委会在瑞士洛桑宣布，北京正式成为 2008 年第 29 届奥运会申办候选城市，一同入选的还有伊斯坦布尔、巴黎、多伦多、大阪。这标志着申办 2008 年奥运会工作进入“决赛阶段”。

2001 年 7 月 13 日，北京在莫斯科举行的国际奥委会第 112 次全会上，经过国际奥委会全体委员两轮投票，国际奥委会主席萨马兰奇宣布，北京以 56 票获得 2008 年夏季奥运会的举办权。这也是继日本东京（1964 年）、韩国汉城（1988 年）之后夏季奥运会第三次花落亚洲。

2008 年 8 月 8 日 20：00，第 29 届夏季奥林匹克运动会开幕式在北京国家体育场举行。共计有 28 个大项，38 个分项，302 个小项，比赛在北京、青岛、香港、天津、上海、沈阳、秦皇岛等城市进行，其中北京是主办城市，其余都是协办城市。中国体育代表团在优势项目上纷纷创造历史新高，潜优势项目上也不甘落后，奋勇夺金。北京奥运会赛场，中国军团连战连捷，以 51 枚金牌 100 枚奖牌的优异成绩，获得北京奥运会金牌榜的第一位。

三、世界锦标赛

锦标赛是不同地区或竞赛大组的优胜者之间的一系列决赛之一，只有排名达到一定水平的人才可以参加锦标赛，是这个项目最高级别的个人赛事，亦称“单项锦标赛”“冠军赛”，也是运动竞赛的一种；是为检查某一单项运动发展情况和训练成绩定期举行的比赛。锦标赛分国家锦标赛和世界锦标赛，如全国武术锦标赛、2012 全国男子排球锦标赛、世界田径锦标赛、世界体操锦标赛等。常见的世界锦标赛有如下几种。

（一）世界篮球锦标赛

世界篮球锦标赛是国际篮球联合会举办的国际性的篮球赛事，男子的从 1950 年开始，女子的从 1953 年开始，男、女比赛分别举行。历届比赛间隔时间不同，一般是四年一届。从 1986 年起，男子和女子的比赛都在同一年进行，也都按照四年一届举行。

1. 世界男子篮球锦标赛

国际篮球联合会 1948 年在伦敦奥运会篮球赛期间举行代表大会，作出了举办世界男子篮球锦标赛的决定。国际篮联决定 1950 年的首届男篮世锦赛于 10 月 22 日至 11 月 3 日在阿根廷首都布宜诺斯艾利斯举行。首届锦标赛参加队由 1948 年奥运会前三名，主办国、亚洲、欧洲以及南美洲最好的两支球队组成。国际篮联在 1950 年首届锦标赛期间，还作出了设立奈史密斯杯为世界冠军杯的决定，以纪念这位篮球发明人，但该奖杯直到 1967 年的世锦赛上才首次颁给世界冠军队。

1954 年，第二届世锦赛来到了里约热内卢，但如同首届比赛一样，依然受到政治原因的困扰，只有 12 支球队参赛，最后，美国、巴西、菲律宾、法国、中国台湾、乌拉圭、加拿大及以色列进入八强。美国队凭借身高优势轻松夺冠。

1959 年第三届世锦赛，苏联第一次派队参加，巴西最终赢得了冠军。

1963 年，第四届比赛本应在菲律宾举行，但菲律宾政府不给苏联等社会主义国家球员发放签证，国际篮联只能把比赛放到巴西举行并对菲律宾队进行了处罚和禁赛。主场作战的巴西显示了强大的实力，一路战胜各大强敌卫冕成功。美国队则依然不重视这项比赛。

1974 年世锦赛中，各支球队实力相当，苏联、美国、南斯拉夫三支球队积分相同，苏联队幸运地凭借小分优势夺冠。

1978 年，世锦赛来到了菲律宾，南斯拉夫队在比赛中展现了强大的攻击力，最终险胜苏联夺冠。美国队则表现糟糕，输掉了 4 场比赛。新中国首次派队参赛，获得 2 胜 5 负的成绩。1982 年，美国队派出了实力强大的球员参赛，他们也如愿进入决赛，但却很有争议的 1 分败给苏联，中国队连战连负，在 12 支球队中垫底。

1989 年，国际篮球联合会开始准许 NBA 球员参赛，但美国队在 1990 年布宜诺斯艾利斯世锦赛依然只派出 NCAA 球员，南斯拉夫则精英尽出，最终夺冠。中国队击败了埃及和韩国，获得了第 14 名。

1994 年，美国的“梦二”队参赛，在两年前的奥运会上他们已显示了无与伦比的统治力，这届比赛他们依然不可战胜。而中国队则实现突破，首次进入淘汰赛（后负于希腊），第 8 名的成绩也是到 2010 年为止中国队世锦赛上的最佳战绩。

2002 年，美国队重新组成了他们的梦之队，而且还是在主场作战，但他们发现很多球队已经今非昔比，美国如愿夺冠。而中国队表现不佳，在 12 支参赛球队位列末席。2006 年世锦赛又恢复了 24 支球队参赛。

希腊队在半决赛中击败了美国的“梦七”队，但决赛中西班牙更胜一筹。中国队依靠王仕鹏的绝杀，再次闯进淘汰赛。

2010 年，美国队凭借凯文·杜兰特的优异表现，时隔 16 年后夺冠，中国队在此次比赛中运气不错，再度进入淘汰赛。

2. 世界女子篮球锦标赛

世界女子篮球锦标赛是国际篮球联合会（FIBA）主办的国际性篮球比赛。始于 1953 年，每四年举行一届。参赛队为上届世界锦标赛前 3 名、上届奥运会前 3 名、主办国、亚洲、非洲、中美洲、南美洲、欧洲、大洋洲各一个队，以及主办国邀请的一个队。

第一届世界女子篮球锦标赛于 1953 年 3 月 7—22 日在智利的圣地亚哥举行。阿根廷、巴西、智利、古巴、墨西哥、巴拉圭、秘鲁、美国、法国和瑞士 10 支球队参加了这届锦标赛，从而使得这届锦标赛实际上是美洲球队占绝大多数的情况下进行的比赛。首次举行女子篮球比赛，在当地引起了极大的轰动。

第六届世界女子篮球锦标赛于 1971 年 5 月 16—19 日在巴西圣保罗举行。这是巴西第二次举办世界女篮锦标赛。这届锦标赛原定在智利举行，但智利篮球协会于 1970 年春季宣布无力举办，所以国际业余篮球联合会于 1970 年 5 月在卢布尔雅那举行的会议上，接受了巴西篮球协会的主办申请。同时，国际业余篮球联合会决定设立“伊凡·拉波佐”纯金世界杯为世界女子篮球锦标赛冠军奖杯。这个奖杯形状类似古代希腊酒杯，是巴西篮协已故领导人伊凡·拉波佐的朋友们捐赠的。苏联女篮在本届比赛中仍然所向无敌，九战全捷，捧走了“伊凡·拉波佐”纯金冠军奖杯。

第九届世界女子篮球锦标赛于 1983 年 7 月 24 日至 8 月 6 日在巴西圣保罗举行。巴西对世界篮球运动的发展作出了重大贡献，除 1954 年和 1963 年举办过两届世界男子篮球锦标赛外，这次是第三次举办世界女子篮球锦标赛，从而成为举办世界篮球锦标赛次数最多的国家。比赛结果，苏联队第六次赢得世界冠军称号，美国队名列亚军，第一次参加世界锦标赛的中国队获得铜牌。

第十届世界女子篮球锦标赛于 1986 年 8 月 7—17 日在苏联莫斯科举行。参加这届锦标赛的共有 12 个队。比赛结果，美国队在决赛中以 108:88 大胜苏联队，第四次赢得世界冠军称号，并打破了苏联队多年来在世界比赛中的垄断地位。这场比赛被认为是世界女子篮球史上历史性的新突破，并表明美国队目前代表了世界女子篮球最高水平。

第十二届世界女子篮球锦标赛于 1994 年 6 月 2—12 日在澳大利亚悉尼、阿德莱德、霍巴特和朗塞斯顿举行。参加这届锦标赛的共有 16 个队，巴西、中国、美国分获冠、亚、季军。

第十四届世界女子篮球锦标赛于 2002 年 9 月 14—25 日在中国江苏省举行。比赛在南京、淮安、镇江、常州、苏州以及苏州的吴中区、太仓、常熟和张家港等 9 个体育馆进行。经过 62 场的激烈角逐，第十四届世界女篮锦标赛名次排定：美国队和俄罗斯队分获冠、亚军，澳大利亚队、韩国队名列三、四位。获得 5 ~ 8 名的队伍是西班牙队、中国队、巴西队和法国队。

第十六届世界女子篮球锦标赛于 2010 年 9 月 23 日，在捷克共和国拉开帷幕。美国、捷克、西班牙分获冠、亚、季军。

（二）世界排球锦标赛

世界排球锦标赛是由世界排球联合会主办的国际排球比赛，是排球最早的、规模最大的世界性比赛，每四年举行一届，受到各国普遍重视。原与奥运会同年举行，1962 年起改在奥运会后第二年举行（女子第五届除外）。冠军获得者可直接参加下届奥运会。第一届世界排球锦标赛始于 1949 年，最初只有男子比赛，女子比赛始于 1952 年。最开始比赛并不受洲际人数的限制，即提出参赛申请的队，都可获得参赛资格；但从 1986 年（男第 11 届，女第十届）国际排联规定只允许 16 个队参加世锦赛，因为排球运动已逐渐成为一项世界性的热门运动，希望获得参赛资格的国家越来越多。具体参赛资格为上一届比赛获得第 1 名到第 7 名的 7 支球队，举办国 1 个队、五大洲锦标赛 5 个冠军队、最后资格预定赛（巡回优胜杯）的前 3 名共 16 支参赛队伍。

1994 年国际排联对世锦赛的参赛资格作了修改。对国际排联直辖举办的最后资格预选赛，从取原来的前 3 名增加至前 9 名有资格参加比赛。取消“世锦赛上届比赛 2 ~ 7 名有当然参赛资格”的规定。

（三）世界田径锦标赛

世界田径锦标赛创始于 1983 年的国际性田径赛事，主办机构是国际田径联合会，最初是每四年一届，1991 年起改为每两年一届。1977 年开设的世界杯田径赛，是国际田联单独主办的第一个世界性田径赛，对世界田径运动的发展，起了一定的推动作用。锦标赛赛程共 8 天，中间休息 1 天，实际比赛为 7 天。它与杯赛主要不同点是，不是以各洲代表队为主体，而是以各国或地区协会为单位参加。参赛选手需达到报名标准。标准分 A、B 两级（即最高标准与最低标准）。每个国家（或地区）每个项目可报一名达到 B 级标准的运动员参加。若报名者的成绩均已达到 A 级标准，每个国家每个项目可报 2 ~ 3 名，但最多不能超过 3 人。

1978 年 10 月，国际田联第三十一届波多黎各会议，正式决定组办世界田径锦标赛。1983 年在芬兰赫尔辛基顺利地举行了第一届，由于世界田径锦标赛为运动员提供了相互交流学习和表现自己能力的机会，所以得到了国际田联会员国和广大教练员、运动员的一致欢迎，因此这项赛事得以继续，并且得到不断发展和壮大，四年后又在意大利举办了第二届，第三届则于 1991 年在日本东京举行。考虑到一个优秀田径运动员的高峰运动生涯并不可能很长，四年一届的世锦赛可能使一些运动员在其运动生涯中只能参加一届或者两届，所以在罗马世锦赛后，缩短世锦赛周期的呼声越来越高、越来越响。

中国首都北京在成功组织、举办了北京奥运会之后，又正式获得 2015 年世界田径锦标赛举办权。

（四）世界乒乓球锦标赛

世界乒乓球锦标赛是国际乒乓球联合会主办的一项最高水平的世界乒乓球大赛，具有广泛的影响。

1926 年 12 月，在国际乒联正式成立的同时，第一届世界乒乓球锦标赛在英国伦敦举行。实力雄厚的匈牙利队获得了当时所设的男子团体、男子单打、男子双打、女子单打和混合双打 5 个项目的全部冠军。

1928 年举行的第二届世乒赛增设女子双打比赛，1933 年举行的第八届世乒赛又增设了女子团体比赛。1928—1939 年、1947—1957 年，世乒赛每年举行一次。从 1959 年的第二十五届开始改为每两年举行一次，其间由于第二次世界大战暂停。前八届未设女子团体赛，第二届开始有女子双打比赛。从第一届世乒赛到 1951 年的第十八届世乒赛，欧洲运动员占有绝对优势，获得了绝大多数冠军。加上后来夺得的冠军，匈牙利队获得的冠军总数为 73 个，其中有 9 个是与其他国家的选手合作夺得的。

从 1959 年容国团为中国夺得第一个世界冠军到第五十一届（2011 年单项）世乒赛结束，中国共获得 122. 5 个世乒赛冠军，已经大大超过第二名匈牙利队的 68. 5 个和第三名日本队的 47 个。

从 2003 年第四十七届世乒赛开始，国际乒联决定将单项与团体比赛分开进行。单数年份进行单项赛；双数年份进行团体赛。世界乒乓球锦标赛分预选赛和正式比赛两个阶段，各个已交付至当年会费的成员协会推荐的运动员都可报名参赛。每个成员协会可报 5 男、5 女参加单打比赛。除此之外，每项可多报 1 名运动员，而这名运动员应排名在当期国际乒联排名表的前十位以内。每个协会参加单打比赛的人数不可超过 7 人。主办协会参加各单打比赛的人数可超过此规定 1 ~ 2 人。男单和女单可各报 7 人。

（五）国际羽联世界锦标赛

国际羽联世界锦标赛，通常称世界羽毛球锦标赛（英文：BWF World Championships），是一项由国际羽毛球联合会组织的羽毛球单项锦标赛事，以之为世界顶尖的羽毛球选手加冕。

世界羽毛球锦标赛由国际羽毛球联合会举办，至今共举办了 19 届。首届于 1977 年在瑞典马尔默举行，以后每三年举办一次，第三届后改为每两年（奇数年）举行一次。1978 年一些国家和地区另组世界羽毛球联合会，当年亦举办同名的“世界羽毛球锦标赛”。1981 年，国际羽联与世界羽联合并成国际羽毛球联合会。世界锦标赛亦合一举办，首届于 1983 年举行。原有男、女单打，男、女双打，混合双打五项，1989 年起增设苏迪曼杯混合团体赛。

（六）世界体操锦标赛

世界体操锦标赛（The World Gymnastics Championships），是国际体操联合会主办及其所属的一个国家的体操协会所承办的世界性体操赛事。主要分为竞技体操和艺术体操锦标赛，并分别举行，其历史仅次于奥运会体操赛。

世界竞技体操锦标赛自 1903 年开始举行。1903—1915 年每两年举行一次，第一次世界大战期间暂停。当时的体操世锦赛仅男子参加，每队 9 人，比赛项目除单杠、双杠、吊环、鞍马外，还有 150 米跑、跳高、举重等体操以外的项目。1922 年恢复举办后直到 1978 年间每四年举行一次，其中 1934 年增设女子体操项目；1942 年和 1946 年由于第二次世界大战的原因再次暂停。现行的男子六项（跳马、鞍马、单杠、双杠、吊环、自由体操）及女子四项（跳马、高低杠、平衡木、自由体操）是从 1954 年体操世锦赛开始实行的，从此田径及举重项目不再出现在体操世锦赛中，此举从客观上使体操世锦赛完全专业化。

1979—1991 年改为两年举行一次。1991—1997 年改为每年举行一次。1994 年举行了两次，个人和团体比赛分别于 4 月和 11 月举行。1997—2001 年又改为两年一次，2002 年之后，除奥运年外，每年举行一次，即每四年举行三次。到 2011 年共举行了 43 届世界体操锦标赛。

中国在1958年首次参加这一比赛。在1962年第15届世界锦标赛中，于烈峰获得鞍马第三名，中国五星红旗第一次在世界体操大赛中升起；马燕红在1979年第20届世界体操锦标赛中获得高低杠第一名，是中国在世界体操大赛中第1位获得冠军的运动员；中国男子体操队在1983年第22届世界体操锦标赛中首次获得团体冠军。

1999年10月，中国首次举办体操世锦赛。2014年，体操世锦赛将再次在我国举办，地点为广西南宁。

四、世界杯足球赛

（一）男子世界杯足球赛

国际足联世界杯，常称世界杯，是一项国家级男子足球队之间的国际比赛，由世界足坛最高管理机构国际足球联合会（FIFA）每四年举办一次，是世界足坛规模最大、水平最高的赛事，亦是世界上最受欢迎的体育盛会。

世界上第一场国际性足球赛是1872年在苏格兰格拉斯哥进行的对抗赛，由苏格兰代表队对英格兰代表队，而首次国际性比赛为1884年开始举办的英国本土四角锦标赛（British Home Championship）。在这时期，英国之外的地方几乎没有这项体育运动。在19世纪和20世纪之间，足球在全世界渐渐普及，奥运会亦引入足球比赛，在1900年、1904年和届间运动会列进表演项目（取得冠军没有奖牌）；1908年，足球成为奥运会正式项目。在英格兰足球总会（FA）的计划下，这项赛事只限业余球员参赛，球赛着重表演多于竞争。代表英国出赛的英格兰业余足球代表队蝉联了1908年和1912年两届奥运会的冠军。

1928年，国际足联决定在奥运会的架构之外创办他们自己的国际赛事。由于当时乌拉圭连续赢得两届官方足球锦标赛的桂冠（国际足联的职业时期始于1924年），且正逢1930年迎接乌拉圭独立百年大庆，并提出全额负担各参赛国家的费用，因而国际足联决定将主办权授予乌拉圭。

1. 首届世界杯

1932年在洛杉矶举行的夏季奥运会并未将足球列入正式项目，原因是足球在美国的普及度非常低，同时美式足球正不断发展。国际足联和国际奥委会（IOC）亦不认同其业余性质，所以这届奥运会取消了足球项目。国际足联主席儒勒·雷米将首届世界杯赛事定在乌拉圭举行，赛事总共有13支队伍参与，包括7支南美洲球队、4支欧洲球队和2支北美洲球队。

1930年7月13日，首届世界杯足球赛在乌拉圭举办，首两场赛事同时进行，法国队和美国队旗开得胜，他们分别以4:1击败墨西哥队和3:0击败比利时队。世界杯史上的首个入球是法国队的卢逊·罗伦特（Lucien Laurent）攻入。决赛于蒙特维多球场举行，有93 000名球迷入场观看赛事，结果乌拉圭队以4:2击败阿根廷队夺得冠军，成为首个赢得世界杯的国家。

2. 发展

早期的世界杯足球赛受到交通不便和战争等问题的阻碍，仅有少数南美洲国家愿意在1934年和1938年特意远赴欧洲参加世界杯，其中巴西是唯一参与这两届赛事的南美洲国家代表队。1942年和1946年世界杯因第二次世界大战而被迫取消。

英国球队在1920年退出了国际足联，一方面是出于不愿同本国的战争敌手比赛的意愿，另一方面是因为他们认为足球只是英国人自己的运动，1946年应国际足联力邀，英国于1950年首次派队参加世界杯赛。

1934—1978年世界杯，各有16支球队晋级决赛圈；从1982年起世界杯开始决赛阶段扩军，参加决赛圈的队伍增至24队，从1998年起又扩增至32队，并增加了非洲、亚洲和北美洲的球队竞逐决赛圈的机会。唯一例外的是大洋洲，该洲从未有球队取得一张完整的决赛圈入场券。

3. 赛制

1）预选赛

从1934年起，世界杯开始设立预选赛。所有参赛队伍分别在六个大洲足球联合会（非洲足联、亚洲足联、欧洲足联、中北美及加勒比足联、南美足联和大洋洲足联）的监管下，按大洲各自组织世界杯预选赛（包括决定其赛制），以争夺世界杯决赛圈参赛资格。

预选赛在决赛圈举行前三年开始，过程逾两年。预选赛在各个洲的形式都有所不同。少数球队需进行跨洲附加赛以争夺席位。例如，大洋洲区冠军需和南美洲区第五名争夺2010年世界杯决赛圈的一个席位。自1938年起，世界杯主办国和上届冠军球队，均无须参与预选赛便可自动获得决赛圈参赛名额。但自2002年世界杯之后，国际足联更改这项政策，规定上届冠军也必须通过预选赛来取得决赛圈的参赛资格。

2）决赛圈

进入决赛阶段的球队首先以小组形式进行分组赛，分组赛以抽签形式分成八组。国际足联先将各参赛队伍分成四个级别，第一级别为种子队，包括主办国及最高评分的 7 支代表队，评分依据国际足联世界排名与近年世界杯成绩各占一定比重的一个方程来计算。8 支种子队分到 8 个小组中。其他队伍会分入第二至第四级别，多以球队所属的洲来划分。每个小组均拥有第一至第四级别的国家队。自 1998 年世界杯起，规定同组内不能有多于两队欧洲球队或多于一队其余五大洲份的同洲球队。

4. 世界杯主办国的遴选

早期的世界杯由国际足联开会选出主办国，但所选地点常引起争议，因为南美洲和欧洲这两大势力的来往需要在旅途上花大量时间。

为杜绝将来再发生争议和退出事件，从 1958 年世界杯起国际足联决定由美洲和欧洲国家轮流举办一次。2002 年世界杯首次在亚洲举办，由韩国和日本联合主办，亦是目前唯一一次由双主办国共同举办的赛事。2010 年，南非成为第一个主办世界杯的非洲国家。2014 年世界杯将由巴西主办，这也将是破天荒连续两次由非欧洲国家举办世界杯赛事。

2010 年和 2014 年的世界杯决赛圈，采用洲际轮办制度（2010 年定为非洲、2014 年定为南美洲），如该洲只得一个申办国，此国便会自动当选。此轮办制度在 2006 年世界杯申办风波后引入，当时德国在投票中击败南美洲国家而获得主办权。但这制度会在 2014 年之后废除，由 2018 年世界杯起，任何国家都能申办，同洲国家不能连续主办超过两届世界杯。

5. 世界杯经济及政治影响

作为当今世界上最大的单项体育盛会，世界杯亦开始日趋商业化，如 2010 年南非世界杯国际足联颁出高达 4 亿美元的总奖金给予各支球队，开创了世界体育史最高奖金纪录。而世界杯带给主办国的直接经济效应更是立竿见影，早于 1982 年，西班牙因为主办世界杯就获得高达 63 亿美元的旅游收入，2006 年的德国世界杯更是为德国带来 110 亿美元至 120 亿美元的直接经济收入。各个参赛国亦对球员以及球队开出高额的奖金以刺激成绩，朝鲜队于 2010 年打入南非世界杯赛，朝鲜政府开出的奖金甚至已经超越了奥运会金牌获得者的奖金。

在一些国家，例如中国，虽然国家队屡次无法进入世界杯，但世界杯仍旧带来客观的经济影响。2010 年南非世界杯开始前，如往常一样，中国国家广电总局规定只有中国中央电视台有独家的转播购买权利，有传媒报道中央电视台仅在广告费方面的收入就超过 20 亿元人民币，而中国的一些啤酒企业，甚至股票市场都会因为世界杯的举行产生波动。

世界杯赛影响力亦体现在多国的政治领域，通常夺冠球队会被各国视为民族英雄，1998 年法国队在本土勇夺冠军，法国总统希拉克甚至在颁奖时让队长迪迪埃·德尚背对自己站在长桌上高举大力神杯，甚至于八年后的德国世界杯，当法国队决赛点球 4:6 输于意大利队时，希拉克仍旧在球队回国后在总统府接见了亚军球队。2006 年世界杯赛决赛，包括德国总理默克尔，意大利总统纳波利塔诺，法国总统希拉克，联合国秘书长安南在内的多名政客亲临赛场观看比赛。2009 年的世界杯欧洲区预选赛，爱尔兰队因为法国队一个犯规入球而无法晋级，总理考恩甚至用外交辞令与法国总统萨科奇交涉重赛，后萨科奇亦向爱尔兰国民致歉，但声明法国并不接受重赛。

6. 中国与世界杯

1）第一次参加世界杯预选赛

1957 年，第 6 届世界杯亚非区预选赛 主帅：戴麟经。

主要队员：张俊秀、张京天、张宏根、年维泗、孙福城、王陆、方纫秋、朴万福。

重要战绩：客场 0:2 负印尼，主场 4:3 胜印尼。

伤心史：在缅甸与印尼重赛战成 0:0，因净胜球少被淘汰。

2）第一次参加世界杯决赛圈比赛

2002 年中国队首次参加世界杯决赛圈比赛，小组赛 3 场比赛战绩为：0:2 负于哥斯达黎加，0:4 负于巴西，0:3 负于土耳其，进 0 球丢 9 球，最终获得韩日世界杯第 31 名。

（二）女子足球世界杯赛

国际足联女子足球世界杯赛（FIFA Women's World Cup）被视为女子足球最高荣誉的赛事。女子世界杯是在时任国际足联主席阿维兰热的鼎力倡导下，由国际足联（FIFA）所组织的。女足世界杯赛有 16 支球队进入决赛圈。

五、亚洲运动会

（一）亚洲运动会历史

亚洲运动会，简称亚运会，英文为 Asian Games，是国际奥委会承认的地区性大型综合运动会，它不仅是亚洲地区规模最大、水平最高的综合性运动会，同时代表了整个亚洲的体育运动水平。亚洲运动会每四年举办一届，时间为 12 ~ 16 天，与奥林匹克运动会相间举行。亚洲运动会最初由亚洲运动会联合会（Asian Games Federation）的成员国轮流主办，1982 年后由亚洲奥林匹克理事会（Olympic Council of Asia）的成员国轮流主办。自 1951 年第一届始，迄今已举办了 16 届。

亚洲运动会的前身是远东运动会和西亚运动会。

远东运动会，1911 年由菲律宾体育协会发起组织。1913—1934 年，它轮流在菲律宾的马尼拉、中国的上海、日本的东京和大阪等地举办，先后共举行了十届。前八届比赛只有中国、日本、菲律宾 3 国参加，后两届印度、印度尼西亚、越南也加入。开始时，运动会每两年举行一届，从 1927 年后改为四年举行一届。1934 年，因日本坚持把其所谓的“满洲国”拉入远东运动会，中国宣布退出，远东运动会也随之中止消亡。远东运动会是由当时亚洲远东体育协会主办的一个地区性综合运动会，其主要比赛项目有田径、游泳、足球、篮球、棒球、网球、排球等，它为推进亚洲早期体育运动的发展作出了积极的贡献。

西亚运动会，1934 年在印度人古鲁·桑迪的筹措下举行。第一届西亚运动会在印度首都新德里举办，当时参赛国有印度、锡兰（现斯里兰卡）、阿富汗和巴基斯坦四国，设有曲棍球、篮球、田径等比赛项目。原定于四年后在巴基斯坦举行第二届西亚运动会，后因爆发第二次世界大战而停办。

第二次世界大战结束后，亚洲的许多国家先后获得了独立和解放，各自建立了新的社会制度。随着战争创伤的平复，各国经济逐步稳定，人民生活日趋安定，体育运动又在各国逐渐开展起来，同时，各国间要求参加国际性体育比赛和交流的愿望又活跃起来。此时，恰好因战争而中断了 12 年的国际奥林匹克运动会又再次恢复举行。在这一历史背景下，许多亚洲体育界人士产生了建立一个仿效国际奥委会的亚洲体育组织和领导机构，以推动亚洲体育运动蓬勃发展的愿望。

1948 年在英国伦敦举办的第十四届夏季奥林匹克运动会期间，菲律宾与中国的体育界人士计划恢复停办了多年的远东运动会，并与来参加和观摩本届奥运会的亚洲各国体育界人士商讨。当时国际奥委会委员、印度的体育界领导人古鲁·桑迪认为：远东运动会不足以体现亚洲体育运动的水平和亚洲人民的团结精神。他主张创办一个包括所有亚洲国家参加的洲际运动会——亚洲运动会。为此，他遍访了来伦敦观摩和参加本届奥运会的亚洲各国体育界代表，并邀请了中国、菲律宾、韩国等 13 个国家和地区的代表召开了有关成立亚洲体育运动组织的第一次筹备会议。在此次会上，讨论通过了印度关于成立亚洲运动会联合会的提案，同时推举中国、菲律宾、韩国和印度四国共同起草亚洲运动会有关文件和章程，并确定于 1949 年 2 月在印度首都新德里举办第一届亚洲运动会。但因印度国内原因，第一届亚洲运动会最后延期至 1951 年 3 月才在印度首都新德里举行。

1951 年 3 月，在印度首都新德里举行的第一届亚洲运动会上，只有 11 个国家和地区参加，运动员人数为 489 名，比赛项目为 6 个。后来随着运动会的有序进行，参加比赛的国家和地区就逐渐增多，参赛运动员人数和比赛项目也逐渐扩大，到了 2010 年 11 月在广州举行的第 16 届亚运会时，参赛国家和地区已达 45 个，参赛运动员人数也达 10 156 人，比赛项目也增至 42 个大项，56 个分项，463 个小项。

迄今为止，共有亚洲 9 个国家主办过亚洲运动会，其中泰国 4 次，日本、印度、中国、韩国各 2 次，菲律宾、印度尼西亚、伊朗和卡塔尔各 1 次。总之，今天的亚运会，在历经了几十年的风雨与辉煌之后，已成为亚洲规模最大、水平最高的体育盛会。同时，也成为亚洲各国各地文化交流、传统互鉴、友谊传承的绚丽舞台。

（二）亚洲运动会组织机构及成员

1949 年 2 月，亚洲各国体育界代表在新德里召开会议，会上正式成立了“亚洲业余体育联合会”，这是亚洲运动会的最早组织。后来该联合会更名为“亚洲运动会联合会”，1981 年更名为“亚洲奥林匹克理事会”并沿用至今。现亚洲奥林匹克理事会总部设在科威特。

亚洲奥林匹克理事会组织机构设为亚奥理事会代表大会、执行局和主席。亚奥理事会代表大会由亚洲各国家或地区奥委会各派三名代表组成（但在代表大会上，只有一人有表决权），另亚洲的国际奥委会委员也可应邀出席代表大会，但无表决权。亚奥理事会代表大会设主席 1 人、副主席 8 人，任期 4 年。其中有 5

名副主席分别代表5个区（为了方便管理，亚奥理事会分成东亚、东南亚、南亚、中亚和西亚5个区），而第六、第七、第八名副主席即分别由承办下届亚运会的举办国、下届冬季亚运会举办国和下届亚洲室内项目运动会的举办国提名担任（他们的任期到有关的运动会结束为止）。大会设秘书长和司库各一人（由主席提名报请代表大会批准），任期4年。理事会下设章程委员会、财务委员会、体育委员会、资料和信息委员会、体育医学委员会、新闻委员会、运动员委员会和妇女与体育委员会等小组委员会。亚奥理事会代表大会至少每年召开一次，它是亚奥理事会的最高权力机构，负责对亚奥理事会章程的制订、修改和解释；批准入会申请或中止某个奥委会的会籍；讨论和批准亚奥理事会每个年度的财政预算和核算报告；选举亚运会举办城市；全会的决定是最终的。

亚奥理事会执行局由主席、副主席、秘书长、司库和理事会下设的每个小组委员会的主席组成。它主要任务是负责处理亚奥理事会的日常事务。例如，视需要而召开会议，处理理事会的工作等。但执行局对重大问题所作出的决议须提交代表大会批准。

主席对理事会一切活动负有直接责任，是理事会的正式发言人，是代表理事会的法人。他负责主持执行局会议和代表大会；代表理事会出席国际体育会议；为执行局或代表大会准备有关财务、行政或其他报告；在预算的数额之内，批准经费开支；代表亚奥理事会协调与亚洲各单项体育联合会之间的工作。

现在，亚洲奥林匹克理事会是全面管理亚洲奥林匹克运动的唯一的组织，是代表亚洲与国际奥委会和其他洲级体育组织联系的全权代表。其核心任务是：负责协调亚洲国家和地区之间的体育活动，鼓励和引导亚洲体育运动的发展，通过运动竞赛，帮助亚洲青年提高身体素质和道德品质，促进他们之间的友谊，在亚洲宣传奥林匹克精神，并保证四年一届的亚洲运动会和亚洲冬季运动会顺利举行。

亚洲奥林匹克理事会最初有34个会员国，目前，亚洲奥林匹克理事会共有45个会员国。它是亚洲最大的一个组织机构，几乎覆盖了亚洲所有国家和地区。中国于1973年9月18日加入亚洲奥林匹克理事会的前身“亚洲运动会联合会”，是亚洲奥林匹克理事会的创始会员。

（三）亚洲运动会会徽及宗旨

会徽是一种徽记，亦称会标。重大会议、体育盛会一般都有会徽，会徽在设计上必须能体现此次会议的主旨、举办地、举办时间、举办国（地区、单位）等。现代奥运会（包括冬季奥运会）的组织委员会都为所举办的每届奥运会设计出一种独特的会徽。其主要思想就是向全世界人民展示一种主办国家及城市对于奥林匹克精神的理解。亚洲运动会亦不例外。

亚洲运动会的第一代会徽设计的图案基本要求为：中间是一轮放射16道光芒的红日，它象征着亚洲是太阳升起的地方，代表着亚洲运动的蓬勃发展与迅速推广。红日上方是国际奥委会的标志——5环，下面写有“Ever Onward”，底部是“Olympic Council of Asia”的字样。

亚洲运动会的第二代会徽设计于2006年，同年12月2日在多哈举办的第15届亚运会期间公布。新会徽的中央也是红日，红日上面盘绕着一条龙，下面环绕着1只鹰，它代表亚洲的团结，并强调了东方巨龙中国以及鹰所代表的阿拉伯国家在亚洲体育中所起的重要作用。会徽下方是5环以及“Olympic Council of Asia”的字样。新的会徽从公布即日起开始使用，但真正首个使用新会徽的运动会是在2007年亚洲室内运动会上。

由于亚运会是由亚洲奥林匹克理事会主办，所以自从第二届亚运会起，如历届奥运会会徽必须要有5环图案一样，从今以后的亚运会的会徽上也必须要融入会徽的中心图案——放射16道光芒的红日。

亚洲运动会是亚洲规模最大、水平最高的体育盛会。历届亚运会的宗旨和口号都有所不同，但其核心离不开弘扬奥林匹克和亚运精神，促进亚洲各国（地区）的团结、友谊和交流，致力于构建和谐亚洲这个主题。

（四）亚洲运动会比赛项目

为增进亚洲各国和各地体育运动的蓬勃开展，展示亚洲不同国家、不同地域、不同民族的文化特色，亚洲运动会从一开始，所设的比赛项目就不像现代奥林匹克运动会那样有那么严格的规定，除常规的田径、游泳、足球、篮球等亚洲各国和各地都广为开展的项目每届都必须列入外，本届运动会的主办国还可根据本国运动员所擅长的项目和自身条件及能力适当增减。例如：第3届亚洲运动会在日本举行，日本增加了本国的强项乒乓球、排球、网球等；第4届在印度尼西亚举办时，印度尼西亚也增加了该国擅长的羽毛球；第10届在韩国举办，韩国增入了跆拳道比赛；而第11届北京亚运会时，我国则取消了跆拳道，增加了武术这项富有中华民族特色的比赛项目；到第16届广州亚运会，我国又增设了龙舟比赛等。当然，每届运动会比赛项目的增减与变换都必须得到亚奥理事会的同意和批准，东道国是无权随意安排的。

亚洲运动会迄今为止已举行了16届，比赛项目也经历了从少到多的发展过程——从第一届的6项逐渐增至第十六届的42项。目前，前16届运动会举办过的比赛项目分别有田径、游泳（含花样游泳、跳水和水球）、体操（含艺术体操、蹦床）、篮球、排球（含沙滩排球）、足球、羽毛球、棒球、台球、保龄球、垒球、壁球、乒乓球、网球、软式网球、高尔夫球、橄榄球、藤球、手球、曲棍球、卡巴迪、射箭、射击、拳击、柔道、跆拳道、空手道、摔跤、武术、赛艇、帆船、皮划艇、自行车、马术、击剑、现代五项、铁人三项、举重等42项，相信今后会有更多的比赛项目加入到亚洲运动会的比赛当中。

（五）中国的亚运历程

1951年3月在印度首都新德里举办的第一届亚洲运动会，刚刚成立不久的新中国应邀参观了大会。但由于历史、政治等原因，中国直至1973年9月18日前都未加入亚洲运动会联合会，因而前六届的亚洲运动会也就未受邀派队参加比赛。

1973年9月18日，中华全国体育总会在泰国曼谷举行的亚洲运动会联合会执委会会议上首次被确认为该联合会正式会员。同年11月16日，亚洲运动会联合会理事会在德黑兰会议上批准了执委会9月18日的决定，自此中国才真正踏进亚洲运动会的竞技舞台。

1974年9月1日，第七届亚运会在伊朗首都德黑兰的阿里亚梅尔体育中心的主体育场开幕，刚刚获得亚洲运动会联合会合法席位的中国，马上派出一支由269人组成的代表团，开始了首次亚运会征履。

从1974年德黑兰第7届亚运会开始，中国派队参加了以后每届的亚洲运动会比赛，运动成绩也是逐届辉煌。目前，在已举行过的16届亚洲运动会中，亚洲的老牌体育强国日本前8届金牌数一直都稳居榜首。1974年中国首征亚洲运动会，成绩就一鸣惊人，共夺取33枚金、64枚银、27枚铜，总奖牌达124枚，金牌数排在所有参赛国的第三位。到1978年曼谷第8届亚洲运动会，中国又夺取51枚金牌，金牌数升至所有参赛国的第二位。从1982年新德里第九届亚洲运动会开始，中国终于打破了日本长期独霸亚洲体坛老大的局面，共夺取61枚金牌，金牌数首次压过日本的57枚跃居亚洲第一。从那时起，中国在后来举办的每届亚洲运动会上金牌数都是名列榜首，第十届94枚金牌，第十一届183枚金牌到第十六届199枚金牌，今天的中国已成为名副其实的亚洲第一竞技体育强国。

中国自1973年踏入亚洲运动会的舞台后，先后于1990年在北京和2010年在广州举办了第十一届亚洲运动会和第十六届亚洲运动会。以后还会有承办，可以说中国为亚洲运动会的发展，为亚洲运动会的进步，作出了积极的贡献。

（六）亚洲冬季运动会

亚洲冬季运动会（Asian Winter Games），简称亚冬会，它也是由亚洲奥林匹克理事会主办、每四年举行一届的综合性洲际冬季运动会，参赛国家和地区为亚奥理事会所有会员。

1982年日本奥林匹克委员会第一次提出举办冬季亚洲运动会的想法，经筹备，第一届亚洲冬季运动会于1986年在日本札幌举行。迄今为止，亚冬会共举办七届。其中日本举办过三届、中国举办过两届（中国的哈尔滨和长春分别于1996年和2007年举办第三届和第六届亚洲冬季运动会）、韩国的江原道和哈萨克斯坦的阿斯塔纳-阿拉木图各举办过一届比赛。札幌是举办过亚冬会最多的城市，最初的两届亚冬会都是在札幌举行。

1986年在日本札幌举办第一届亚洲冬季运动会时，亚洲冬季运动会比赛项目只有7大项35个小项，但到了2011年哈萨克斯坦的阿斯塔纳—阿拉木图举办的第七届亚洲冬季运动会，比赛项目已增至11个大项69个小项。从亚洲冬季运动会历届所开设的比赛项目看，虽每届都略有调整，但它的总体与冬季奥林匹克运动会所开设的比赛项目非常接近。同时，它还加入了滑雪定向和在亚洲地区有一定普及度的班迪球等非奥运会比赛项目，取消了单板滑雪和在欧美普及度较高的北欧两项、有舵雪橇、无舵雪橇和俯式冰橇等冬季奥林匹克运动会比赛项目。

中国从1986年日本札幌举办的第一届亚洲冬季运动会起就派队参加了历届亚洲冬季运动会的比赛，运动成绩也是列历届前茅。

六、中华人民共和国全国运动会

中华人民共和国全国运动会简称“全运会”，是中国国内水平最高、规模最大的综合性运动会。新中国成立后，经过十年的艰苦奋斗，体育事业欣欣向荣，蒸蒸日上。为此，中央人民政府决定于1959年在北京举办第一届全运会。全运会每四年举办一届，一般在奥运会结束后的一年举行，至今已经举办了十一届。

全运会的比赛项目设置，除武术之外，基本与奥运会相同，其原意是为国家的奥运战略锻炼新人，选拔人才。为了调动各省市区的积极性，在1996年奥运会前，国家体育总局出台了“将奥运会奖牌带入全运会”的举措。

（一）运动精神和举办运动会目的

研究证明：运动能产生快乐因子。运动精神（运动本质），是指通过运动来强身健体，以及通过运动让自己快乐，也可以说运动的本质是快乐。快乐的首要任务是运动，正所谓我运动我快乐，只有身体得到充分锻炼，精神上才能高度集中，做任何事情才会有强劲的力量。作为举办运动会的主导者，一般都是思考着如何将这种运动精神深化到每个人的心中，让每个人都能够真心喜欢运动，让民众能够真正体会到运动能给他们带来的好处，包括工作上的、生活上的、家庭上的和心灵上的。当然，政府可以引导某项运动风潮，但必须加强教育和思想引导，否则运动就不能深入民心。举办运动会的目的，是试图通过运动会让民众能够深刻认识到运动的精神或运动的本质，让民众能够真正地感受到运动带给他们的快乐，以及工作、生活、家庭和心灵上的提升和充实，让民众热爱运动并自觉运动。

（二）历届全运会基本概况

第一届全运会 北京 1959年9月13日—10月3日；

第二届全运会 北京 1965年9月11—28日；

第三届全运会 北京 1975年9月12—28日；

第四届全运会 北京 1979年9月15—30日；

第五届全运会 上海 1983年9月18日—10月1日；

第六届全运会 广东 1987年11月20日—12月5日；

第七届全运会 北京 1993年9月4—15日；

第八届全运会 上海 1997年10月12—24日；

第九届全运会 广东 2001年11月11—25日；

第十届全运会 江苏 2005年10月12—23日；

第十一届全运会 山东 2009年10月11—23日；

第十二届全运会 辽宁 2013年9月；

第十三届全运会 天津 2017年。

新中国成立后，国际上一些敌对势力对我国进行了封锁，在国际体育组织中，少数国家设置障碍，无视新中国在国际体育组织中的合法地位，企图分裂中国，实现“一中一台”，中国人民表示了极大的愤慨，20世纪50年代中后期，退出了大部分的国际体育组织，仅保持与国际乒联、国际排联等国际体育组织的联系。

为了庆祝中华人民共和国成立10周年，提振民族精神，打破国际封锁，展示新中国体育成就，提升我国在国际的地位及影响力，中央人民政府决定举办第一届全国运动会，并于1958年成立筹委会，贺龙任筹委会主任。新中国第一届全运会于1959年9月13日—10月3日在北京举行，毛泽东、刘少奇、朱德、周恩来等党和国家领导人出席了开幕式，解放军及28个省、自治区和直辖市共29个代表团参赛，参赛运动员达7 707人，运动员、裁判员和赛会工作人员共10 658人，共设36个比赛项目和6个表演项目，由于是新中国成立初期，军事活动还占有重要地位，全运会设有无线电发报、飞机跳伞、航海等军事体育项目，这也成为本届全运会的一大特点。本届全运会有7人4次打破4项世界纪录，解放军代表队以其强大的实力赢得了金牌总数第一名。第一届全运动还设计了全运会会徽，会徽由金色的跑道、金色的麦穗和夸张的红1字组成，麦穗代表新中国成立10年的丰硕成果，而似乎要冲出跑道的“1”字恰似上升的“箭头”，象征着当时人们热火朝天建设新中国的激情。本届全运会按照中央“对国际上也有很大意义，因此必须开好”的指示，各部门倾力办好全运会，因而，本届全运会“规模宏大，内容丰富，成绩优良”。

第二届全运会于1965年9月11—28日在北京举行。开幕式上，1.6万多人表演了大型团体操《革命赞歌》。共有5 014人参赛，设22个比赛项目，24人10次打破9项世界纪录，330人469次打破130项全国纪录。会徽解读：会徽由金色的跑道、醒目的“2”字和一面飘扬的五星红旗构成，跑道上方的红旗飘扬象征高举社会主义伟大红旗。

第三届全运会于1975年在北京举行，有包括台湾省在内的31个代表队参加，比赛项目成年组设28项，少年组设8项，另有6项表演项目。有1个队4人6次打破3项世界纪录，2人2次平2项世界纪录，49个队83人197次打破62项全国纪录，4个队36人144次打破58项全国青少年记录。会徽解读：会徽背景从金色的跑道变成了圆形的体育场，寓意当时全国人民强烈要求安定团结的愿望；圆形的体育场上依然飘扬着一面红旗，表示继续高举马列主义思想伟大红旗。

第四届全运会于1979年在北京举行。有包括台湾省在内的31个代表队1.5万多名运动员参加，成年组比赛项目有34项，少年组有2项。有5人5次打破5项世界纪录，2人3次平3项世界纪录，36个队204人376次打破102项全国纪录，2个队6人10次打破5项全国少年纪录。会徽解读：会徽由金色的跑道和燃烧的火炬组成，当时正值拨乱反正和改革开放，火炬象征着继往开来，进行社会主义现代化建设。

第五届全运会于1983年在上海举行，比赛项目有25项，表演项目1项，31个代表队的8 943名运动员参赛。有2人3次打破2项世界纪录，7人12次打破9项亚洲纪录，38队64人142次打破60项全国纪录。会徽解读：会徽首次运用中西文结合的表现手法，图案立意新颖，横放的跑道，加上与之垂直的国旗，形成“中”字，象征“建设有中国特色的社会主义”，第五届的五字改用罗马字“V”，又是国际公认的“胜利”代号，象征着十一届三中全会以来各条战线均取得伟大胜利。

第六届全运会于1987年在广州举行，这是我国历史上规模最大的一次体坛盛会，共有37个代表队7 228名运动员参赛，设44项比赛项目。有10人2队17次打破15项世界纪录，3人3次平3项世界纪录，2人2次超过2项世界纪录，18人1队24次打破17项亚洲纪录，10人14次创造17项亚洲纪录，28人39次超过21项亚洲纪录，85人14队168次打破82项全国纪录。会徽解读：会徽由醒目的“6”象征火炬，跑道则形象地表达出“羊”的韵意。火焰变型而成的“6”，意味着第六届全运会；以“羊”字的三横引申为跑道，表示全运会在广州（羊城）举行。首次引入全运会吉祥物：阳阳。

第七届全运会于1993年在北京举行，是新中国成立以来规模最大、水平最高的全国运动会。除参加前期若干项目比赛和成都赛区项目比赛的运动员外，北京主赛区共有包括解放军和行业体协在内的45个代表团的4 228名运动员、1 200名教练员参加，加上各代表团团部人员等，总数达7 551人。共有4人4次创4项世界新纪录，4队18人43次超21项世界纪录，4人4次平3项世界纪录，1队54人93次创34项亚洲新纪录，3队61人143次超66项亚洲纪录，14队130人273次创117项全国新纪录。会徽图案是一把燃烧的火炬，火焰由罗马字母VII（七）字变形而成；手柄成跑道造型，由两个相反的“7”字组成，点明届数。吉祥物：明明。

第八届全运会于1997年在上海举行。共有179人659次超41项世界纪录，其中16人19次超7项奥运项目世界纪录；4人4次平3项世界纪录；3队100人367次超55项亚洲纪录；88人6队142次创66项全国纪录。会徽图案由代表八运会的“8”和代表上海的汉语拼音字母“S”重新组合，图形外围是红色的“8”，中心形成一个白色的“S”，视觉上像一把火炬，又像一朵上海市花白玉兰；下半部分以“8”字为基础，像上海8万人体育馆，一环套一环，象征着全国人民大团圆。吉祥物：圆圆。

第九届全运会于2001年在广东举行。共有24人35次超7项世界纪录，1队6人7次创6项亚洲纪录，28人41次超9项亚洲纪录，32人4队52次创37项全国纪录。会徽中间丰满，两端渐细的曲线给人无限的延伸感，配合倾斜的线条，更显奔腾飞跃之意。对比鲜明的红、黄、蓝三色，对视觉有强烈的冲击力。造型洒脱地勾勒出一个“9”，既直接传达了九运会的信息，又宛如一位矫健、充满活力、奋发向上的运动员，豪迈跨入新世纪。吉祥物：威威。

第十届全运会于2005年在南京举行。会徽图案由数字“10”变化而来，又是一个“S”的变形，S是英文“体育”（sports）的首字母，也是江苏简称“苏”的拼音首字母，整个画面造型以倾斜的、流动的线与面结合，在简洁的S型主线上，龙、虎、火相互穿插呼应。会徽图案为红黄两色，既是中国最吉祥和欢乐的颜色，又是中国国旗的色彩组合。会徽设计意在以虎踞龙盘的艺术形象，体现江苏丰厚的历史文化底蕴和浓郁的地域特征，以及竞技体育生龙活虎的鲜明特点。会徽图形的设计特别强调活力和动感，以凸显体育健儿奋力拼搏的精神风貌，充分体现奥林匹克“更高、更快、更强”的理念。吉祥物：金麟。

第十一届全运会于2009年在山东举行。会徽总体把握住了“和谐中国，全民全运”的设计理念，体现了奥林匹克“更快、更高、更强”的精神，具有竞技体育的韵味，对中华文明、齐鲁文明、现代文明体现得比较准确，符合当代审美要求，同时体现了当代体育精神，具有较强的视觉效果。会徽取名为“和谐中华、活力山东”，以“竞技人形”为主要构成元素，图形中含有多种运动项目，形态之间相互穿插、相互融合、和谐共存，体现了第十一届全运会“和谐中国，全民全运”理念；同时，以“运动人形”作为会徽主形态，也充分体现了“全民全运”的参与性和“以人为本”的时代特点。吉祥物：泰山童子。

（三）全运会之最

第二届全运会是设表演项目最多的一届，也是历届全运会中刷新全国纪录项数最多的一届；第四届全运会是设金牌和奖牌数量最多的一届；第五届全运会是参赛运动员最多的一届；第六届全运会是有史以来设置项目最多的一届全运会；第七届全运会首次由多个地区承办同一届全运会，而且是比赛时间最长的一届；第八届全运会是参赛单位为历届全运会之最且是打破或超过世界纪录最多的一届，解放军代表团是夺金最多的代表团，香港首次组团参加了十月份的上海第八届全运会；广州在第六届全运会上首次引入了吉祥物的概念；第五届全运会会徽的设计首次运用中西文结合的表现手法，图案立意新颖，横放的跑道，加上与之垂直的国旗，形成“中”字；第五届的五字改用罗马字“V”，是国际公认的“胜利”代号。

1987年六运会期间，《中国体育报》还叫《体育报》，《体育报》办了一个“全国20名最佳教练员”的评选，范围是十一届三中全会之后涌现出来的领军之将。最终当选的教练员每个人都获得了一个有厂家冠名的奖杯，比如陈福寿和穆祥豪获得的都是“防爆”杯，聂卫平和王魁获得的是由福建省大田县豆乳晶厂赞助的“赤岩”杯。当年提供赞助的厂家们早已沧海桑田，沈阳防爆器材公司不幸地在几年后成为中国第一家破产的国有公司，奖励高丰文、袁伟民、钱澄海和徐益明的福州第二塑料厂、福州保温瓶厂应该已经被台商合资了。另外几个赞助商还有鞍山市小型轧钢厂、南通无线电厂，计划经济的味道十足。那一年，“辽宁山东是一家，二比二平进前八”的口号被辽宁球迷写在横幅上打了出来，比分最终也正是那样。1993年的全运会回到了北京，全运会隔了6年，从奥运会前一年举行，改到了奥运会后一年举行。那一年最热闹的事情，是马家军如探囊取物般地获得金牌。

七、全国少数民族传统体育运动会

中华人民共和国全国少数民族传统体育运动会（简称全国民运会），是在1953年举办的全国民族形式体育表演和竞赛大会的基础上发展而来的。它经国务院批准，由国家民族事务委员会和国家体育运动委员会联合主办，地方人民政府承办，从1982年开始，每四年举行一届。该项赛事以其民族性、广泛性和业余性等特色，已成为全国较有影响的大型综合性体育运动会之一，为发掘整理各民族民间传统体育形式，弘扬民族体育文化，发展民族体育事业和全民健身运动，增强各族人民身体素质，促进各民族团结等方面作出了积极的贡献。

（一）第一届全国少数民族传统体育运动会

新中国刚刚诞生，党和人民政府就对各民族民间传统体育活动十分重视。经原政务院批准，1953年11月8—12日，在天津市举行了全国民族形式体育表演及竞赛大会。运动会原定于在北京先农坛体育场举行，后因原北京体育学院暂借此地开学而移师天津。30年后（即1984年），国家体委、国家民委将这次体育运动会定为第一届全国少数民族传统体育运动会。

参加民族形式体育表演及竞赛大会的，共有华北区、东北区、西北区、中南区、西南区（包括西藏）和内蒙古自治区、解放军及铁路系统等九个单位。一共有满族、蒙古族、回族、藏族、苗族、朝鲜族、纳西族、汉族等13个民族的395名运动员参加角逐。

体育项目分竞赛、表演和特邀表演三部分。竞赛项目有：举重、拳击、摔跤、短兵和步射，竞赛项目显现明显的现代体育特征；表演项目分三大类共414项小项。

这届运动会是在中国共产党和人民政府的关怀重视下召开的，它不仅是新中国成立以来的第一次民族形式的体育盛会，更是一次体现民族平等团结的体育盛会。

（二）第二届全国少数民族传统体育运动会

1982年9月2—8日，由国家体委、国家民委主办，内蒙古自治区人民政府承办的第二届全国少数民族传统体育运动会在内蒙古自治区呼和浩特市举行。本届民运会是首次以省、自治区、直辖市为单位组团参赛，来自全国29个省、自治区、直辖市的56个民族的863名运动员和教练员参加，其中少数民族运动员593人。

本届全国民运会分竞赛项目和表演项目两大类。竞赛项目有：射箭邀请赛和中国式摔跤2个项目，来自内蒙古、新疆、西藏、青海的5个民族的24名运动员参加了射箭的角逐。15个省、自治区、直辖市的13个民族的56名业余摔跤运动员参加了4个级别的中国式摔跤比赛。

表演项目有68个，分别由26个省、自治区、直辖市的46个少数民族的800多名运动员进行表演，这些传统的民族表演项目，是由各民族的生产生活中产生和发展而来，各具特色，异彩纷呈，吸引了80多万观众前来观看。运动会期间，还举办了“全国少数民族传统体育活动图片展览”，在乌兰察布草原举行全体代表与蒙古族牧民的联欢会，还举行了有12 000人参加的盛大联欢晚会。

（三）第三届全国少数民族传统体育运动会

由国家体委、国家民委主办，新疆维吾尔自治区人民政府承办的第三届全国少数民族传统体育运动会于1986年8月10—17日在乌鲁木齐市隆重举行。

本届运动会首次启用了会徽、会旗、会标，这标志着少数民族传统体育运动会逐步走向正规化。由全国（除台湾省外）29个省、自治区、直辖市的55个少数民族的777名运动员和各民族的教练员、工作人员共1 097人参加了比赛和表演，另外还有29个省、自治区、直辖市组成的观摩团872人，以及特邀代表73人、580名中外记者及港澳同胞、外国友人等，总规模达3 704人，大大超过了上届。本届运动会制定了比较完善的比赛规则，大会共设摔跤、射箭、赛马、叼羊、射弩、抢花炮、秋千7个竞赛项目和115个表演项目。竞赛项目和表演项目分别比上届增加了5项和47项。

（四）第四届全国少数民族传统体育运动会

经国务院批准，由国家民委、国家体委主办，广西壮族自治区人民政府承办的第四届全国少数民族传统体育运动会，于1991年11月10—17日在南宁市隆重举行，历时8天。其中，赛马项目于1991年8月4—7日由内蒙古自治区人民政府承办，提前在呼和浩特市举行。

本届民运会有来自全国30个省、自治区、直辖市的55个少数民族的运动员和各民族的教练员、工作人员、观摩人员、少数民族体育先进地区和单位的代表及中外记者，共3 000多人参加。我国台湾少数民族龙舟队和少数民族传统歌舞艺术团，第一次参加了全国民族运动会的比赛和表演。

第四届全国民族运动会设竞赛项目和表演项目两大类。竞赛项目共9项：龙舟、抢花炮、秋千、射弩、珍珠球、木球、摔跤、赛马和武术，本届民运会删减了射箭和叼羊两个项目，增设的项目是龙舟、珍珠球、木球和武术四个项目，表演项目124项。本届运动会不仅在竞赛项目和表演项目的数量上超过了历届，而且制定了较为科学、系统的总规程、竞赛项目规程和规则、表演项目评判办法，使本届运动会向着规范化的轨道迈进了一大步。

本届民运会首次增设了“道德风尚奖”，还召开了民族体育表彰会，国家民委、国家体委联合表彰了一批为发展少数民族地区体育事业作出贡献的先进地区、单位和个人。

运动会间隙，56个民族的运动员、教练员和工作人员欢聚于南宁市青秀山，举行了盛大的联欢会。

运动会期间还举办了“全国少数民族传统体育图片展览”；来自全国各地的12家艺术团体，在南宁各城区及广西民族大学等高校为各族群众演出30场文艺节目。从本届运动会开始，承办单位举办了运动会歌曲征集活动，民族运动会第一次有了自己的会歌。本届民运会上，由乔羽作词，徐沛东作曲，青年歌手韦唯（壮族）演唱的《爱我中华》，从广西南宁唱响全国，唱遍了祖国的大江南北。

（五）第五届全国少数民族传统体育运动会

1995年11月5—12日第五届全国少数民族传统体育运动会在昆明市隆重举行。中共中央政治局委员、国务院副总理吴邦国，全国人大常委会副委员长布赫，国务委员兼国家民委主任司马义·艾买提，全国政协副主席杨汝岱出席了开幕式。

本届运动会设竞赛项目和表演项目两大类。竞赛项目11项，分别为：抢花炮、珍珠球、木球、毽球、摔跤、秋千、武术、射弩、龙舟、赛马、打陀螺，本届竞赛项目在上届的基础上增加了打陀螺，共设金牌65枚；表演项目达129项，设1、2、3等奖。

来自全国各省、自治区、直辖市、解放军、新疆建设兵团33个代表团、55个少数民族的2 500名运动员参加了竞赛项目和表演项目的角逐。本届民运会的规范大大超过上届，运动员、教练员、裁判员、工作人员、观摩人员、少数民族体育先进代表及新闻记者达9 000多人。海南省、中国人民解放军、新疆生产建设兵团首次组团参赛。台湾省少数民族组团参加了龙舟竞赛。大会还邀请了部分港、澳、台同胞前来观摩。

本届民运会首次向全国征集会徽、会旗、会标。吉祥物是健康活泼的小象，取名“明明”，是昆明民族运动会的谐音。

（六）第六届全国少数民族传统体育运动会

第六届全国少数民族传统体育运动会是一次意义非凡的盛会，20世纪我国举办的最后一次大型综合性体育运动会，时值新中国成立50周年，西藏自治区民主改革40周年，因而，本届民运会在拉萨市设立了分会场。运动会于1999年9月24—30日在北京隆重举行，分赛场的比赛将先期于8月18—28日在拉萨进行。火种取自于8 848米的珠穆朗玛峰峰顶，被誉为“中华民族圣火”。

运动会设竞赛项目和表演项目两大类。竞赛项目有：抢花炮、珍珠球、木球、毽球、蹴球、秋千、武术、射弩、龙舟、打陀螺、押加（也称大象拔河）、民族式摔跤、马上项目共13项，押加、蹴球为新增项目，其中射弩、打陀螺、押加、部分马上项目和部分表演项目在拉萨分赛场进行。表演项目达157项。

来自全国各省、自治区、直辖市以及解放军、新疆建设兵团共33个代表团、55个少数民族的4 500多名运动健儿参加了角逐。运动员还参加了国庆50周年游行和联欢晚会。

本届民运会筹委会向全国征集吉祥物、会徽和会旗，吉祥物取名“燕燕”和“扎西”分别象征两个举办地北京和拉萨。

（七）第七届全国少数民族传统体育运动会

经国务院批准，由国家民族事务委员会和国家体育总局主办，宁夏回族自治区人民政府承办的中华人民共和国第七届少数民族传统体育运动会，于2003年9月20—27日在银川市和石嘴山市举行。

本届民族运动会的竞赛项目有14个：花炮、珍珠球、木球、毽球、蹴球、武术、秋千、押加、民族式摔跤、陀螺、射弩、龙舟、马术、高脚竞速等，本届民运会新增的竞赛项目是高脚竞速。55个少数民族的4 500多名运动员参加了角逐，本届民运会首次进行了“民族体育之花”展演活动。台湾省少数民族组团参加了民族式摔跤和两个表演项目，代表团人员达58人。

这是宁夏首次承办全国大型综合运动会。民族运动会已先后在天津、内蒙古、新疆、广西、云南、西藏和北京举行。至此，全国少数民族体育盛会已“走”遍5个民族自治区。

本届民运会首次进行了“民族体育之花”展示活动。

（八）第八届全国少数民族传统体育运动会

2007年11月10—18日第八届全国少数民族传统体育运动会在广州举行，由国家民委、国家体育总局主办，广东省人民政府协办，广州市人民政府承办，本届民运会首次由举办地所在城市承办。

吉祥物取名“悦悦”，以夸张、拟人的手法，将华南虎化成一个矫健、活泼、可爱的少数民族运动员的形象。取名“悦悦”既有吉祥喜庆的意思，以谐音举办地“南粤”。

本届民族运动会共设抢花炮、珍珠球、木球、毽球、蹴球、武术、秋千、押加、民族式摔跤、陀螺、高脚竞速、板鞋竞速、射弩、龙舟、马术15个竞赛项目，新增的竞赛项目是在壮族民间广为流传的三人板鞋竞速，由广西区民委和区体育局申报立项。另外还有民族健身操、竞技类、技巧类、综合类四大类的表演项目149项，民族健身操首次单列一类进行表演。

全国各省、自治区、直辖市、解放军、新疆建设兵团共34个代表团参赛，参加比赛和表演的少数民族运动员有近6 000人，运动员、裁判员、教练员、工作人员（不含志愿者）、先进工作者、观察人员等共12 000多人，规模为历届之最。

（九）第九届全国少数民族传统体育运动会

经国务院批准，由国家民委、国家体育总局主办，贵州省人民政府承办的第九届全国少数民族传统体育运动会，于2011年9月10—18日在贵阳隆重举行。中共中央政治局委员、国务院副总理回良玉宣布运动会开幕，全国政协副主席阿不来提阿·不都热西出席了开幕式，包括台湾省代表团在内的全国32个省、自治区、直辖市和解放军、新疆建设兵团共34个代表团参加了本届民运会，本届民族运动会共有来自全国55个少数民族的6 771名运动员参加，进行16个竞赛项目和185个表演项目的角逐。本届民运会还召开了全国民族体育先进集体和个人表彰大会暨民族体育科学论文颁奖大会、民族体育科学论文研讨会，举行了民族大联欢活动和“56个民族体育之花”展演活动。这是贵州省首次承办全国大型综合运动会。开幕式晚会名为《天地人和——中华颂》，贵州本地苗族歌手阿幼朵唱响了本届民运会会歌。

本届民族运动会的竞赛项目有16个：花炮、珍珠球、木球、毽球、蹴球、武术、秋千、押加、民族式摔跤、陀螺、高脚竞速、板鞋竞速、射弩、龙舟、马术、独竹漂等，本届民运会新增的竞赛项目是在苗族民间广为流传的独竹漂，参赛运动员最多的项是龙舟项目，参加这一项目的运动员达1 740名。为淡化金牌意识，本届运动会改革了奖励办法，将竞赛和表演项目金、银、铜牌的奖励体系，改为设一等奖1名、二等奖3名、三等奖4名的奖励体系，扩大了奖励面，突出了参与性，产生一等奖最多的项目是民族式摔跤，共产生29个一等奖。本届民运会首次实行运动员注册制，使赛事举办更加规范。

（十）第十届全国少数民族传统体育运动会

经国务院批准，由国家民委、国家体育总局主办，第十届全国少数民族传统体育运动会将于2015年在内蒙古鄂尔多斯举办。2011年9月18日，第九届全国少数民族运动会在贵阳落下帷幕，闭幕式上，国家民委副主任丹珠昂奔将会旗授予了内蒙古自治区。预示着第十届全国少数民族运动会拉开了帷幕。

注：本节内容由“中华人民共和国民族事务委员会门户网站”、历届全国少数民族传统体育运动会网站以及《少数民族传统体育志》等媒体资料综合而成。

第六节 中华民族传统体育文化

一、民族传统体育的起源

在历史的长河中，勤劳智慧的中华民族创造了内容丰富、意蕴深刻的民族体育文化。中华民族传统体育是中华民族宝贵的文化遗产，是我国各族人民在长期的生产、生活等社会实践中的结晶，凝聚了民族的行为规范、价值取向、民族性格以及宗教、儒学等因素，是各民族研究民族文化的“活化石”，是我国古代社会、政治、经济、文化的见证。学术界关于民族传统体育起源问题，主要有如下几种观点。

（一）神灵崇拜与原始宗教信仰的需要

在古代，社会生产力水平非常低下，古代人的生存在很大程度上依赖于自然的恩赐，面对威力巨大的自然灾害以及一些无法解释的自然现象，原始人认为存在一种超自然的力量，是神在主宰世界，因此产生了对神灵的崇拜。在相当多的宗教仪式中，“手舞足蹈”的身体活动，成为人与神沟通的方式，这些以身体活动为基本方式的祭祀仪式就是早期的体育活动，在历史发展过程中，从巫术活动到宗教活动的渐变过程中得以传承和发展，并且伴随着各民族历史的演进而逐渐形成的民俗活动中，逐渐成为了必不可少的重要活动方式，实现巫术、宗教活动中由“娱神”到“娱人”的转变。随着社会的不断发展，早期的传统体育转化为各民族民俗活动之后，参与者追求身心的健康和娱乐、追求自我发展的体育价值特征逐渐得以彰显。

（二）经济活动的需要

我国各民族具有悠久的历史和灿烂的民族文化，他们从事民族传统体育的历史也是源远流长，这些民族传统体育既是各民族古代文明的重要组成部分，也是世界文化宝库中不可分的一部分。在自然经济时代，“大杂居小聚居”的居住状况使得居住地之间交通不便，人们一般只在节日里相聚。许多传统的节庆集信仰、经济、社交、娱乐等多功能于一身，也是商人们难得的交易时节，有些体育活动及其节庆本身就是商人们出于商业活动的需要而创造出来的。为了增加节庆的欢乐气氛，一些娱乐与竞技活动在节庆活动中应运而生，如现代毽球娱乐就是广州商人为招徕客人在商埠进行踢毽活动而逐渐演变而来的。

（三）民族体育源于生产、生活和军事训练

各少数民族在长期的生产、生活等社会实践中，逐步将生产、生活中的身体活动形式，加工改造为休闲娱乐、强身健体的体育运动。京族人民在拉网捕鱼之余，运用晾晒渔网的竹竿，跳起欢快的竹竿舞；广西都安一带的瑶族民众，模仿牛打架而创造了顶牛这项民间体育，模仿采桐果发明了喇叭球；水族人民则模仿采桐果发明了桐子镖这一体育项目；湘西土家族民众将平日里踩高跷加工改造成高脚马竞速。

古代的军事活动也是少数民族传统体育的源头之一。体育活动与冷兵器时代的军事活动一个明显的共同点就是身体活动，古代人将军事活动中的身体活动运用于生活之中，逐渐形成了一些体育活动。如壮族人民喜闻乐见的木板鞋；戚家拳就是抗倭名将戚继光所创，为了提高士兵的战斗力，他将战斗中的一些动作加工改造，用以训练士兵，久而久之，形成了系统的训练方法，命名为戚家拳。

（四）种族繁衍的需要

中国有句俗语：“食色，性也。”得到食物和异性，是人的基本需求。在生产力极为低下的社会，性爱和觅食都是生活之大事；一是物质资料的生产，解决人们衣食住行等物质需求；二是人自身的生产，即种族的繁衍，使得人类得以延续。进化论创始人达尔文在其《人类的由来及性选择》一书中阐述了性选择斗争对人类进化的意义。我国许多少数民族传统体育就与青年男女的婚恋有关。如哈萨克族的“姑娘追”和柯尔克孜族（吉尔吉斯族）的“追姑娘”活动最初都源于此需要：未婚青年男女骑着骏马三俩成群，在体育游戏中寻找心仪的意中人。壮族的抛绣球则是由壮族青年男女在歌圩上挑选意中人活动演变而来的。

这种体育活动中的婚恋习俗的缘起，主要有两方面的原因：一方面，我国少数民族大多居住在环境恶劣的地区，资源匮乏与生存需要之间的矛盾导致居住分散，在居住分散而又相对闭塞的环境中，体育活动为青年男女聚集交流提供了平台。另一方面，分布在恶劣自然环境中的少数民族的择偶观念便是注重男子强壮的身体和劳动能力，体育活动无疑为男子汉们展示“肌肉”提供了机会。

二、民族传统体育的分类与概念

（一）民族传统体育的分类

1. 学术界对民族体育分类的观点

顾名思义，分类就是对事物的分门别类，对中华民族传统体育进行分类，有利于理清其脉络，对于认识、理解中华民族传统体育具有积极的意义。

赵苏喆认为，中华民族传统体育在价值追求、评价标准等方面，都与现代竞技体育有本质的区别，不能用现代体育的标准来划分我国的民族传统体育项目，从而提出了按照民族传统体育的发展变化的程度，即它的发育状态将中华民族传统体育划分为：化石型，即保留其原始的内容和形式，在古代盛行，而在近代已基本消亡的一些体育项目，如蹴鞠、木射、投壶等项目；原始型，即相对于其起源在内容和形式无明显改变的中华民族传统体育项目，如舞狮、采莲船、连筲等民间技艺；发育期型，即相对于其早期形式有所改变的项目，如打陀螺、推竹竿等；较成熟型，即相对于其早期形式和内容有一定改变、制定了相应的规则但不十分成熟或者有成熟的理论但相对于其早期形式和内容有无明显改变的体育项目；成熟型，即与早期形式相比有显著改变、已经融入现代竞技体育之中的项目或者社会化程度较高经过改造后的健身术。

张建雄、江月兰对民族传统体育概念相关问题进行分析后提出，中华民族传统体育包括汉民族传统体育和少数民族传统体育，民族传统体育通常包括传统导引、养生、健身、保健、医疗体育和民间传统体育。

刘德琼等对民族体育的概念进行了定义，提出："民族体育是包括汉民族在内的56个民族的传统体育活动，分为武术、气功和少数民族传统体育，又称中华民族传统体育。"

李鸿江从不同的角度将中华民族传统体育分为中国民族体育和中国传统体育，并且分别对中国民族体育和中国传统体育进行了分类，中国民族体育分为：竞技类如武术、摔跤、赛马、龙舟竞渡等；娱乐游戏类如风筝、赛骆驼、大象拔河、抢花炮、打铊螺等；健身类如太极柔力球、踢毽球、扭秧歌、竿球等。中国传统体育分为：武术、中国散打、摔跤、传统体育养生法、其他传统体育项目（球戏、射艺、棋戏、水戏与冰戏、跑与举重）等。

曾于久等从宏观上去认识传统体育的意义出发，就中华民族传统体育的内容和形式，将其分为竞技类、养生类、表演类和游乐类四种类型。

2. 逻辑学的分类理论

根据逻辑学的划分规则，对概念的划分必须遵循："划分标准必须对称，即划分后诸子项外延的总和，必须正好等于母项的外延"；"一次划分只能根据一个标准"；"划分后的诸子项必须互相排斥"。研究中华民族传统体育的分类，也必须遵循这一规则。

3. 民族传统体育的分类

将中华民族传统体育分为以攻防技击为主要特征的武术、以"三调"为主要内容的导引养生气功、以摔法为动作特征的中华民族摔跤术和中国民间民俗体育。故将除武术、导引养生术和中国摔跤术以外的那一部分体育活动命名为"民间民俗传统体育"比较确切，内容包括舞龙、舞狮、打陀螺、抖空竹、龙舟竞渡、跳秧歌、花鼓、腰鼓、抢花炮、珍珠球、高跷、木板鞋等项目。

（二）民族传统体育的概念

1. 学术界对民族传统体育概念的辨析

中华民族传统体育内容丰富，形式多样，据不完全统计，截至1990年有近千项，而2008年北京奥运会也只有28个大项300个左右的小项。因此，正确界定中华民族传统体育相关概念，对于构建中华民族传统体育理论体系具有重要意义。学术界对中华民族传统体育的概念界定有不同的见解。

易剑东依据语法结构的基本规律对中华民族传统体育内涵与外延做分析，并结合中华民族传统体育本身所具有的价值功能，对中华民族传统体育的界定：在中国近代之前产生发展由中华民族世代实践，并留传或影响至今的体育。

胡小明从文化的角度对民族传统体育、少数民族传统体育等概念下了定义，中华民族传统体育是历史沿袭而来的中华民族体育活动，在中国人居住的地方开展的，具有中华民族传统特色的体育活动的总称；少数民族传统体育，一般指生活在特殊地域的人群世代传承的表现本民族文化特色的身体活动。

有学者提出：民族传统体育是指文明史上某一个或某一地域的民族开展过的体育竞技、娱乐活动，以及在今天仍然被沿用或有所变异有所发展的体育竞技娱乐活动。

王岗、王铁新等学者认为，中华民族传统体育是中华民族在几千年的历史发展中所形成的以汉族为主体的多民族体育，而在中国除民族主体育以外的各少数民族本土体育，称为“中国少数民族体育”。

张继雄、江月兰提出，中华民族传统体育是指我国56个民族的传统体育，是我国各民族的民族传统体育的总称。包括汉民族传统体育和少数民族传统体育。

1982年9月21日在北京召开的全国少数民族体育工作座谈会上，专家学者形成了一些关于少数民族传统体育概念的观点：

少数民族传统体育是各少数民族世代相传，具有民族特色的各种体育活动的总称。

少数民族传统体育是继萌芽体育之后，在古代体育基础上延续下来的农业时代产物。因此，少数民族传统体育是指近代体育传入前，我国各少数民族就已经有的那些体育活动的内容。

凡是在一些民族地区仍在流传的具有民族特色的体育活动（包括自娱活动），内容都属于民族传统体育的范围。对于古代典籍或历史文物中反映的古代体育项目已失传的，不应看作是少数民族传统体育项目。

少数民族传统体育具有三种特性：民族性、传统性和体育性。

仁者见仁，智者见智。先前的研究为后续的研究工作提供了良好的基础和广阔的思路。然而，从上述学者的研究中可以看出，目前，我国对中华民族传统体育及其相关概念的认识还是相当混乱的，表现在对概念的内涵、外延把握不清，或者定义甚至不符合逻辑学的定义方法等。

2. 运用逻辑学的方法定义中华民族传统体育

中华民族传统体育是指以人体运动为基本手段，有目的、有意识地以人的身心发展为中心，达到发展身体、娱乐休闲、丰富文化生活、传承民族文化为目的，在我国56个民族中产生、传承的社会文化活动的总称。中华民族传统体育包括武术、导引养生术、中华摔跤术、中华民俗民间体育等内容。

（三）民族传统体育的相关概念

直至近代，“体育”一词才逐渐在我国使用。将在我国广泛流传的各种身体活动冠之以体育内涵似乎有“张冠李戴”之嫌，民俗学界却将这类身体活动称为民间游戏与竞技。而考查在我国流传的各种身体活动的源流，虽然，它并非形式严肃的教育活动，历史上它也并非有目的的健身强体活动，它更多地以传承文化为旨意。然而，它无意识地承担了儿童教育功能却得到普遍认同，对其强身健体功能也不置可否，因而，体育界则冠之以“体育”之名。

在研究和实践中由中华民族传统体育派生出诸多相关概念，如民间体育、民俗体育、民族体育、少数民族体育等概念，厘清它们的概念及相互之间的关系。

民间体育是指存在于广大民众的日常生活当中，没有高度组织化、制度化的体育活动；传统体育是指人类业已创造的和将要创造的能够经由历史凝聚而传承、流变的一种特殊的体育文化形态；民俗体育是由一定民众所创造，为一定民众所传承和享用，并融入和依附于民众日常生活的风俗习惯（如节日、礼仪等）之中的一种集体性、模式化、传统性、生活化的体育活动，它既是一种体育文化，也是一种生活文化；民族体育是民族传统体育，它是反映并承载着一个民族共同心理素质的为该民族所传承和享用的一种特殊的传统体育文化，中华民族体育、少数民族体育都是民族体育的一种具体表现形式。

少数民族传统体育是指在少数民族间广泛流传的、具有主体民族的文化特性的各类身体活动的总称。与之相对应的概念是汉民族传统体育，顾名思义，汉民族传统体育是指源于汉民族、流传于汉民族的各种传统体育项目的总称。其实，在历史的长河中，汉民族与各少数民族、各少数民族间的文化相互交流与融合，我国许多传统体育项目在汉族与部分少数民族间开展，如龙舟、舞龙、舞狮、打陀螺等传统体育项目，在多个民族间广为流传。

它们之间的关系是：民间体育由传统体育和非传统体育组成，传统体育又可分为民俗体育和民族体育，民俗体育和民族体育互有交叉，但两者并不等同，而是并列的关系，中华民族传统体育包括汉民族传统体育和少数民族传统体育，是在我国广为流传、具有中华民族传统文化特性的各类体育活动的总称。

三、民族传统体育的特征

（一）历史性与传承性

我国民族传统体育文化历史悠久，早在原始社会时期，我国就出现了体育的萌芽。西周时，“礼，乐，射，御，书，数”六艺已成为学校传授的内容，其中，“射、御”就是传统体育形式，当时，被当作一种技艺在学校中进行传授，说明了它们在当时社会生活中的重要性。春秋时代，弄丸，投壶，围棋，象棋等项目相继出现。唐代，击鞠即马球运动是最为流行的一项运动。宋代蹴鞠相当流行，不管是民间还是宫廷，宋人喜爱蹴鞠，宋人高俅因善蹴鞠而官至衙内。1987年原国家民委组织部分体育、民族专家历时四年收集了包括智力性游戏在内的共近千项民族体育项目，经调查，这些项目都具有上百年仍至上千年的历史，我国民族传统体育历经历史的洗礼，流传至今。

（二）民族性与宗教性

在长期的生产、生活等社会实践活动中，各民族创造了灿烂的体育文化。由于，不同民族居住地域、生产活动、生活习俗、宗教信仰、社会规范、价值取向、社会组织等不同，我国民族体育文化也表现出文化的多元性和内容的丰富性。无论是哪个民族，所创造的体育都受所处条件的影响，以其思想内涵到表现形式都呈现显著的民族风格，具有浓郁的民族性。从北方草原的赛马到水乡江南的龙舟竞渡，从西部戈壁的娲庄到东部沿海的养生，无不体现了我国不同民族间风格各异的民族传统体育，纵观这些千姿百态、风格各异的民族形式的体育项目，在历史长河中，由于历史、宗教、语言、经济、心理、道德和价值观念的差异，各个民族的体育，其民族特点十分显著。

许多少数民族的传统体育活动受到宗教观念的影响，有些项目甚至直接来源于宗教仪式。在中华民族发展的过程中，在相当长的一个时期内，人们对自然的认识相当肤浅，面对自然灾害和一些无法解释的自然现象，企图通过一些仪式讨好神灵，达到“人与神”的和谐，一些宗教仪式应运而生，成为人与神沟通的平台，身体活动往往是宗教仪式中重要的内容，成为人向神“献媚”的方式，久而久之，这些身体活动逐渐演变成体育活动。相传纳西族的东巴跳、苗族的爬坡杆、黎族的跳竹竿、壮族的蚂拐舞、土家族的摆手舞、回族的拳术、瑶族的长鼓舞、彝族的打磨秋等项目均来源于宗教活动，具有浓郁的宗教色彩。

（三）生产、生活性与教育性

我国早期社会生产力低下，口传身教生产生活技能成为教育的一种重要形式。民族传统体育的教育性，一方面，体现在生产、生活中形成的技术的传授。人类早期的目标，就是求食图存，在思考如何高效率地采集食物的过程中，原始教育活动应运而生，原始先民在空闲时间将在生产、生活等社会实践中形成的经验和技能传授给下一代，一部分技能就是原始体育的雏形。另一方面，民族传统体育的教育性。我国早期社会教育水平低下，教育普及率低，相当一部分少数民族没有自己的文字，民间文化往往依靠民间社会活动传承，身体活动就成了这种社会活动的主要载体和平台。

民族传统体育作为传统文化的一部分，是一种复杂的文化现象，它的发生、发展与主体民族的环境有关，部分民族传统体育就直接来源于生产、生活之中，具有浓郁生产、生活性，形式、内涵非常接近生产、生活。

（四）文化的融合性与多样性

我国有56个民族，“56个民族，56朵花”。在漫长的历史发展过程中，各族人民创造了丰富多彩的体育文化，目前，我国已整理出的民族形式的体育项目有一千多项，打陀螺、抖空竹、老鹰抓小鸡、舞龙、舞狮、跳格子、“打懒老婆”、赛马、跳竹竿，这些耳熟能详的传统体育项目，体现了从南方壮族到北方蒙古族，从人口占90%以上的汉族到只有3万人的京族体育文化的多样性，民族传统体育的多样性，不仅体现在内容丰富、种类繁多、形式多样上，还体现出文化内涵的多样性，每一项传统体育活动，反映的是主体民族政治、经济、文化、宗教、社会规范以及民族的价值取向，文化意蕴丰富。

我国体育文化因环境等因素的多样化而呈现丰富的多元状态。然而，历史文明的进程，离不开文化的交流与融合，随着社会的发展和人类的文明进步，我国各民族间的文化交流与融合日益增加，作为传统文化重要组成部分的体育文化的交流也不例外，我国许多不同民族拥有相同的传统体育项目，虽然，部分同一传统体育项目在不同民族间有不同的文化内涵，例如龙舟、舞龙、舞狮、打陀螺、过家家、老鹰抓小鸡等，但是在运动形式等方面也无不打下了同源性的烙印，正如学者吉成名所说的，崇龙本来是汉族的民间信仰习俗，少数民族受汉族文化的影响，他们也形成了各自独特的崇龙习俗。

（五）地域性与季节性

俗话说：“一方水土养一方人。”这就说明了不同地域形成的文化习俗也不尽相同。我国地域辽阔，东西南北横纵相距数千米，因此，也形成了不同的地理特征，东部一泻平原，水资源丰富；西部戈壁荒漠，雨水稀少；北方茫茫草原一望无际；南方山清水秀，丘陵纵横。不同的居住环境、气候特征所导致的不同的生产活动，培育了不同的民族习俗、不同的民族性格以及不同的价值观、审美情趣等，从而创造了多姿多彩而又各具特色的民族传统体育项目。如江南水乡的竞渡、北国黑土地的冰嬉、大漠的赛驼、草原的赛马、丛林的射弩等，无不保留着不同地理条件下一定的生产、生活方式的烙印。即使是同一项目，也呈现出不同的地域特点，南方壮族的赛矮马、山区苗族的赛马，让我们感受到南方的细腻与力量；而北方茫茫草原赛马，却给我们浩大与气势；同样，八百里水乡洞庭湖气势磅礴的龙舟赛，与一望无际、波涛汹涌的海上龙舟，在心理、视觉上给我们迥然各异的感受。

中国传统文化是农耕文明的“遗物”，民族传统体育与农耕文化息息相关。在以农业生产为主的少数民族地区，春种、夏锄、秋收、冬藏是人们的生活节奏，从而使他们的文化生活习俗都与一定的季节有关．许多民族体育活动往往源于某一农时节令，并在该节令中开展。如壮族农历二月初八的“龙抬头”节，预示雨季来临，万物始发，这一天，壮族小伙子就要在抢花炮活动中展示自己的身手，抢到花炮者寓意这一年人丁兴旺、五谷丰登。又如傣族的泼水节、苗族的赶秋节、蒙古族的那达慕、高山族的丰年祭等活动，都有民俗民节和传统体育活动的内容，从而使民族传统体育活动的开展呈现出鲜明的季节性。

四、民族传统体育的功能

（一）民族凝聚功能

在历史的长河中，我国各民族创造了种类繁多、内容丰富多彩的传统体育活动，目前统计已超过千项，其中，有许多传统体育项目与祖先崇拜、英雄崇拜有密切的关联。龙舟竞渡传说是纪念爱国诗人屈原而缘起，数千年来，龙舟运动已成为弘扬民族文化，进行爱国主义教育的优秀“教材”；爬坡杆是在纪念苗族英雄孟子佑的活动中进行的一项体育项目，通过跳坡节的爬坡杆活动，重新唤起苗族人民对英雄的记忆。这些民族传统体育对增进民族认同感，增强民族凝聚力无疑具有重要的意义。

（二）文化传承功能

实际上，我国民族传统体育更多的是以传承民族文化为目的。这种文化传承功能，在一些与宗教、生产生活有密切联系的传统体育文化中得到充分的反映。我国民族传统体育文化所蕴涵的内涵主要体现在传统体育在对待人与自然、人与人、人与社会的关系，在历史的长河中，中华民族创造了丰富多彩的体育物质文化，每一种体育物器、每一种活动方式无不凝聚了劳动人民的智慧。许多传统体育往往有一个传说，每个传说都蕴涵了深刻文化的内涵。正是通过体育活动的形式一代一代流传至今，使传统文化世代相传，绵延不断。另一方面，通过体育形式，各民族生产、生活技能才得以传承，打猎操、喇叭球、采珍珠、踩高跷是生产、生活社会活动的总结，先辈们通过体育活动将生产技能传授给年轻一代。

（三）道德规范功能

民族传统体育是我国各族人民在长期的社会实践中的智慧结晶，凝聚了各民族情感、意志，是主体民族社会的一面旗帜，有的主题表现了劳动人民反抗压迫、反抗剥削的精神，寄托了劳动人民战胜黑暗的强烈愿望和对幸福美好生活的向往；有的主题则是生产、生活的写照，反映了各族同胞怡然自得的生活。所以，我国传统体育文化不仅蕴涵着深刻的象征意义，也是各民族社会秩序的再现，民族传统体育文化中仪式、戒规等内容，这种秩序既有社会性的也有生活性的，它要求人们既要遵守社会秩序，也要遵循自然生活规律，否则就要受到惩处，当然这种不只限于法治，还有道德、习俗、自然的惩处。另外，一部分传统体育文化中蕴涵保家卫国、尊老爱幼、相互帮助以及弘扬真、善、美的规范性品质教育的内涵，从而形成良好的意志品德。

（四）健身、娱乐功能

民族传统体育不仅是主体民族对美好理想的精神寄托，也是他们满足生理冲动、强身健体的恰当方式，是主体民族身心娱乐的选择。首先，民族传统体育是一种身体活动，既有动作古朴独特、粗犷豪放、节奏强烈的运动形式，又有竞技较力游戏活动，人们在娱悦身心的身体活动中，不仅通过承受一定身体负荷达到发展身体、增强体质的作用，还可以在活动中移动、跳跃、闪转腾挪提高身体素质，例如舞龙、舞狮、划龙舟、抢花炮、珍珠球等都是剧烈的身体活动，较大的动作幅度，需要消耗大量的能量，通过长期的锻炼，对人体的运动系统、循环系统、消化系统等均具有良好的促进作用。

同时基于体育活动本身的娱乐性，人们通过参与这些体育活动，达到调节情绪、愉悦身心的功效，因此，民族传统体育具有较高的健身价值和娱乐功能。跳竹竿、老鹰抓小鸡、抖空竹都是娱乐性较强，已成为人们喜闻乐见的传统体育项目。

第二章　学校体育

第一节　我国学校体育发展回顾

一、我国古代教育体系中的体育

（一）原始社会中的体育教育

距今从170万年前到4 000年前，我国处于原始社会的状态，学校尚未产生，根据考古学、古代文献资料进行考察，原始形态的体育文化受制于极其低下的生产力水平，对身体的训练是原始体育主要部分，跑、跳、投、攀拔、泅水等基本身体活动已具备体育的性质。随着人们对各种事物的逐渐认识，与生产有直接联系的原始文化相继出现，与宗教、教育相联系的舞蹈、游戏、军事武艺、卫生保健等应运而生，就具有相对的稳定性，并逐渐发展为有目的、有意识的身体练习，构成了我国原始的体育文化形态。归纳起来有以下几种：一是原始球类游戏。主要是以石球为代表，石球首先是一种狩猎工具，在弓箭发明并广泛应用后，石球逐步被人们当作玩具或用作游戏，成为一种游戏工具。二是军事武艺。在原始部落战争中，远则用弓箭，近则用刀矛，逐步形成了为战争服务、征服对方的军事武艺，其中武术就是从军事武艺中脱胎而成的。三是原始舞蹈。原始舞蹈的出现，是适应了已经出现的宗教和文化生活的追求而发展起来的。当丰收或祭祀时原始人类模仿各种动物的形态，踏着节奏，手舞足蹈以表达他们的心情及对祖先和大自然的崇拜。四是竞走与击壤。竞走是指原始社会的人们在生产工具极简陋的条件，为了获取食物而进行长途追寻与奔走。击壤是一种游戏，壤用木块制作，前宽后窄，形状像一只鞋子，长约一尺四寸①，宽三寸，游戏时，先将一壤置于地上，人在三四十步远处，以手中壤投掷，击中为胜。

在漫长的原始社会中，产生了无数各具特点的部落群体，而这些群居、各具特点的原始部落与“民族”产生与发展有着密切的联系，体育活动与各原始部落的生产劳动、宗教祭祀、文化娱乐及原始教育相结合，形成了各具部落特点的原始体育文化形态，促进了原始体育文化多元化发展，人类逐步由“野蛮”走向“文明”。

（二）奴隶社会的学校体育

私有制的产生标志着人类进入了奴隶社会，随着文字的出现与“铜”为标志的生产力发展，促进了古代学校的产生。我国在1 600多年的奴隶社会里，由于军事体育的高度发展，推动了军事体育在学校中广泛传播。据史料记载，随着“春秋五霸”和“战国七雄”的崛起，战争纷争促进了军事体育的发展，“杀戮”技法成为军事体育的主要内容。《汉书·刑法志》记载：“齐愍以技击强，魏惠以武卒奋，秦昭以锐士胜。”当时军事体育的内容有：拳勇（拳术）、角力、举鼎、拓关、奔走、跳跃、投石、习剑、游水、操舟、强钩等，为培养奴隶主阶级统治人才，学校教育中出现了军事体育的内容。

夏代已有称为“校”“序”“庠”等不同名称的学校。商代时，教育与军事空前发展，在军队武艺训练中，除驾驭战车、习射外，还有田猎、象舞、奔跑，“射者，男子之事也”（《四部备要·礼记注疏》）足以证明全民习射的盛行，其中以射行礼最具代表性，同时，由于城市的建立，休闲娱乐体育得到勃兴，主要娱乐的内容有蹴踘、竞渡、投壶、飞鸢等，体育文化成为奴隶社会生活中极为重要的内容，当时学校出现了“大学”和“庠”两级施教的学校教育；到了西周，学校又分为“国学”和“乡学”两种，教育内容是礼、乐、射、御、书、数，称为“六艺”，射、御是军事技能的训练，也具有体育的性质，此外，“乐”中的舞蹈，不仅能“动容貌，习威仪”，还有“收束其筋骸，条畅其精神”的体育健身效果。当时，学校主要

---

① 1寸=0.033米。

为奴隶主贵族子弟设立，是培养统治者和官吏的学校。文化知识和书籍文献都为官府所垄断，所以说“学在官府”。

（三）封建社会的学校体育

秦始皇统一六国后，建立了集权的封建国家。为适应政治的需要，秦代在文化教育上进行了一系列改革，颁布禁私学、罢黜百家政令，提倡官学，以法律代替教育、以官吏代替教师，影响了学校教育的发展。汉代，学校教育仍以罢黜百家为主，但采用儒家的教育方式，到汉武帝时期，官学与私学得到空前发展，学校教育以儒家“四书”“五经”为主，偏重德育、智育，“六艺”仍作为学校教育的内容，但其地位有所下降，其中礼射是比较受欢迎的体育内容；两晋南北朝时期，国家战乱与分裂，学校教育走向衰退，文武分途使人才培养质量有所下降。《颜氏家训》中认为，教育目的是为国家培养人才，德、艺是基本内容，主张将书、数、医、画、琴、棋、射、投壶作为教育内容，提高其健身与娱乐等生活实用价值。唐宋时期，文武并重，创立了武举制，军事体育在人才培养与选拔中占据了一定的地位，宋代出现了武学，有了专门习武的学校，学校体育有了进一步发展；辽金元时代，学校教育较好地保留了北方少数民族的尚武精神与淳朴学风，注重骑射武艺的开展；明清时期，学校教育有了制度化的发展，仍有专门的习武学校，武举制仍是选拔人才的一种手段，学校教育普遍开展习礼射箭体育教学内容，有了较明确的训练与学习制度。

纵观封建社会的学校体育，以礼射为主要形式、以伦理教化为主要目的的体育教育一直沿袭下来，学校体育始终未能在学校教育中取得应有的地位，甚至基本被排除于学校教育之外，最终导致学校体育在我国古代没有得到应有的发展。

二、我国近代学校体育的发展

（一）洋务运动的学校体育

1840 年鸦片战争以后，中国进入近代历史时期，由于帝国主义列强不断入侵，广大中国人民为反对侵略，反对封建统治，不断起义，使清王朝内外交困，面临灭亡，统治集团内部一些较为开明的官员主张利用西方先进生产技术，强兵富国，摆脱困境，维护清朝统治，推出了具有进步意义的洋务运动，提倡“办洋务”“兴西学”。在教育方面，他们主张创办西方式的新式学堂，包括军事学堂。并把西方体育引进到这些学堂中，把体操规定为学堂的学习课程，内容主要是瑞典式、德国式、日本式的普通体操，兵式体操和游戏等。并在学校中开展了以西方近代体育为主的各种课外体育活动，打破了我国两千多年来没有学校体育的状态，这标志着近代中国学校体育的诞生。虽然，当时洋务派办的西方式学堂极少，但对西方近代体育在我国的传播起到了不可忽视的作用。

（二）维新运动的学校体育

甲午战争后，洋务运动失败，资产阶级改良派代表人物康有为、梁启超、严复等人领导了维新变法运动，积极提倡西学，大量介绍西方资产阶级的科学文化教育等知识；认为各级各类学校都应重视儿童少年的身体养护，关心他们的健康成长，公开提出在学校必须德、智、体三者并重，强调了体育在学校教育中的地位和作用。改良派的体育思想与主张对我国学校体育的发展产生了深远而巨大的影响。

维新运动中建立的大量公立学堂得以继续存在，还开设了大量的私立学堂。义和团运动和八国联军入侵北京后，清政府迫于多方的压力，不得不进行教育改革，推行新教育。1903 年，清政府为了维护其统治阶级权益，进行了系列改革，颁布了《奏定学堂章程》，章程规定各级各类学堂中都设立体操科，小学堂每周 3 学时，中学堂每周 2 学时，高等学堂每周 3 学时。新学制的实施，结束了我国两千多年来学校教育中基本没有体育的历史。但是，由于新学制基本上仿效和抄袭日本的学制，受到日本军国主义教育思想的影响，学校体育课的内容基本上以兵式体操为主，教学形式呆板、枯燥，也不符合青少年儿童的身心特点，一定程度上影响了学校体育的健康发展。

（三）教会和基督教青年会的学校体育

19 世纪后半叶，以美国为主的资本主义国家的传教士来到中国开展传教活动，同时，大力开办教会学校。教会学校一般在课外开展各种体育活动，如 1884 年，美以美会在江苏镇江设立的女子学校的《校规》规定，“学校在上课休息时间中可使用已备好的器具各自进行游戏”。教会设立相当于高等学校的书院，一般在课外开展田径、球类等活动。如北京的汇文书院，1895 年就有棒球队，1901 年有足球队。1907 年，汇文书院和通州协和书院开始举行两校之间的棒球和足球比赛。1904—1908 年，圣约翰大学和英华书院、东吴大学等教会学校组织起大学体育联合会，每年举行田径运动会。教会学校经常开展校际球类比赛，主要是足球、棒球、网球、篮球、排球、墙球等。教会学校是田径、球类传入我国的主要途径之一，对学校体育发展有着不可低估的作用。

基督教青年会是起源于英国的一个基督教组织，它的宗旨是所谓“发扬基督精神，团结青年，养成完全人格，建设完美社会”，一般都是通过文化、教育、体育活动等方式宣传基督教。中国最早的基督教青年会是在1885年成立于福州的英华书院。基督教青年会主要在中国的各大城市组织活动，很重视体育活动，组织设有体育部。他们从美国带来了大量的近代体育项目。例如，篮球就是基督教青年会在1898年由天津基督教青年会引入我国的。

（四）辛亥革命后的学校体育

辛亥革命后，新成立的民国政府对学校教育采取了一些革新措施，主张用军事训练的手段代替体育，把所有的学生培养成可以上战场的高素质的新国民，实现全民皆兵，以抵抗帝国主义列强的侵略。民族主义体育思想在体育救国呼声中兴起，并采取了一系列改革措施，学校体育的规则有了一定作用，但由于体育在学校仍不受重视，教学内容仍沿袭以兵操为主的体操课。同时，受到教会学校和基督教青年会的影响，许多学校在课外活动开展以球类和田径为主的竞赛，活动形式活泼、愉快、机智，普遍受到学生的欢迎，但是，由于课内和课外教学内容明显脱节，形成了学校体育的“双轨现象”，这种现象直至1922年学制改革后才逐渐消除。

（五）“五四”运动后的学校体育

“五四”新文化运动，是一场伟大的反对封建文化的运动，在这场运动的推动下，欧洲的实用主义教育学说和自然主义思想传入我国，对学校体育的发展产生了巨大影响，我国学校体育也进入了一个新的发展时期。“五四”时期，教育思想空前活跃。用先进、科学的观点论述体育的思想也陆续出现。其中最杰出、最具代表性的论述体育的理论文献，即为毛泽东同志1917年在《新青年》上发表的《体育之研究》一文。这篇文章用辩证唯物主义的观点，对我国体育以及学校体育的现状作了深刻的分析和尖锐的批评，并对体育的意义、锻炼的原则等诸多问题作了精辟的论述，强调了学校教育必须德、智、体三育并重，这对促进我国学校体育改革有着十分重要的意义。除此之外，恽代英的《学校体育之研究》也极具代表性。

1922年，《壬戌学制》的出台标志着军国民主义教育在我国的没落。《壬戌学制》是受实用主义教育思想的影响，参照美国“六三三制”的形式并结合我国当时的实际制定的，它是自新文化运动以来我国教育改革的总成果。1923年，《新学制课程标准》的公布，正式将学校“体操科”改为“体育课”。废除了原来的兵式体操，改为以球类、田径、游泳、普通体操等近代体育项目为主的教学内容，并纳入了生理卫生和保健知识。这是我国学校体育史上的一个新的里程碑。

随着我国学校体育的重大改革，对体育教学规律和方法的探索及研究也受到了体育教师的重视。当时较为流行的即为“三段教学法”“单元教学法”“分类教学法”等。这些方法虽然只是部分教师的初步尝试，其中还有不少缺点，但毕竟对学校体育的改革注入了新的活力。这个时期学校课外体育活动及校内外运动竞赛比过去更加活跃，同时女子体育也有了很大发展，并逐步开始重视对体育师资的培养。当时最为典型的是“南京高等师范学校体育科”和“北京高等师范学校体育科”，这两所学校在培养体育师资方面比过去有很大改进，从而使我国对体育师资的培养逐步完善和走上正轨。

（六）两种政权与发展很不平衡的学校体育

1927年，国民党背叛革命建立南京国民政府，同时先进的中国共产党领导工农大众开展武装斗争，创建农村革命根据地，中国出现了两种政权、两个区域，学校体育的发展也处在错综复杂的环境下，发展很不平衡。在国民党统治区，国民党政府一度为加强学校体育的管理，成立了学校体育的领导机构，先后颁布了不少学校体育法令，并在此基础上于1940年3月公布了《各级学校体育实施方案》，这是我国近代史上第一个比较全面的学校体育实施方案。与此同时，教育部还聘请国内外一部分体育专家，编写了各种体育教材和教学参考书，培养了大批体育师资。这对我国近代学校体育的发展起到了积极的作用。但是由于学校体育不被重视，所制定的一些体育法令和措施并没有得到贯彻和实施，学校体育经费严重缺乏。运动场地、器材设备简陋不堪，体育课被视为“小四门”可有可无；课上“放羊式”现象普遍存在，课外只注重训练少数选手去夺锦标，从而使学校体育发展缓慢，学生健康状况极差。

与此同时，中国共产党领导下的革命根据地也十分重视学校体育的开展。在苏区和解放区内，各级各类学校都开设体育课和课外体育活动，活动内容丰富多彩，并经常举行各种类型的运动竞赛和运动会。在物质条件十分困难的情况下，广大师生想方设法，因陋就简，土法自制，缓解了场地器材的不足，使根据地的体育活动呈现出一派欣欣向荣的新气象。1941 年创建的延安大学体育系，为解放区培养了一批体育干部和师资，使革命根据地的学校体育有了很大发展，也为新中国学校体育的开展奠定了基础。

三、新中国成立后我国学校体育发展

1949 年 10 月，中华人民共和国的成立揭开了中国历史崭新的一页，学校体育从此进入了一个全新发展的阶段。新中国成立之后，学校体育取得了巨大的成就，但也走过了曲折的发展道路，大致可分为以下四个阶段。

（一）初创阶段（1949—1957 年）

为了加强对学校体育的领导，1952 年中华人民共和国教育部开始设立体育处，国家体委也设有群众体育司学校体育处。此后各省市、自治区也于 1953 年相继在教育行政部门设立体育机构，使学校体育的发展有了组织保证。1952 年教育部和国家体委联合颁布了《学校体育工作暂行规定》，其中明确指出我国学校体育的基本目标是“促进学生身心发展，增强体质，并对学生进行道德品质的教育，使他们能很好地完成学习任务，从事社会主义建设和保卫祖国”，从而使我国学校体育的开展有了明确的目标。为了达到这一目标，教育部于 1952 年在《各级各类学校教育计划》中正式规定，从小学一年级到大学二年级均开设体育必修课，每周 2 学时。1953 年 5 月，教育部发出《关于中学体育成绩暂时考查办法的通知》，又指出体育课是中学课程的一科，其成绩与其他各科成绩相同，按一门学科计算。为了提高体育课的教学质量，1953 年教育部组织翻译了苏联十一年制体育教学大纲，向全国体育教师进行介绍。1956 年在此基础上编辑出版了我国第一部中小学体育教学大纲，并于 1957 年出版了中小学体育教学参考书，从而使体育教学工作有了统一的规范要求。

为了推动我国群众体育，特别是青少年儿童积极参加体育锻炼，国家体委于 1954 年在参照苏联模式并结合我国国情的基础上，制定并公布了《准备劳动与卫国体育制度》（简称《劳卫制》），并要求初中毕业生达到《劳卫制》少年级标准，高中毕业生达到《劳卫制》一级标准。这一制度的实施对我国学校体育的开展起到了重要的推动作用。针对新中国成立之初体育教师数量不足、质量不高的问题，党和人民政府采取了一系列措施，于 1952 年创办了中国历史上第一所体育学院——华东体育学院（1956 年改为上海体育学院）。此后，全国先后在北京、中南、西南、西北等地办起了 6 所体育学院，创办了 11 所体育学校和中等体育专科学校，并在 38 所高等师范院校设立了体育系科，同时加强了对在职教师的业余进修，从而缓解了体育教师严重不足的问题，提高了师资的质量。

（二）曲折发展阶段（1958—1965 年）

1958 年在“大跃进”的影响下，教育战线也受到“左”的思想的干扰，打乱了学校正常的教学秩序。在学校体育工作中，也曾出现以劳动代替体育、盲目追求指标、脱离实际等错误做法，违背了学校教育和学校体育的规律。1960 年起的三年经济困难，使学校体育课和课外体育活动被迫减少或停止，学生体质普遍下降。但在党中央“调整、巩固、充实、提高”方针的指引下，通过及时总结正反两方面的经验，采取措施，学校体育在指导思想、体育课程建设、各项体育工作的措施，以及师资队伍建设等方面，都有了新的发展。

1961 年，人民教育出版社组织人力、物力，及时编辑出版了中小学体育教材。第一次明确提出，学校体育应从增强学生体质出发的指导思想。根据我国国情把教材分为基本教材和选用教材，以满足各地不同的要求，从而促进了体育教学质量的进一步提高。特别是 1963 年，教育部在北京召开了各省、市、自治区教育厅（局）体育干部座谈会。会议讨论了中小学如何搞好体育、卫生工作，重点试用中小学体育教材，提高教学质量，积极开展各种活动和运动竞赛，以及提高在职教师的业务水平等一系列问题，推动了学校体育工作的重新发展。

随着国民经济的全面好转，我国政府有关部门针对当时的实际情况提出，学校体育要面向广大学生，首先上好每周两节体育课，同时坚持做好早操和课间操，安排好每周两次课外体育活动，在广泛开展群众性体育活动的基础上适当组织学生的运动竞赛，并且鼓励有条件的学校开始试行《青少年体育锻炼标准》，从此学校体育运动又蓬勃开展起来。随着体育课质量的提高、课外体育活动的广泛开展、运动队训练的恢复以及运动竞赛的正常进行，学生的体质有所增强。

（三）严重破坏阶段（1966—1976 年）

“文化大革命”使学校教育蒙受了巨大损失，学校体育也遭到极大的破坏。新中国成立 17 年来学校体育所取得的成就被否定，管理失控。体育课由于受极“左”思潮的影响，普遍被军训和劳动代替，教学工作全面混乱，教师队伍受到冲击和摧残，场地器材受到严重破坏。直至1971年，学校体育开始出现了转机，特别是周恩来总理在全国体育工作会议上充分肯定了“文化大革命”前17年体育工作的成绩，使全国体育教师备受鼓舞。1972年，全国召开了业余体校工作会议，使部分学校开始了业余训练。1973年，全国中学生运动会的召开，更对学校体育逐步走上正轨起到了推动作用。然而，正当学校体育出现了较好的态势时，1974年的“批林批孔”使刚刚复苏的学校体育再次受到冲击。因此，从总体看，在“十年动乱”期间，我国学校体育基本处于混乱和停滞状态。

（四）改革开放，新的发展阶段（1977年至今）

1976年10月，长达10年之久的“文化大革命”终于结束。1977年，教育部设立了体卫司，国家体委恢复了学校体育处，各省、市、县、教育厅（局）也相应设立体育卫生处（科），并设有专门研究体育教学的体育教研室。1978年12月中国共产党召开的第十一届三中全会，是一次具有深远历史意义的会议。全会之后党和政府拨乱反正，实行了一系列改革开放政策，使国民经济迅速恢复和发展，学校体育也进入了一个蓬勃发展的新阶段。学校体育的管理机构逐渐恢复并得到加强，我国各级各类学校内部的管理体系也逐步健全，从而保证学校体育工作开始向着规范化、制度化、科学化的方向发展。

（1）改革开放后，国家首先加强了体育的法规制度建设，相继颁布实施了一系列学校体育的法规制度。1979年5月，在扬州召开了“全国学校体育、卫生工作经验交流会”，标志着我国学校体育、卫生工作开始进入科学管理阶段。同年10月，教育部和国家体委联合下发了《高等学校体育工作暂行规定》（试行草案）和《中小学体育工作暂行规定》（试行草案）。两个体育工作暂行规定对学校体育工作的基本任务、内容和学校体育工作成绩的评定作了明确的规定；对体育课教学、课外活动、体育场地、器材、体育教师、组织领导、教学与科研等分别作了规定。在经过近10年施行的基础上，1990年3月12日，经国务院批准颁布了《学校体育工作条例》，从而使我国学校体育工作开始真正进入法制化轨道。为了保证《条例》得到更好的实施，国家教委还分别制定了大、中、小学生体育合格标准。自1992年起在全国9省市试行初中毕业生升学体育考试，在试行成功的基础上，1998年在全国试行。2002年，教育部和国家体育总局联合颁布《学生体质健康标准》，开始在全国大部分学校实施，进一步落实“健康第一”的指导思想。总之，这些法规的颁布和新举措的实行，对推动我国学校体育工作的开展具有深远的战略意义。

（2）学校体育科学研究得到重视，学术气氛空前活跃。为了加强学校体育的科学研究，我国相继成立了中国教育学会体育研究会、中国高等教育学会体育研究会和中国体育科学学会学校体育研究会，以及十几个学校体育科研机构，并创办了《中国学校体育》和《体育学刊》等杂志，出版了一批专著和教材。1983年，在苏州召开了首届全国学校体育论文报告会，至今全国性的学校体育学术报告会和研究会已召开多次，并广泛开展了学校体育的国际交流，学术气氛十分活跃。

为了研究和掌握我国青少年儿童的体质状况，五部委于1979年对16个省市二十多万名学生进行大规模体质调查研究，1985年再次对28个省、市、自治区的五十多万7～22岁学生进行了体质和健康的调查研究。通过两次大规模的调研，初步掌握了我国青少年儿童的体质状况、特点和规律，制定和完善了我国青少年儿童生长发育、机能、身体素质的评价标准。这一重大科研成果，为加强和改进学校体育、卫生工作提供了依据。在此后的1990年、1995年和2000年分别进行了全国范围内统一抽样的大规模的体质测试。

（3）随着学校体育改革的深入，体育教学改革方兴未艾。1978年国家重新制定并颁发了全日制十年制中小学体育教学大纲和教材。这套大纲和教材在总结以往经验和教训的基础上，有了突破性的进展，对我国体育教学的改革起到了重要的推动作用。1987年曾进行了修订，并在此基础上于1993年颁发了九年制义务教育体育教学大纲和教材。1997年，《全日制普通高级中学体育教学大纲》（试验）也在部分省、市高级中学试行。教育部对全国普通高校也颁发了体育教学指导纲要，全国近20个省、市、自治区还在此基础上结合本地区实际编写了体育课本和参考书。为了深化体育教学改革，各地普遍进行了各种模式体育课的改革实验，体育教学模式已由比较单一发展到比较多样化。近几年，还进行了体育教育与健康教育相结合的改革尝试，使体育课的教学质量有所提高。

（4）学校课外运动训练工作不断发展，课外体育活动丰富多彩。为了提高我们国家的体育运动水平，为国家培养大批优秀的体育后备人才，我国已初步形成了“一条龙”的学校课外运动训练体制。目前全国已有两万六千多所体育传统项目学校，并在270多所中学进行培养体育后备人才试点，在109所高等学校试办高水平运动队训练，同时在部分高校筹建中国大学生体育训练基地，大大提高了学校体育运动技术水平。

在课外体育活动方面，组织形式更加多样，内容丰富。修改后的《国家体育锻炼标准》更加切合实际，灵活性大，易于推广，因而推动了课外体育活动的开展。目前，学校运动竞赛十分活跃，从全国到省、市以及学校的运动会已基本形成制度。

（5）体育师资队伍建设发展较快。为了加强对体育师资的培养，从根本上解决我国体育师资严重不足的状况，党和政府采取了多种措施。在有条件的师范院校和综合性大学建立体育系、科，同时扩大现有体育系、科的招生名额，在中等师范学校增设体育班，并举办了不同类型、不同层次的函授班、进修班等，加快对体育师资的培养，以满足社会的需要。与此同时，我国还培养了一批体育硕士生和博士生来充实高校师资队伍，使我国体育师资短缺的状况得到了一定的缓解，师资质量明显提高。

为了进一步调动体育教师的积极性，稳定教师队伍，我国主管部门和新闻单位于1980年在全国范围内开展了评选千名优秀体育教师的活动，1990年又举办了全国农村千名优秀体育教师的评选活动，通过两次评选活动不仅树立了先进典型和学习榜样，而且使全国人民增加了对体育教师这个职业的了解，提高了体育教师的社会地位。

（6）学校体育场馆器材设备建设有所加强。体育场馆器材设备是保证体育教学和课外体育活动正常进行必不可少的物质条件。至今全国各级各类学校采取了多种措施积极改善学校体育的物质设备条件，特别在经济发达地区，不少中小学已有了标准的田径场、体育馆、游泳池，并增添了大量体育器材。一些经济比较落后地区也本着勤俭节约、自力更生的精神，因陋就简、就地取材，自制简易器材设备，以缓解场地器材不足的矛盾。1990年，国家教委印发了《中小学体育器材设备配备目录》，更促使各地对学校体育器材设备的投资，进行规范化建设。

（7）港澳回归后促进了两个地区的学校体育的发展。1997年7月1日，我国恢复了对香港行使主权，使香港重新回到了祖国的怀抱。香港回归祖国之前，实行的是英国的教育制度，学校一直没有规定体育为必修课程，直到20世纪80年代末以来，学校体育才有了很大变化。香港中文大学率先规定体育为大学一年级必修课，并给学分。其后，浸会学院也把体育列为必修课。香港地区教育署于1985年和1986年先后颁布了《小学体育课程纲要》和《中学体育课程纲要（初稿）》。1991年首次举行中学体育会考，从而大大推动了香港地区学校体育的发展。香港地区学校每日有较短的课外活动时间，周六下午时间较长，但学校运动竞赛比较频繁。

澳门地区的体育法令，对学校体育教学没有制定具体的规定，由各校自行安排。体育课从小学三年级开始安排，每周两节，教学内容因地制宜。由于受场地器材限制，多数学校不安排早操，但比较重视运动队的训练。

总之，新中国成立以来我国学校体育走过了曲折的发展道路，也取得了丰硕的成果。但我们应清醒地看到，学校体育发展还很不平衡，整体水平还不够高，在学校体育改革的长途中还有不少困难和问题需要解决，还要深入研究，使学校体育有更大的发展。

第二节　我国学校体育的目的与目标

一、我国学校体育的结构与功能

（一）学校体育的结构

学校体育是学校教育的有机组成部分，是国民体育的基础，它对培养社会建设人才，增强民族体质都具有重要的意义。它主要是指在学校教育中，运用身体运动、卫生保健等手段，对受教育者施加影响，促进其身心健康发展的一项有目的、有计划、有组织的教育活动。因此，我国学校体育的结构主要包括以下要素。

1. 运动教育

（1）体育与健康课程。体育与健康课程是一门以身体练习为主要手段，以增进学生健康为主要目的的必修课程。它是我国学校课程体系的重要组成部分，是实施素质教育和培养学生德智体美全面发展的必不可少的手段。

（2）课外体育活动。课外体育活动指学校在课余时间面向全体学生开展的一项以健身、娱乐活动为主要内容，以班级、小组为基本组织单位，以满足广大学生多种身心需要为目的，促进学生身体、心理和社会适应能力和谐发展的体育锻炼活动。

（3）课余体育训练。学校课余体育训练是利用课余时间，学校有目的、有计划地对部分在体育方面有一定天赋或有某项运动特长的学生，以运动队、代表队、俱乐部等形式对他们进行较为科学、系统的训练。旨在全面发展他们的体能和身心素质，提高某项运动技术和水平，为竞技体育培养后备人才。

（4）课余体育竞赛。课余体育竞赛是指学校充分利用课余时间，有计划、有目标地组织学生以夺取优胜为目的，以运动项目、游戏活动、身体练习为内容，根据正规的、简化的或自定的规则所进行个人或集体的体力、技艺、智力和心理的相互比赛。

2. 健康教育（含营养、卫生、保健）

学校健康教育是一项以传授健康知识，建立卫生行为，改善环境为核心内容的教育，旨在通过对学生开展有计划、有组织、有系统的教育活动，促使学生自觉地养成有利于自身健康成长的行为，消除或降低危险因素，降低发病率、伤残率和死亡率，提高自身生活质量。学校健康教育的目的是通过健康教育的过程以改善、达到、维持和促进学生个体及社会的健康状况。任务是使学生从小养成良好的生活习惯和行为模式，达到最佳的健康状态。

3. 教育活动中的体育和家庭体育

（1）教育活动中的体育。从整个教育体系看，学生体育的获得不仅仅在运动场上进行，要有效地增进学生的健康，必须将对学生的体育、健康贯穿于整个学校教育的全过程。只有学校的一切教育活动和全校教职员工对学生身心健康全方位、多层次地关心，对他们的身体和精神密切地关注，才能使学生在运动场上的运动真正发挥出有效的作用。

（2）家庭体育。家庭体育是指学生受家长熏陶，在家庭范围内进行的各种各样的身体练习和健康保健活动，其主要内容是锻炼身体和体育娱乐。为了有效地增进学生的健康，学生的家庭体育十分重要。因此，建立学校—家庭教育体系是增进学生健康的有效措施和基本条件。

（二）学校体育的功能

功能是指某一事物在环境中所能发挥的某种作用和效能。学校体育的功能是指学校体育在一定的环境和条件下对人和社会所能发挥的作用，它与学校体育的过程结构和学校体育的环境有着密切的关系。学校体育的功能是学校体育的本质反映，它映射出学校体育对人的物质机体与人的精神思维及社会适应性的多种功能。具体说来，学校体育具有如下几个方面的功能。

1. 教育功能

学校体育不仅包含着德育、智育、美育等方面的全面教育和培养，而且蕴藏着极大的潜力和深刻的内涵。体育不仅仅是一种社会性的实践活动，而且是学校教育的组成部分，它还包含了人们对自身的认识和对生命的感悟。学校体育的教育功能主要表现在：

（1）促进学生智力发展。学校体育通过各种各样的身体活动，可以促进学生的智力发展。学生通过体育锻炼能够使自身神经系统的发育和发达，这为智力的开发奠定了生物学基础。

另外，学校体育是一项创造性的运动，蕴涵着丰富的开发智力、培养创造力的内容，对全面培养人的观察能力、广泛训练人的记忆能力、启迪诱导人的想象力和提高人的思维能力具有重要的作用。研究表明，运动有助于人开发大脑右半球的功能，对发展儿童的直觉、空间转换、形体感知等形象思维及创造力具有重要作用。

（2）让学生形成优良品德。学校体育是德育的重要内容和手段，它对于培养、完善学生的人格和个性起着重要作用。学校体育的德育作用表现在：

① 学校体育可以培养学生的道德认识与信念，如遵守规则、公平竞争、团结合作、民主奋进等。

② 学校体育能有效地营造一个特殊的德育环境，使学生的道德信念通过体育活动得到强化，并内化为学生具体的道德行为。

③ 学校体育能有效地培养学生的个性意志品质，如勇敢、顽强、对挫折的承受力、对困难的忍受力等。

④ 学校体育还可以培养学生的集体主义和爱国主义精神以及责任感和荣誉感。

（3）培养学生的审美情趣。学校体育不仅可以塑造学生的身体美，而且还可以给学生灌输心灵美、行为美以及运动美，并可使各种美在运动实践中得到完美的结合。

运动教育、体育锻炼对塑造健美身体的作用是非常直接的。学生通过运动教育、体育锻炼，能使自身体魄健壮、身体匀称、姿态优雅、动作矫健，这既是健康的标志，也是人体美的表现。运动中的形体美、动作美、节奏美、服饰美以及行为举止美都将给学生以强烈的美感体验，使其得到美的享受和情感的陶冶与升华。学校体育培养学生鉴赏美、表现美和创造美的作用是独特的、具体的，有着极强的实践性，这是一般的科学无法比拟的。

2. 健身功能

学校体育的健身功能是学校体育最本质、最为独特的功能。学校体育的健身功能主要表现在以下几个方面：

（1）让学生养成正确的身体姿势，促进其生长发育。青少年学生正处于生长发育的关键时期，身体的可塑性比较大。体育锻炼对培养学生正确的身体姿势，促进机体的生长发育具有重要作用，实践证明，经常参加体育活动，可以促进人体组织的血液循环，使人的骨密质增厚，骨骼变粗，骨骼的坚固性、抗弯、抗断和耐压的性能显著提高。另外，经常参加体育锻炼，能刺激人的骨骼增长，这对青少年学生身高的增长有着积极的意义。

（2）提高学生机体的功能水平。体育锻炼还可以有效地提高人的机体功能水平。经常参加体育活动的人其机体内部能量消耗会增加，代谢产物会增多，新陈代谢旺盛，从而使其机体的各个器官系统如呼吸系统、血液循环系统、神经系统、消化系统等的功能水平得到改善。

（3）发展学生的身体素质和基本活动能力。体育锻炼对发展人的速度、力量、耐力、灵敏性、协调性、平衡性、柔韧性等素质，以及走、跑、跳、投、攀登、爬越等基本活动能力有着重要作用。

（4）提高学生的心理发展能力。学校体育对提高青少年的认知、情感、意志、精神等心理方面的水平有着十分重要的作用。

（5）能增强学生的对外界环境适应能力。外界环境是一个非常复杂的系统。自然环境的变化，不可避免地使人的生命和健康受到影响，人体必须随时调节各器官系统的功能来适应这种环境的变化，使人体的内外环境能保持相对的平衡。实践证明，经常参加体育锻炼不仅可以提高学生对自然环境的适应能力，同时能增强学生对疾病的抵抗能力。

3. 娱乐功能

娱乐的目的是为了获得快乐。开展丰富多彩的课余锻炼与竞赛是学校体育的一个重要内容。一方面，学生通过参加体育活动可以调节情感、丰富生活，缓解由学习所引起的神经紧张和疲劳；另一方面，学生通过观赏体育比赛和表演可以得到心理上的满足和精神上的享受。学校体育还是学生休闲的重要手段，是扩大学生社会交往的重要媒介以及表现自我、展示自我的重要舞台。

更为重要的是，学校体育在某种程度上会对学生未来的生活方式产生巨大的、潜移默化的影响。学生在学校体育活动中所得到的乐趣和愉快体验，不仅会影响他们的体育态度，甚至还会影响他们未来的人生态度，这种受益将是终身的。

4. 促进个性全面发展的功能

个性是指人的个体在一定的社会关系中所形成的个人生理、心理和社会特征，它以独特的方式有机结合而使个体具有独特的社会性。人的个性就是人的独特的社会性。

现代社会不仅强烈地呼唤着人类要以自身鲜明的个性适应时代、改造时代、创造时代，而且更希望人类以自身良好、积极的个性，导向健康和和谐的未来。但人的积极、良好个性不是天生的，它需要教育的引导、培植与塑造。学校体育由于其活动内容多，同学间互动频繁，选择余地大，而且身心需要协同配合，各自承受不同的负荷和刺激，并且在体育活动中，有着让人身体体验深刻、角色变化频度快等特点，因而，学校体育对学生个性的发展具有其他文化课无法比拟的作用。另外，运动让人身体健康，而健康的身体是形成良好个性的基础，且良好个性社会价值的实现，更要以健康身体作为保证。

5. 文化传承功能

学校体育的文化传承功能是学校体育最主要的社会功能。其表现在：首先，学校体育是校园文化的重要内容。学校内部和学校之间开展的多种多样的体育活动，既可以丰富学生的文化生活，又可以营造一种健康向上的人文氛围和环境，对学生的成长具有重要意义。其次，学校体育是传播体育文化的重要途径。学校通过对学生进行全面、系统的身体教育，可以使学生掌握体育、卫生保健等方面的基本知识、技术以及科学锻炼身体的方法，在这一过程中，体育文化被一代代传递、延续和继承。最后，学校体育对体育文化的创新与发展也具有十分重要的作用。无论是体育理论还是实践手段的创新与发展，都与学校体育有着密切的关系。

6. 社区体育的辐射功能

学校体育是竞技体育的基础早已得到肯定。但随着我国社会体育的蓬勃发展，学校体育对社区体育和家庭体育的辐射作用也明显凸显出来，学校体育向社区和家庭辐射功能是学校体育本身向纵向的时间和横向的空间拓展的一个必然趋势，也是对终身体育的积极回应，是现代学校体育功能的拓展，也是一个挑战。

7. 社会经济功能

学校体育的经济功能虽不明显，但其发展势头值得我们关注，如学校体育产业的开发和向社会商业活动的拓展、高校的高水平运动队或俱乐部的商业性活动的结合等。当然，学校体育的最根本的经济功能还是在通过改善和提高未来的劳动力的素质，来促进国民经济的增长这一点上。

从以上我们可以看出；现代学校体育的功能具有多元化的基本特征，围绕着人与社会，构成了一个多层次的系统。这个系统在现代教育、体育思想和理念的影响下，内涵更加丰富，在广度和深度上呈现出不断扩展的趋势，学校体育的多种功能将被时代赋予新的意义。

二、我国学校体育目标的制定

（一）学校体育目标的概述

目标是人们想要达到的境地或标准，它是人们通过努力，在一定时期内期望达到的预期结果。目标对人们的实践活动具有导向和激励作用。它通过对活动的各方面的控制和调节，使活动维持其稳定的方向，成为具体行动的向导。同时，目标又具有激励作用，能调动人们的积极性。目标一旦确定则不能轻易变动，但由于外部环境和内部条件的变化又可进行调整。

学校体育的目标是指一定时期内在学校这一特殊的空间范围体育应达到的期望要求、结果和标准。它集中体现了人们对学校体育与健康课程编制，体育教学实施，课外体育活动、课余体育竞赛、课余体育训练开展中的体育价值的理解，是学校体育目的在学校体育中的具体化。它是学校体育决策和管理的出发点，也是学校体育工作应达到的结果。

学校体育的目标具有一定的结构。从学校体育过程的特点来看，它可分为条件目标、过程目标和效果目标。条件目标是指为实施学校体育所必备的主、客观条件，包括体育见识的数量和质量、场地、器材、设备、体育经费、学生的体质条件等。过程目标是指在一定的阶段里，学校体育实施的经过或发展的经历，主要包括工作计划、组织管理、体育课教学、课外体育活动、课余体育训练、课余体育竞赛、卫生保健措施以及教师的培训、提高等。效果目标是指实施学校体育的最终效果，包括学生体质的水平，学生的教育、教养、发展水平，体育能力水平，体育人才质量，科研成果等。以上三个目标都可以采取相应的检测手段来进行评价，通过不断评价使学校体育目标在实施过程中不断完善，并为下一阶段目标的制定和实施提供科学的依据和基础。

学校体育的目标具有一定的层次性，是一个多层次的系统。在学校体育的总目标下，根据各项工作的特点，可以分解成下一层次的目标，如学前教育阶段的体育目标、初等教育阶段的学校体育目标、中等教育阶段的学校体育目标和高等教育阶段的学校体育目标等，每一阶段又包括如体育与健康课程教学目标、课外体育锻炼目标、课余体育训练目标、课余体育竞赛目标、体育科学研究目标、学校体育管理目标等。以上目标还可以分解成下一层次的具体目标。各目标之间相互联系，构成学校体育的目标体系，为实现学校的教育目标服务。

（二）制定体育目标应考虑的几个因素

学校体育目标能否在学校体育中起到核心的指导作用，关键在于学校体育目标对外界的敏感性与开放性，即学校体育目标能否正确反映社会发展的需要、体育学科本身的发展、学生身心发展的特点与需要。

1. 学生的需要

学生是体育施教的对象，是体育学习的主体，离开了学生这个主体的积极性与作用，学校体育将无从谈起。因而，在制定学校体育目标时，首先必须充分考虑学生这个主体的特点与需要。特别是学生的身心发展特点，因为它在很大程度上决定着学生能够学习什么，达到什么水平。

从内容上看，学生的需要包括学生的身心发展需要和学生的学习需要。这两方面的需要是相辅相成的，因而，我们在制定体育目标时，应充分考虑学生的两种需要之间的依存，在确定体育目标时，应充分考虑某一学段的学生能够学习什么，需要学习什么，以及怎样解决学生的学习动机。

从时间上看，学生的需要既包括学生当前的需要，也包括学生长久的需要。仅满足学生当前的需要，很容易引起学生的体育学习兴趣，但不一定能保证为学生走上社会提供良好的准备；仅满足长久的需要，又容易将成人化的体育内容强加给学生，使体育学习成为一种外在的过程。

从学习的性质上看，学生的需要既包括学生的天赋，也包括学生在后天的学习过程中形成的自觉性。因而，在制定学校体育目标时，首先，以学生的自发需要为基础，利用这种需要来达到体育的目的。其次，要了解作为学校体育特定对象的特定的学生的特定情况，将学生的情况与理想加以比较，确定其中的差距，发现体育的需要，从而揭示出学校体育的目标。

2. 社会的需要

社会的需要主要是指社会政治、经济、科技文化的发展对学校体育提出的要求。学校体育作为我国教育事业的重要组成部分，要全面贯彻我国的教育方针，与德育、智育密切配合，努力将学生培养成为有理想、有道德、有文化、有纪律，体魄健壮的社会主义建设者和接班人，为振兴中华民族作出贡献。这是确定我国学校体育目标的最基本依据。学校体育作为学校教育的一个有机组成部分，它随社会存在与发展，总是为一定的社会需要服务。首先，从整体的社会需要角度看，可分为：社会的现实需要与未来需要；其次，从时空的需要角度看，分为：家庭、社区、民族、国家的需要。最后，从学校体育的施教对象的特性来看，学校体育不仅是为了今天的学生，更重要的是为了明天的学生。从这一意义上讲，学校体育既要适应当前的现实，又应超越社会的现实，走在社会发展的前面。只有在现实与未来、个人与国家、适应与改造之间找到切入点和结合点，学校体育目标才能更好地发挥其社会功能。

3. 体育学科的功能与发展

学校体育目标确定了体育的价值、定位及其内容和基本架构。学校体育主要是对学生进行身体教育和运动教育，强调的是增强学生的体质、提高学生的运动技能、让学生养成终身体育的思想及行为等。学校体育的主要手段，是体能的练习、运动技能的学习及参与运动的行为。体育学科是学校体育知识最主要的源泉，体育学科的功能是确定学校体育目标的重要依据。所谓体育学科的功能是指体育与人的个体、社会相互作用的过程中，表现出来的相对特殊的社会作用与效能。一般认为体育学科具有以下功能：增强学生的体质，提高学生的基本活动能力。提高学生对自然的适应能力。娱乐学生的身心，陶冶情操，规范学生的行为。提高学生的审美情趣和有利于学生的智力发展，提高学生的智育活动效能。提高学生的自我保护能力和人际交往能力。传承与发展体育文化。如果学校体育本身没有这样的功能，则学校体育目标的制定就变成了无源之水，无本之木。

学校体育目标不仅要考虑体育学科的存在，还要进一步考虑学校体育在学校教育中的地位和作用、学生的特点等。

所以，在制定学校体育目标时，不仅仅是考虑学校体育的功能，而且，还要看自己的体育价值追求。体育价值观是人们在制定与实施学校体育时的态度与选择，常常表现为强调体育的某些功能，弱化或忽视某些功能。学校体育目标是制定、设计、实施、评价学校体育的人的某种体育价值观取向的具体体现。对学校体育功能的不同认识、不同的体育价值追求会在很大程度上直接影响学校体育目标的制定、设计、实施、评价。

在制定学校体育目标时，学生、社会、学科三个因素是交互起作用的，其中任何一个因素都不可能单独成为学校体育目标的来源。过分强调某一因素，就会导致学校体育向一个极端发展。另外，国家对学校体育提供的条件、师资数量与质量、场地、器材设备、教学时数、地区气候特点、经费等人、财、物等客观条件的保证，也是制定学校体育目标必须考虑的因素。

三、我国学校体育的目的与目标

（一）我国学校体育的目的

目的是人的自觉活动和行动的基本要素之一。

人们在实践活动前，实践的主体总会先在头脑形成目的，然后再依目的去制定措施，选择方法、途径和手段，进而去实现它。在此过程中，目的既成为实践活动的起点和终点，又表现在实践活动的全过程。它具有主观性、预见性、概括性等特点。它为人的实践活动规定了总的方向。

针对我国学校体育实际，我国学校体育的目的是促进学生正常生长发育，增强学生的体质、增进学生健康，与学校各种教育相配合，培养学生良好的思想品德和意志品质，促使其成为具有德、智、体、美、劳全面发展的社会主义建设者和保卫者。

（二）我国学校体育的目标

目标是人们实践活动所要达到的境地和标准，是目的和标准的统一。它包括了使命、对象、目的、指标、时限等在内的一套完整系统。是人们实践活动最终期望和期望结果可考核性的有机统一，是人们实践活动目的具体化表现。它具有具体性、明晰性、系统性等特点。

由于目的是概括性，很笼统、原则和抽象，不能分层到实践中去直接操作。因此，目的必须分解成具体目标，并通过目标去逐一实现。

1. 学校体育的总目标

现阶段我国学校体育的总目标是：开发学生的身心潜能，促进学生身心和谐发展，增强学生体质，增进学生的健康；培养学生对体育的积极态度、兴趣、习惯和能力，能较为熟练地掌握和应用基本的体育与健康知识和运动技能，为终身体育奠定良好的基础；培养学生良好的思想品质，促进学生的个体社会化，使其成为具有创新精神和创新能力以及德、智、体、美全面发展的社会主义建设的合格人才；提高少数学生的运动技术水平，为国争光。

上述我国学校体育的总目标，体现了学校体育的本质特征，反映了现阶段我国社会、教育、体育发展的要求和学生个体的需要，比较符合我国学校体育的实际，具有较高的科学性和可行性。

2. 学校体育的效果目标

为保证学校体育总目标的实现，首先应该达到以下效果目标：

（1）开发学生的身心潜能，增强学生的体质，增进学生的健康。各年龄阶段的学生正处于迅速生长发育的时期，因此，学校体育工作应根据学生不同年龄、性别所具有的生理、心理特点，有目的、有计划、有组织地开展体育教学和课外体育活动，并通过各种体育活动促进他们身体的正常发育，使学生在身体形态、生理机能、身体素质和身体基本活动能力等方面都得到全面发展，对自然环境有适应能力，对疾病有抵抗能力。小学和初中阶段的学生，针对他们身体各部分正处在迅速生长发育时期，要采取加强身体锻炼与养护结合，促进他们身体的正常发育，培养学生正确的身体姿势，并重视体态教育，塑造匀称健美的体型；发展学生的基本活动能力，把握住身体素质发展的敏感期，全面发展身体素质。到高中阶段，针对学生已进入青春后期，生长发育减慢，应巩固提高已获得的体力，进一步发展和提高身体素质水平，尤其要重视发展耐力和力量素质，增强体魄。高等学校学生身体发育已接近完成，可针对不同专业对身体的要求，以及学生对体育的爱好，组织体育活动，并不断提高要求，以进一步增强学生的体质。这不仅对青少年学生个体的成长具有重要的作用，而且对改善和提高全民族的体质健康也具有深远的战略意义。

（2）传授体育运动、卫生保健和健康生活的知识、技能和方法，使学生具有一定的体育文化素养。学校体育本质上是系统地向学生传授体育文化的教育过程。它可以通过各种途径，向学生系统地传授体育运动知识、原理和方法及卫生保健、自我养护的基础知识，使学生懂得科学锻炼身体的基本原理和方法，学会体育运动中所要掌握的基本技术、技能，并认识学校体育的地位与意义，养成经常锻炼身体的习惯，最终使他们受益终身。

（3）培养学生的体育兴趣、习惯和能力，为终身体育奠定基础。对体育的兴趣、爱好及养成体育锻炼的习惯，是形成终身体育的重要因素，也是实施终身体育的重点。学校体育和终身体育的联系，是通过“兴趣”和“能力”的桥梁来实现的。学校体育的重点更多地应该放在如何培养学生对体育的兴趣和能力上，在培养兴趣和能力的基础上，通过长期技术、技能的学习，让学生形成稳定的体育价值观和积极的态度。有了良好的体育价值观和态度，学生才能积极参与体育锻炼，并且终生受益于体育。学生可以因人、因时、因地、创造性地去选择适合自己的健身方法和手段，以满足终身体育的需求。

（4）培养学生良好的思想品德，促进学生个性的全面发展。培养学生良好的思想品德，促进学生个性的全面发展是学校体育的重要目标之一。学校体育具有丰富的思想品德教育因素，结合体育的特点寓思想品德教育于体育活动之中。教育学生为社会主义现代化建设锻炼身体，提高社会责任感，树立群体意识，培养学生热爱集体、遵纪守法、团结合作、朝气蓬勃、勇敢顽强、拼搏进取、开拓创新、艰苦奋斗等思想品德和良好的体育作风，以及培养学生对体育的兴趣与爱好，体验运动的乐趣。同时还要培养学生鉴赏美、表现美、创造美的情感和能力，陶冶学生美的情操，以促进学生个性的全面发展，为将来适应社会生活奠定良好的基础。

（5）发展学生的运动能力，提高学生的运动技术水平，为国家培养输送体育后备人才。学校是各种运动人才的摇篮，因此，学校要善于发现有运动天赋和运动才能的学生，并在课余时间对他们进行系统的运动训练，以提高他们的运动技术水平，使他们不仅成为推动学校群众性体育活动的骨干，同时也成为国家优秀运动员队伍的后备力量。有条件的学校，还应该组织具有本校特色和传统的高水平运动队，一方面可以丰富校园文化生活；另一方面也可以为国争光。

上述学校体育的具体效果目标，它们之间相互联系、相互促进，是一个不可分割的整体，要在实践中采取各种手段和途径才能完全实现。但要注意的是，应根据各教育阶段体育的特点、侧重和要求不同而区别对待。

第三节　实现我国学校体育目的任务的途径与要求

一、实现我国学校体育目的任务的途径

学校体育的目标是通过体育（与健康）课程①和课余体育活动这两条基本途径来具体贯彻实施的。学校体育的这两条途径也是学校体育的中心工作和环节，其担负着全面实现学校体育目标的作用。由于体育（与健康）课程和课外体育活动各自的特点不同，因而其在实现学校体育目标的过程中所发挥的作用又具有各自的侧重点。

（一）体育（与健康）课程

除了学前教育阶段和高等教育阶段的研究生教育外，体育（与健康）课程都是学校教学计划中规定的必修课，它是学校体育的基本组织形式，承担着对学生进行系统的体育教育的重任。各个教育阶段所开设的体育（与健康）课程都有相应的课程标准或教学大纲或教学指导纲要，按一定的班级授课，并有专门的体育教师和一定的场地、器材设备作为保证。体育（与健康）课程是学生毕业、升学的考试科目之一，每学期或学年都要对学生进行相应的考核。

（二）课外体育活动

课外体育活动是指体育（与健康）课程之外的一切体育活动，其内容是极为丰富的，主要包括：课外体育锻炼，如早操、课间操、个人体育锻炼和班级体育锻炼等；课外运动训练；课外运动竞赛以及校外的社区体育活动和家庭体育活动等。课外体育活动也是学校体育的重要工作，它对培养学生的体育兴趣、态度，丰富学生的课余生活，提高学生的运动能力和独立锻炼身体的能力，发现和培养运动人才等方面具有重要的作用和意义。

1. 课外体育锻炼

（1）概念。从广义上来说，课外体育锻炼泛指学生参加的除体育课教学以外的体育锻炼活动；从狭义上讲，它特指学生在学校内从事的除体育课教学之外的体育锻炼活动。目前一般所用的课外体育锻炼概念多指其狭义含义。课外体育锻炼既是学校体育的重要组成部分，又是学校课外活动的重要内容，因此课外体育锻炼，就必然以实现学校体育目的任务，促进学校教育目标的全面达成为己任。

（2）课外体育锻炼的原则。

① 自觉、自愿性原则。加强认识体育锻炼目的意义的宣传教育，重视体育教学中体育基本理论、知识的教学，使学生明确“生命在于运动”的道理，充分认识体育锻炼对身心的重要价值，使学生明确从事课外体育锻炼的直接目标和最终目的。激发学生的体育锻炼动机，培养体育锻炼的兴趣，充分发挥学生的主体作用。体育锻炼习惯的形成是一个长期的过程，积极的情绪体验和心理满足以及锻炼效果的及时评定，是良好锻炼习惯形成的重要因素。同时，应加强指导，重视计划性。

② 经常性原则。经常性原则指课外体育锻炼必须尽可能地经常进行，以确保锻炼效果良性积累的连续性，从而达到理想的锻炼效果，并在长期坚持中形成锻炼的习惯，使之成为日常生活中的组成部分。科学安排作息制度，妥善处理好体育锻炼与学业和其他课外活动的关系，克服困难，坚持每天有一定时间的体育锻炼。合理安排锻炼的时间、负荷及锻炼的间隔，重视锻炼后的恢复，以不影响课业学习。持之以恒，注意提高自我锻炼的能力，并培养顽强的意志，形成坚持锻炼的习惯。

③ 针对性原则。针对性原则指课外体育锻炼应因时、因地、因人制宜，根据不同的具体情况进行锻炼。学校在计划组织和具体实施课外体育锻炼时，应根据所在地域环境和学校的具体条件选择锻炼的形式、内容、方法、手段。个体进行锻炼时，应考虑自己的身体状况、技术基础、心理状态，做到“保强、补弱”，以避免伤害事故，并提高锻炼的实际效果。

---

① 从2001年9月开始，中学的体育课已更名为“体育与健康课”，大学的体育课也已从2002年9月开始更名为“体育与健康课”，但小学仍继续使用“体育课”的名称。

（3）课外体育锻炼的内容、组织形式与方法。

① 内容。课外体育锻炼的内容非常丰富，有以强身健体、增进健康、促进身体正常生长为目的的健身类，一般包括走、跑、游泳、传统体育及各种球类运动等；有以调节身心、娱乐为目的的娱乐类，一般包括走、跑、太极拳、保健按摩、各种医疗或保健与矫正操；有以评价为手段的达标类，包括《学生体质健康标准》测试等。

② 组织形式与方法。校内体育锻炼一般包括早操、课间操、个人体育锻炼、班级体育锻炼和全校性课外体育锻炼等。校外体育锻炼一般包括校外自我锻炼、家庭体育、社区体育等，社区体育有业余体校、体育俱乐部、青少年宫组织的体育活动，也包括体育场馆开放的体育活动、体育夏（冬）令营、体育旅游等。

2. 课外运动训练

课外运动训练是利用课外时间，对部分在体育方面有一定天赋和爱好的学生，以运动队、代表队、俱乐部等形式组织他们进行系统的训练，全面发展他们的身心素质，提高运动技术水平，培养体育后备人才而专门组织的一种体育教育过程。课外运动队的组建一般包括确定建队项目、运动员选材、运动队规章制度健全等三个方面，要遵循一般训练与专项训练相结合、系统性、周期性、适宜运动负荷和区别对待等原则，这些原则是运动训练规律的集中反映，具有普遍的指导意义。课外运动训练的内容主要包括身体训练、技术训练、战术训练、心理训练和思想品德训练等几个方面。还要根据课外运动训练的特点，广泛采用重复训练法、变换训练法、持续训练法、循环训练法、竞赛训练法等多种方法。

3. 课外运动竞赛

课外运动竞赛（含校内、校外）是指在课余时间，以争取优胜为直接目的，以运动项目（或某些身体活动）为内容，根据规则的要求，进行个人或集体的体力、技艺、心理的相互较量的体育活动。它对推动学校群众性体育运动广泛开展，促进运动技术水平的提高有重要意义。运动竞赛还能起到良好的宣传鼓动作用，激发学生为现代化建设积极参加体育锻炼的自觉性。运动竞赛也是检查教学训练工作，总结交流经验的手段和互相学习，共同提高的机会。通过竞赛还可以选拔优秀体育人才，对运动员和广大观众还具有重要的教育意义。

4. 阳光体育

（1）背景。开展阳光体育运动是在我国学生体质健康水平下降的大背景下产生的。2005 年全国学生体质与健康调研结果显示，学生肺活量水平、体能素质持续下降，体能素质中的速度素质和力量素质连续 10 年下降，而耐力素质则连续 20 年下降，超重和肥胖学生的比例迅速增加，城市男生已达 24%。视力不良率仍居高不下，小学生为 31%、初中生为 58%、高中生为 67%、大学生为 82%。这一结果的公布引起了社会各界对学生体质健康水平的广泛关注，媒体在争论，学者在反思，行政管理部门在研究。在借鉴我国在 20 世纪 50—60 年代实施的《劳卫制》成功经验的基础上，结合现实社会的实际，针对目前学生从学校到家庭，从教室到书房单一的、缺少体育锻炼的学习生活方式，为了号召广大青少年走出教室、走到阳光下、走向操场户外积极参加体育锻炼，提出了“阳光体育运动”这个用语。在结合当前社会现实和学校教育改革以及学校体育工作特点的基础上，2006 年年底，教育部、国家体育总局、共青团中央发布了《关于开展全国亿万学生阳光体育运动的决定》，阳光体育运动是在这种大背景下提出的。

（2）目的意义。《关于开展全国亿万学生阳光体育运动的决定》明确提出了开展阳光体育运动的目的是“在全国亿万学生中掀起群众性体育锻炼的热潮，切实提高学生体质健康水平”。实施阳光体育运动政策是减少受应试教育和一些不健康生活方式的影响，同时使我国亿万青少年健康成长，改变我国青少年在身高、体重等形态指标达到标准，同时使青少年的肺活量、速度、力量等体能素质恢复正常水平以及近视率减少的一项重大战略措施。有关目标的表述为：“开展阳光体育运动，要以‘达标争优、强健体魄’为目标。”

（3）主要内容。阳光体育运动则以实施《国家学生体质健康标准》为基础、主线，围绕提高学生体质健康为目标，采用广泛开展各项体育活动，积极落实每天锻炼 1 小时为手段，达到学校体育与阳光体育共同的目的。其主要包括以下几个方面：

① 各级教育、体育行政部门，共青团组织和各级各类学校要把开展阳光体育运动作为全面推进素质教育的重要突破口和主要工作方面，作为加强学校体育工作，提高全体学生体质健康水平的主要措施，认真组织实施。在全国大、中、小学中掀起阳光体育运动的热潮。

② 用 3 年时间，使 85% 以上的学校能全面实施学生体质健康标准，使 85% 以上的学生能做到每天锻炼一小时，达到学生体质健康标准及格等级以上，掌握至少 2 项体育技能，形成良好的体育锻炼习惯，使体质健康水平切实得到提高。

③ 建立和完善学生体质健康标准测试结果记录体系，测试成绩要记入小学生成长记录或学生素质报告书，初中以上学生要记入学生档案，并作为毕业、升学的重要依据。建立学生体质健康标准通知制度，定期通报各地学生体质健康标准的实施情况和测试结果。认真组织全体学生积极开展“达标争优”活动，对达到学生体质健康标准优秀等级的学生，颁发“阳光体育奖章”。

④ 与体育教学相结合。一是坚持依法治教，规范办学行为，严格执行国家有关体育课时的规定，开足上好体育课，不得以任何理由挤占体育课时；二是深化体育教学改革，提高教学质量，通过教学，教育、引导学生积极开展阳光体育活动。

⑤ 与课外体育活动相结合。配合体育课教学，保证学生平均每个学习日有一小时体育锻炼时间。将学生课外体育活动纳入教育计划，形成制度。

⑥ 通过多种形式，大力宣传阳光体育运动，广泛传播健康理念，使“健康第一”“达标争优、强健体魄”“每天锻炼一小时，健康工作五十年，幸福生活一辈子”等口号家喻户晓，深入人心。

⑦各学校要成立以校长牵头的领导小组，按照全国的统一部署，制定具体的措施，组织本校的阳光体育运动的实施。

二、实现我国学校体育目的任务的基本要求

整体而言，组织开展学校体育的各项工作要以《中华人民共和国体育法》、《学校体育工作条例》、《学校卫生工作条例》和《学生体质健康标准（试行方案）》为依据，结合学校的具体实际，以保证学校体育目标的顺利实现。在具体工作过程中，应注意以下基本要求：

（一）认真贯彻体育法规，面向全体学生

认真贯彻党和国家的教育方针，认真执行《中华人民共和国义务教育法》《中华人民共和国体育法》，落实《学校体育工作条例》《体育与健康课程标准》《学生体质健康标准》等政策法规，纠正只抓少数高水平运动队来代替全体学生的体育活动和体质健康工作的错误倾向，学校体育工作要面向全体学生，将学校体育工作重点落在学生体质健康的群体活动上，全力保障学生体质健康，其中最重要的就是开展确保每天一小时体育活动工作，保证全体学生都享有体育的权利。要创造一切条件，组织和动员全体学生参加各种形式的体育活动，以满足学生的不同体育需要。对少数有生理缺陷或疾病的学生，要尽可能地安排他们进行适当的保健体育、医疗体育或矫正体育活动，以提高他们的健康水平。对部分有一定运动才能和天赋的学生，应从学校实际出发，在课余时间安排他们进行适当的运动训练，以提高他们的运动技术水平。

（二）以整体观点开展学校体育工作

1. 做到课内与课外有机结合

学校体育工作是一个系统工程，体育（与健康）课程和课外体育活动是实现学校体育工作的两个途径，二者互为依存、相辅相成。体育（与健康）课程所传授的知识技能、方法等可以为课外体育活动的开展奠定一定的身体和运动技能基础，并提供理论与方法指导。同时，学生通过课外体育活动，可以进一步巩固在体育（与健康）课程中所学习的内容，而且随着学生运动能力的提高，学生对体育的兴趣将越来越浓厚。正确处理好体育（与健康）课程和课外体育活动两者的关系，发挥其相互促进、相互加强、互为补充的积极作用，使人人每天有一小时的体育锻炼，增进身体健康。

2. 做到普及与提高有机结合

在普及上提高，在提高指导下普及，从整体上逐步提高学校体育水平。

3. 做到体育与卫生保健有机结合

在体育知识传授的同时，要进行安全、健康、卫生保健的教育，使锻炼与保健养护结合，真正贯彻预防为主的卫生方针。

（三）积极推进体育课程体系改革

坚决贯彻“健康第一”的指导思想，依据现代体育课程发展趋势，按照《体育与健康课程标准》的精神，把体育课程教学作为学校体育的中心工作，不断深化体育教学改革，注重体育教学方法的科学性和实效性，结合实际应用多种教学模式，提高和优化体育教学质量；关注学生的学习兴趣和情感体验，注重构建学生的主体地位，注重形成和发展学生的个性；重视改造传统运动项目和引进新兴运动项目；在体育课程实践部分侧重选择促进学生身体发展，增强想象力，表现力与创造力的身体技能练习；培养学生终身体育的意识和能力；注重体育课程资源和校本课程的开发，重视体育教学研究和科研成果的转化，为学生的

身心健康发展创造条件，在改革逐步构建形成有自身特色的体育课程教学新体系，使学生通过运动实践初步掌握体育的基本技能和方法，促进学生身体正常发育与健康水平提高，帮助学生确立健身意识和具有锻炼身体的能力，促进学生心理品质的健康发展，形成完整的主体意识和科学精神，培养学生勇敢自强的精神、合作与竞争的生活态度以及创新意识。

（四）营造良好的学校体育环境

学校体育环境是指开展学校体育活动所需要的物质、制度与心理环境，如校园、校舍、各种体育场地、器材、各种学校体育规章制度、学校体育的传统与风气以及师生关系等。实践证明，学校体育环境是学校体育的有机组成部分，对实现学校体育的目标具有重要的意义。幽雅的学校体育环境不仅可以引导和激励学生积极参与体育活动，给人以美的享受，而且对学生体育的兴趣、动机、爱好、态度等的形成产生潜移默化的影响和作用，并且能够有效地促进学生的身心健康。

营造良好的学校体育环境，不仅要加大投入改善学校体育的物质环境，还要努力构建学校体育传统与风气。学生置身于这种积极向上的体育氛围中，能够在耳濡目染、潜移默化中受到熏陶和感化，从而产生一种春风化雨、润物无声的教育效果。

（五）加强体育师资队伍建设

“发展教育，教师是关键”。体育教师是学校体育工作的具体实施者，学校体育工作的成败主要取决于体育教师，是实现学校体育目标的关键。因此，必须大力加强体育师资队伍建设，努力采取切实措施加强体育教师队伍建设，提高体育教师的整体素质。一方面要努力提高师范体育教育专业的质量；另一方面要加强在职体育的业务培训与进修，在职培训与业余进修相结合，自学提高与脱产进修相结合，鼓励教师投身于教育改革的浪潮，认真汲取现代教育理论与思想，提高自身理论水平与业务能力，以适应当代学校体育改革与发展对体育教师的新要求。同时注意提高体育教师的社会地位和生活工作条件，防止体育师资的流失，使之在培养德、智、体人才中发挥更大的作用。

（六）加强学校体育科学研究

学校体育科学研究在教育科学研究中有着重要的地位。当前我国学校体育正处于急剧的发展变革阶段，实践中出现了大量的理论和实际问题，需要通过科学研究加以解决，学校体育科研工作要坚持理论和实践相结合，坚持科研和教学相结合，坚持专职科研工作者和学校体育教师相结合，努力解决学校体育工作的突出问题。要把体育课程和学生课外体育活动作为开展学校体育科研的主要场所，以运动技术、技能为载体，把体育内化为学生的健康意识，利用体育的特殊功能对学生施以道德、情操和心理的影响，充分发挥体育在实施素质教育中的积极作用。

在开展学校体育工作时，要注意及时总结工作中的各种经验，并将之上升到一定的理论高度，以便在实践中加以推广。同时，还要善于抓住一些学校体育实践中亟须解决的重要课题进行研究，力争以在科研上的突破来带动学校体育的改革向纵深发展。

第四节 《体育与健康课程标准》

《中共中央国务院关于深化教育改革全面推进素质教育的决定》指出：“健康体魄是青少年为祖国和人民服务的基本前提，是中华民族旺盛生命力的体现。学校教育要树立健康第一的指导思想，切实加强体育工作，使学生掌握基本的运动技能，养成锻炼身体的良好习惯。”本教材制定主要依据《体育与健康课程标准》，并在贯彻落实《国家学生体质健康标准》和《全民健身条例》的前提下，以“健康第一”的思想为指导，以身体锻炼为主要手段，以身体、心理和社会三方面的整体健康为目标。同时，侧重健全高等学校体育与健康课程与中小学以增进健康为目标相衔接的课程体系，即：以身体锻炼为主要手段，以全面提高学生的身心健康素质为目的的课程体系。

一、课程概述

高校体育与健康课程是一门通过身体练习为主要手段，以体育与健康知识、技能和方法为主要学习内容，以增进大学生健康为主要目的的公共课程。课程集中反映社会发展对青少年健康成长的课程愿景，引领着体育与健康课程的价值取向，构建着理想的体育与健康课程方案。

（一）课题性质

高校体育与健康课程强调学生根据自身的特点，结合自己的兴趣和爱好，可灵活选择学校开设的体育运动项目，在掌握终身体育和健康生活需要的基础知识、基本技能和方法上，培养运动爱好和专长，提高体育实践能力，养成坚持体育锻炼的习惯，提高学生体育文化和健康素养，从而也达到培养学生的集体主义、爱国主义和社会主义的精神。

（二）课程的基本理念

1. 坚持“健康第一”的指导思想，培养学生健康的意识和体魄

体育与健康课程以促进学生身体、心理和社会适应能力整体健康水平的提高为目标，力图构建技能、认知、情感、行为等有机结合的课程结构，融合与学生身心发展密切相关的体育与健康知识和方法，关注学生健康的意识和良好生活方式的形成。

2. 改革课程内容与教学方式，努力体现课程的时代性

体育与健康课程重视改造传统运动项目和引入新兴运动项目，以体育选修课为形式，重视体育课与课外体育活动的“一体化”，即打破单一的授课结构，把课余体育活动、社会体育活动和课余训练与竞赛融入体育教学中，充分拓展体育课的时间与空间，充分发挥体育骨干的能力，规范体育管理。

3. 强调以学生发展为中心，帮助学生学会学习

体育与健康课程重视提高学生自主学习、探究学习和合作学习的能力，以促进学生学会学习，提高体育学习和增进健康的能力。因此，从课程设计到课程实施的各个环节，在注意发挥教师主导作用的同时，确立学生的主体地位，尊重学生的情感和需要，充分发挥学生的学习积极性，培养学生的创新精神，把学生的学习过程变成主动构建体育与健康知识和技能、提高批判性思维以及分析和解决体育与健康问题能力的过程。

4. 注重学生运动爱好和专长的形成，奠定学生终身体育的基础

体育与健康课程重视培养学生的运动爱好和专长，促进学生体育锻炼习惯和终身体育意识的形成。课程目标的确定、教学内容的选择和教学方法的更新，都特别注重学生的学习兴趣、爱好和个性发展，促使学生自觉、积极地进行体育锻炼，以全面发展体能和提高所学的运动技能水平，培养积极的自我价值感和终身体育锻炼意识。

（三）体育与健康课程体系的构建

高等院校体育与健康课程体系以完善的体育与健康新型活动课程和学科课程有机结合，把主体教育、合作教育、终身教育、健康教育融入教学中，形成一个整体。

1. 根据课程目标确定课程内容标准

在课程总目标的基础上，从运动参与、运动技能、身体健康、心理健康和社会适应五个方面描述具体目标，并根据课程目标体系构建课程的内容标准。学校选择既受学生喜爱，又对促进学生身心发展有较大价值、有利于为学生终身发展奠定基础的体育与健康基础知识、基本技能和方法作为学习内容，保证学生在身心健康发展的基础上学有专长，并能加以运用，以充分体现课程内容的基础性特征。

2. 根据学生的需求和爱好加大运动技能学习的自主选择性

学生可以根据自己的条件和爱好在学校确定的范围内选择运动项目作为学习内容，从而减少运动技能学习的项目内容，以形成运动爱好和专长，满足学生个性化学习和发展的需要。

3. 体育与健康课程评价体系

新的评价体系应以评价的导向、激励、反馈和诊断作用为基础，把学习评价、教师评价、课程建设评价有机结合，既要处理好三种评价的协调关系，又要使评价体系具体化，具有可操作性。

二、课程目标

（一）课程总目标

通过课程的学习，学生将提高体能和运动技能水平，加深对体育与健康知识和技能的理解；学会体育学习及其评价，增强体育实践能力和创新能力；形成运动爱好和专长，培养终身体育的意识和习惯；发展良好的心理品质，增强人际交往技能和团队意识；具有健康素养，塑造健康体魄，提高对个人健康和群体健康的社会责任感，逐步形成健康的生活方式和积极进取、充满活力的人生态度。

（二）具体目标

课程具体目标从运动参与、运动技能、身体健康、心理健康和社会适应等五个方面进行评判，主要是在身体练习的过程中实现的。运动技能教学中的每一项活动都应注意围绕多个目标来开展。在体育与健康课的教学中，要注意将运动技能的学习与健康教育专题的学习有机地结合起来，相互渗透。

1. 学生运动参与目标

运动参与是学生发展体能、获得运动技能、提高健康水平、形成乐观开朗的生活态度的重要途径。促使学生主动参与体育活动的关键是通过形式多样的教学手段、丰富多彩的活动内容，培养他们参与体育活动的兴趣和爱好，形成坚持锻炼的习惯和终身体育的意识。在促使学生积极参与体育活动的基础上，还应使学生懂得科学锻炼身体的方法。其目标：一是能培养学生积极参与体育活动的态度和行为，使其养成良好的体育锻炼习惯（如一周三次以上），并能说服和带动他人进行体育活动，懂得规律的体育锻炼对健康的影响。二是用科学的方法参与体育活动。根据科学锻炼原理制订个人锻炼计划，能掌握运用脉搏测定等常用方法测量运动负荷。三是学会评价体育锻炼效果的主要方法。学生知道如何制订自身运动方案，能描述出一段时间体育锻炼后的体能变化。

2. 学生运动技能目标

运动技能学习领域体现了体育与健康课程以身体练习为主的基本特征，也是实现其他领域学习目标的主要手段之一。通过运动技能的学习，绝大多数学生将学会多种基本运动技能，在此基础上形成自己的兴趣爱好，并有所专长，提高终身体育锻炼的意识和能力。同时在学习过程中也能了解到安全地进行体育活动的知识和方法，并获得在野外环境中的基本活动技能。其目标：获得运动基础知识。能够知道所练习运动项目的术语，了解所学项目的简单技能战术知识和竞赛规则；认识多种运动项目对身体健康、心理健康和社会适应的价值；能通过阅读报纸、杂志或收听、收看有关体育节目，了解有关重大体育赛事的报道。学习和应用运动技能。能够参加班级或年级相关体育项目比赛，如球类、田径、游泳等；同时，熟练掌握一两种地域性运动项目（民族传统体育项目）和新兴运动项目（如轮滑、攀岩）的技术技能；安全地进行体育活动。掌握运动创伤时和紧急情况下的简易处理方法（如人工呼吸和一般外伤处理等），查出学校、家庭和社区中存在的安全隐患因素，并提出改进建议；获得野外活动的基本技能。了解和学习野外活动技能与方法，并能运用野外生存的知识和方法，如识别方向、识图、求助等。

3. 学生身体健康目标

本学习领域在引导学生积极参与体育活动、发展体能的同时，注意使他们了解营养、环境和不良行为对身体健康的影响，并形成健康的生活方式，能有效地提高学生的身体健康水平。其目标：一是形成正确的身体姿势。在日常学习和生活中保持正确的身体姿势，同时，能指导他人运用适当的体育活动改善身体姿势。二是发展体能。能运用相关体育活动发展与健康有关的体能，通过多种练习提高心肺功能、有氧耐力、发展肌肉力量和耐力、柔韧性以及达到控制体重的目的。三是具有关注身体和健康的意识。能认识到体育活动是防治现代生活方式病（如心血管疾病等）的积极手段和方法，理解身体健康在学习、生活中的重要意义，树立良好的健康意识，了解相关传染病（如艾滋病）的传播途径和预防知识。了解并会运用简单的我国传统养生保健方法。四是懂得营养、环境和不良行为对身体健康的影响。注意合理的营养，经常进行体育锻炼，养成良好的睡眠和休息习惯，如早睡早起、安排好学习与休息的时间等，懂得环境对健康的影响和运动对环境卫生的要求，能够选择适宜的运动环境进行运动。

4. 学生心理健康目标

通过体育活动来提高学生的自信心、意志品质和调节情绪的能力。在教学中，要防止只重视运动技能的传授，而忽视心理健康目标达成的现象；要努力使学生在体育活动过程中既掌握基本的运动技能，又发展心理品质；注意创设一些专门的情景，采取一些特别的手段，促进学生心理健康水平的提高。其目标：一是了解体育活动对心理健康的作用，认识身心发展的关系。自觉运用所学知识技能促进身心协调发展，自觉地为他人创设良好心理环境的意愿和行为。二是正确理解体育活动与自尊、自信的关系。通过自己在体育活动中不断获得成功，不断提高在运动过程中体验成功的感觉，理解体育活动对形成积极生活态度的作用，表现出珍惜生命、积极进取、自强不息的生活态度。三是学会通过体育活动等方法调控情绪。选择适合自己的方法调控情绪，在日常生活和学习中运用情绪调控方法。四是形成克服困难的坚强意志品质。体验困难环境中运动的乐趣，在体育活动中自觉克服各种困难，以至于培养成能在生活和学习中自觉克服各种困难的优良品质。

5. 学生社会适应目标

体育活动对于发展学生的社会适应能力具有独特的作用，经常参与体育活动的学生，合作和竞争意识、交往能力、对集体和社会的关心程度都会得到提高，而且，学生在体育活动中所获得的合作与交往等能力能迁移到日常的学习和生活中去。在体育教学中应特别注意营造友好、和谐的课堂氛围，采取有效的教学手段和方法培养学生的社会适应能力。其目标：一是建立和谐的人际关系，具有良好的合作精神和体育道德。正确处理体育活动中竞争与合作的关系，关心社会的体育和健康问题，积极为社区体育与健康活动服务。二是学会获取现代社会中体育与健康知识的方法。具有通过互联网获取体育与健康知识和方法的能力，能选择和利用互联网资源为体育与健康实践服务，运用互联网制订和改进体育锻炼、健康、娱乐或旅游等计划。

第五节　中外名人的体育观

一、国外名人体育教育观

（一）国外名人体育观

1. 苏格拉底的体育思想

苏格拉底认为，身体健康在平时是重要的，要不懈地提高身体素质，因为做任何事情都需要强健的身体和精神，要尽可能使身体保持健康的状态。而在战时，身体健康就更为重要。即使在思维活动中，健康的身体也是必要的，许多人“由于身体不好，健忘、忧郁、易怒，就会影响他们的神志，以致他们把已获得的知识全部殆尽”。苏格拉底对终身体育也有表述：“体育教育与音乐教育一样，应该让他们从小就开始接受。而且，体育训练应该十分小心，并且要终其一生。”

2. 柏拉图的体育思想

柏拉图认为，人们从事身体锻炼，可以净化灵魂，获得道德上的提升，在本质上是接受教育，或者说，接受体育锻炼就是受教育。他认为，适度的有规律的锻炼才可以起到教育的功能，像职业运动员似的生活方式，其实有害于身体与心理健康。曾提出“先音乐教育，后体育训练”的主张，他把音乐和体育并举，也指明了体育锻炼在人们个体发展中的重要性。“身体最强健的人不容易受饮食或劳作的影响，最茁壮的草木也不容易受风日的影响。”柏拉图已经有了平等的体育意识，认为无论老幼男女，都应该受到音乐与体育的教育，而女人在一切方面都与男人拥有完全的平等。

3. 亚里士多德的体育思想

亚里士多德认为，体育锻炼可以培养勇气，身体的训练应在智力训练的前面。体育训练的目的不是为了竞技，不应该像斯巴达人那样自以为用儿童勇敢的艰苦操练而使他们变得残忍，应该把高贵的东西而不是兽性的东西放在首位。体育在人们不同的教育阶段包括不同的内容：在幼儿教育阶段主要是通过游戏、饮食来发展儿童身体；初等教育阶段主要是通过体操训练形成人健美的体格，勇敢和良好的习惯。亚里士多德的观点趋向于体育不能后于智育而无足轻重。

4. 伊本·西纳的《医典》中的体育保健思想

伊本·西纳的代表作《医典》总结了古代医学理论和实践经验，在12—17世纪一直是欧洲医学的指南，也为体育医疗和保健打下了基础。

他在《医典》结语中说：“保健之道在于对影响身体健康的各种因素在平衡前提下加以考虑。”他认为锻炼身体可以增加深呼吸，从而起到保健作用。他建议人们制定并严格遵守合理的作息制度，根据气候的变化、人的年龄、性别以及自己的身体状况来选择活动内容。他鼓励人们参加户外锻炼。他把体育医疗分为准备和恢复两个环节，还把按摩和沐浴作为恢复手段使用。他的理论对欧洲文艺复兴时期的体育产生了极大的影响。

（二）国外名人体育教育观

1. 维多里诺——第一个现代体育教师

最早对现代教育和体育进行实验的是意大利人文主义者维多里诺。他于1423年设立了名为“快乐之间”的贵族学校，他继承古希腊“完全教育”的传统提出了通才教育的主张，提出教育的目的是使精神、身体、道德都得到发展，培养注重个性、能为社会服务的具有高度责任感的公民。在这里体育第一次被看作高等普通教育不可缺少的内容。他认为教师应根据儿童的个性和嗜好自然地教导，认为运动是健康的基础，应把读书和运动结合起来。他制定了各种锻炼身体的制度和方法，规定学生必须参加户外运动。另外，他还注意保健管理，改善饮食，注意卫生教育。这是首次对学生实施包括德智体美育在内的全面教育，对16—17 世纪的贵族教育产生了广泛的影响。

2. 夸美纽斯——近代学校体育之父

夸美纽斯（J. A. Comenius，1592—1670 年），宗教改革时期捷克著名教育家，提出了“适应自然”的教育原则，使学校教育冲破贵族的狭小天地，奠定了现代学校的基础。他主张普及教育，重视人的现实生活，关心人的健康和幸福，称学校是“造就人的工场”。夸美纽斯强调人的身心是和谐的，他说：“人的本身，里外都只是一种和谐。”他的体育思想主要体现在《大教学论》和《母育学校》等书中。虽然他没有单独提及体育课程，但在他的教学计划中体育首次成为教学的有机组成部分。

他将教育分成婴儿（0～6 岁）、儿童（7～12 岁）、少年（13～18 岁）和青年（19～24 岁）四个阶段，相应设立母育学校、国语学校、拉丁语学校和大学。他主张设置宽广的运动场，用游戏和体育活动增进学生健康并激发他们的精神。他首创了体育的班级授课制。他十分重视保持身体的健康强壮，要求家庭和学校都应注意使儿童的生活与学习有规律、有节制，合理安排运动与休息，提出每一小时智力课后休息半小时；早、午饭后要有一小时散步和娱乐活动。

3. 约翰·洛克

约翰·洛克，17 世纪英国著名的哲学家和思想家。其代表作《教育漫话》集中反映了欧洲文艺复兴时期新兴资产阶级的教育观。

它以绅士教育为主题，分为体育保健、道德教育、智育三个部分，阐明了如何培养符合时代需要的有理性、有德性、有才干的绅士或有开拓精神的事业家。他在论述教育的作用及健康教育的意义时，开篇就说：“有健康的身体，才有健康的精神。”接着阐述其健康教育的具体意见：避免娇生惯养、脚的锻炼与冷水浴、游泳与户外运动、衣着、饮食与用餐、睡眠与卧床、排便、用药、身体保健的规则，共九部分内容。

洛克主张对未来的绅士进行德智体全方位教育，体育占全部教育的第一位。他认为“健康是为我们的事业和我们的福利所必需的，没有健康就不可能有什么福利、有什么幸福……我们要能工作，要有幸福，必须先有健康，我们能忍耐劳苦，要能出人头地，也必须先有健康的身体”。

《教育漫话》在西方教育史上第一次将教育分为体育、德育、智育三部分，明确提出三育并重、体育为先的主张，并作了详细论述。他的这些思想对西方近代教育思想，特别是对 18 世纪的法国教育家影响很深。

4. 卢梭的体育思想

让·雅克·卢梭，18 世纪法国激进的启蒙思想家，卢梭在《爱弥儿》中表达出了“自然教育”的自然体育思想。其核心是强调对儿童进行教育时必须顺应人的本性，顺乎自然地去开展教育。

卢梭想象的自然人是体格健壮、适应能力强的人。甚至认为健康的身体也是优良品德的基础，一切邪恶都是由衰弱的身体而产生的。首先，他认为唯有健康的体魄才能使人忍耐疾苦，勤于工作，获得幸福和延长寿命。其次，卢梭认为健康的身体是理性发达的基础。他说：“你假如要培养儿童的智力，你应当培养那智力所要控制的体力。为了使儿童良好而慧敏，你要给他的身体以不断的锻炼，使他的身体强壮而健康；你要让他工作，让他做事，让他奔跑和喊叫，让他永远活动；使他成为有体力的人，他不久就成为有理性的人了。”卢梭把体育和锻炼当作教育的主要内容；同时认为在对婴儿和儿童的教育中最重要的任务是体育。

卢梭是世界教育史上划时代的教育家（被称为教育界的“哥白尼”），他的自然教育思想成为自然体育思想的重要来源。

5. 斯宾塞的体育思想

赫伯特·斯宾塞，英国著名社会学家、哲学家和教育家。崇尚科学教育的功利主义体育观。他著述颇丰，其中影响最大的是 1861 年的《教育论：智育、德育和体育》。

他认为，由于每个人的利益（幸福）和现代生活日益增加的竞争，都需要体育；一个民族的繁荣，战场上的胜负，商业上竞争的盈亏，都与人的身体强弱有关；女孩和男孩同样需要体育。在《体育》一文中，他从体育理论论述到人体的养护与锻炼：“身体即是心智的基础，要发展心智就不能使身体吃亏。”因此，他要求让儿童多运动、多游戏，他认为游戏和竞技比体操更重要。他提倡自然的身体锻炼，反对人为的体育制度强加在学习方面，主张不能让学生过分疲劳；改变当时学校那种儿童由于体力衰弱，时常被迫离开学校，功课繁多，教师苛求，以致学生不得不以一天 12 ~ 13 小时的时间致力于学习的现象。他说："当用心大为过度的时候，结果就严重得更厉害，不只影响身体的健全，也影响到脑本身的健全。""身体健康下降是学习过度的后果，……硬塞知识的办法该受到多么严厉的谴责。"斯宾塞对体育教育的重视也构成了他的五大部分课程体系的第一部分：开设生理学、解剖学。这是阐述生命和健康直接保全自己的知识。

1895 年严复译介了斯宾塞的《教育论》，特别是 1922 年胡适的重译和出版，使斯宾塞的三育思想在中国广为传播。

6. *顾拜旦的体育思想*

法国教育家顾拜旦是公认的现代奥林匹克创始人，他为奥林匹克运动的诞生和发展作出了卓越贡献。他认为近代体育的发展正在走向国际化，应该借助古希腊体育的经验和传统影响来推进国际体育，于是产生了复兴奥运会的想法。为了实现这一想法，顾拜旦做了大量的工作。

1891 年，顾拜旦创办《体育评论》杂志，以此为阵地热情宣传他的主张，对创办奥运会起了积极的推动作用。1892 年，顾拜旦遍访欧洲，宣传奥林匹克理想。同年 11 月 25 日在庆祝法国体育运动协会联合会成立 5 周年大会上，他发表了著名的演说，第一次公开和正式地提出创办现代奥运会的倡议。在演说中，顾拜旦阐明：现代奥运会应该像古代奥运会那样，以团结、和平和友谊为宗旨，但应该比古代奥运会有所发展和有所创新，它应该向一切国家、一切地区和一切民族开放，并在世界各地轮流举办。顾拜旦的倡议，使现代奥运会从一开始便冲破民族和国家的界限，具有鲜明的国际性。1893 年，顾拜旦在巴黎召开一次国际性体育协调会议，团结国际体育人士，讨论创办奥运会的问题。翌年，他还将自己的倡议写成公开信，寄给许多国家的体育俱乐部，得到不少体育俱乐部的支持。

在国际上各种因素的促进和顾拜旦的不懈努力下，创办奥运会的各种准备工作终告就绪。1894 年 6 月 16—24 日，根据顾拜旦的建议，来自美国、英国、俄国、瑞士、西班牙、意大利、比利时、荷兰和希腊等 12 个国家的 49 个体育组织的代表，参加了在巴黎索邦神学院举行的国际体育运动代表大会。这次会议通过了成立国际奥委会的决议，并从 79 名正式代表中选出 15 人任第一届国际奥委会委员。大会还决定由奥运会举办国的国际奥委会委员担任国际奥委会主席。由于首届奥运会定于 1896 年在希腊首都雅典举行，因此希腊委员维凯拉斯当选国际奥委会第一任主席，顾拜旦为秘书长。大会规定每四年举行一次奥运会，通过了遵循"业余运动"的决议。大会还规定奥运会的比赛项目为田径、水上运动、游泳、赛艇、帆船、击剑、摔跤、拳击、马术、射击、体操、球类运动等。

1896 年 4 月 6—15 日，第一届现代奥运会终于如期在雅典举行。虽然组织很不完善，但它却是奥林匹克运动正式诞生的重要标志，具有继往开来的意义。

奥林匹克运动终于登上历史舞台，揭开了人类文明史上又一页新的篇章。

二、我国名人与体育

（一）我国古代名人与体育

1. *荀子*

荀子是战国末期的思想家和教育家，他具有一定的唯物主义体育思想，很重视快乐教育，认为乐舞对发展人的身心健康有很大的好处，高格调的娱乐活动，不仅有助于身心健康，对追求真善美方面也有重要的作用。

2. *墨子*

墨子深通军事，主张以武力反对侵略，提高武士的社会地位。墨家教育中，注重武艺技能和勇敢精神的培养，军事体育占有一定地位。

（二）我国近现代名人与体育

1. *颜元*

颜元，清代著名教育家。他反对程朱理学"重心轻身"的教育模式，大力提倡"文武相济""兵学合一"，全面发展；提出要"习行""习动"，只有动才能"健人筋骨，和人血气，调人性情，长人信义"；并将动的意义拔高到"一身动则一身强，一家动则一家强，一国动则一国强，天下动则天下强"的程度。颜元的体育教育思想和实践，在我国古代教育史上占有重要地位，第一次明确了体育具有教育的意义，他是全面教育思想的早期尝试者。

2. 孙中山

孙中山，一贯重视体育，认为“今之提倡体魄之修养，此与强种保国有莫大之关系”，视强身健体为国家存亡的前提。他为上海精武体育会题词“尚武精神”，以弘扬中华传统武术。

3. 蔡元培

蔡元培，比较系统地研究和介绍了西方全面教育思想和体育学说，他认为教育的目的在于“养成完全之人格，必须体、智、德、美四育并重”，“完全之人格，首先在体育，体育最重要之事为运动”。其体育观集中体现在他《对于教育方针之意见》一文中，文末他引用“有健全的身体，始有健全的精神”，表明了对身心健康关系的看法。

4. 毛泽东

毛泽东于1917年在《新青年》用“二十八画生”的笔名发表了《体育之研究》，文章分八节对体育的概念、目的、作用，体育与德育、智育的关系，体育锻炼的原则和方法等作了系统论述，深刻批判了当时的教育和体育。毛泽东认为体育对人的全面发展具有首要意义：“体育者，人类自养其生之道也，使身体平均发达，而有规则次序之可言者也”，“体育于吾人实占第一之位置”，因此他主张“三育并重”。在运动方法方面，他强调应“有恒”“注全力”。

第三章　健康教育

第一节　健康概述

一、健康、健康教育的概念

由于人们所处的时代、文化、环境和条件的不同，对健康的认识和理解也不尽相同。受传统生物医学模式和世俗文化的影响，长期以来人们将有无疾病视为健康的标准。把健康单纯地理解为“无病、无残、无伤”。这个单一维度的健康模式使人们只关注疾病的治疗，而忽视了疾病的预防，同时也忽视了生理、病理、心理和社会因素的相互作用对健康和疾病的影响。

随着社会的进步，医学知识不断更新，社会科学、自然科学、医学、心理学、哲学的不断交融、相互渗透，健康的概念也在不断更新和逐步完善。1948 年世界卫生组织（WHO）在其《宪章》中提出的健康定义是：“健康不仅是没有疾病和衰弱，而是保持体格方面、精神方面和社会方面的完美状态。”因此，健康应是身体、心理、社会适应、道德品质的良好状态。正是这一健康的新定义，促使人们的健康观发生了变化，结束了“无病就是健康”的旧观念。

健康教育是以社会人类为对象，通过有计划、有组织、有系统、有目的的教育活动过程，使人类了解、增进健康知识；促使人们自觉地采纳有益于健康的行为和生活方式，改变人们的不健康行为或问题，消除或减轻影响健康的危险因素，预防疾病、促进健康和提高生活质量。

健康教育的核心是积极教育人们树立健康意识、养成良好的行为和生活方式，以降低或消除影响健康的危险因素。通过健康教育帮助人们了解哪些行为是正确的、健康的。

健康教育的目的是通过健康促进和健康教育活动过程，达到改善、维护、促进个体和社会的健康状况及文明建设。具体概括如下：增进人们的健康，使个人和群体为实现健康目标而奋斗；提高或维护健康；预防非正常死亡、疾病和残疾的发生；改善人际关系，增强人们的自我保健能力。

二、健康的标准及评价

（一）健康标准

世界卫生组织（WHO）给健康所下的正式定义是“健康是指生理、心理及社会适应三个方面全部良好的一种状况，而不仅仅是指没有生病或者体质健壮”。世界卫生组织规定的 10 个健康标准：

（1）有足够充沛的精力，能从容不迫地应对日常生活和工作的压力，而不感到过分紧张和疲劳。

（2）处世乐观，态度积极，乐于承担责任，不挑剔事务的巨细。

（3）善于休息，睡眠良好。

（4）应变能力强，能适应环境的各种变化。

（5）能够抵抗一般性感冒和传染病。

（6）体重适当，身体匀称，站立时头、肩、臂的位置协调。

（7）眼睛明亮，反应敏锐，眼睑不发炎。

（8）牙齿清洁无空洞，无痛感，齿龈颜色正常，无出血现象。

（9）头发有光泽而富有弹性，无头屑。

（10）肌肉和皮肤富有良好弹性，走路轻松自如。

（二）健康的评价

健康评价的内容十分广泛，涉及不同层次、不同对象（个人、群体、社会）的评价，亦包括对身体、心理、个性、知识、态度等内容的评价。健康评价对不同的人来说，其意义不同，目的亦不同。

1. 体质评价

根据在校大学生的具体情况，主要采用包括体格、体型、身体姿势、身体成分、身体素质的体质评价和心理健康评价。并力图通过这些指标来反映大学生的健康状况。教育部、国家体育总局颁布实施的《学生体质健康标准》主要从体质方面对学生进行健康评价。

2. 心理健康的测量与评价

心理疾病日益成为现代社会中困扰人们的重要因素。监测与防治心理疾病，保持适度的心理健康水平是关乎人们生活质量的一个不可忽视的重要方面，对心理健康状况进行科学的测量是健康领域的一个重要方面。

人的心理健康是由人的智力、人格、心理适应能力和良好的人际关系所组成的。智力的正常发展是心理健康的基础，良好的人格、良好的心理适应能力和良好的人际关系是心理健康的必要条件，它们的完美结合是心理健康的理想模型。心理健康的测量与评价一般采用测验、问卷、量表等形式，从不同的角度、不同的层面测出人们的心理健康状况。但心理健康测量的内容和方法繁多，在这里不可能做全面详细的论述，下面主要介绍与我国大学生心理健康密切相关的综合测量及其评价方法。

1）大学生心理健康症状自评量表（SCL－90）

SCL－90 共有 90 个询问题目，其内容涉及感觉、思维、情绪、意识、行为、生活习惯、人际关系、饮食睡眠等。这 90 个询问题目中隐含着 10 个因子，它们是躯体化因子、强迫症状因子、人际关系敏感因子、忧郁因子、焦虑因子、敌对因子、恐怖因子、偏执因子、精神病性因子、其他。每个项目采取五级评分。“A”表示“没有”，“B”表示“较轻”，“C”表示“中等”，“D”表示“较重”，“E”表示“严重”。分数越高表示症状越严重。

问卷项目

［选项］没有选 A；较轻选 B；中等选 C；较重选 D；严重选 E。

（1）头痛	A B C D E
（2）神经过敏，心中不踏实	A B C D E
（3）头脑中有不必要的想法或字句盘旋	A B C D E
（4）头昏或昏倒	A B C D E
（5）对异性的兴趣减退	A B C D E
（6）对旁人求全责备	A B C D E
（7）感到别人能控制您的思想	A B C D E
（8）责怪别人制造麻烦	A B C D E
（9）健忘	A B C D E
（10）担心自己衣饰的整齐及仪态的端正	A B C D E
（11）容易烦恼和激动	A B C D E
（12）胸痛	A B C D E
（13）害怕空旷的场所或街道	A B C D E
（14）感到自己的精力下降，活动减慢	A B C D E
（15）想结束自己的生命	A B C D E
（16）听到旁人听不到的声音	A B C D E
（17）发抖	A B C D E
（18）感到大多数人都不可信任	A B C D E
（19）胃口不好	A B C D E
（20）容易哭泣	A B C D E
（21）同异性相处时感到害羞不自在	A B C D E
（22）感到受骗、中了圈套或有人想抓住自己	A B C D E
（23）无缘无故地突然感到害怕	A B C D E
（24）自己不能控制地大发脾气	A B C D E

(25) 怕单独出门 A B C D E
(26) 经常责怪自己 A B C D E
(27) 腰痛 A B C D E
(28) 感到难以完成任务 A B C D E
(29) 感到孤独 A B C D E
(30) 感到苦闷 A B C D E
(31) 过分担忧 A B C D E
(32) 对事物不感兴趣 A B C D E
(33) 感到害怕 A B C D E
(34) 您的感情容易受到伤害 A B C D E
(35) 旁人能知道您的私下想法 A B C D E
(36) 感到别人不理解您、不同情您 A B C D E
(37) 感到人们对您不友好、不喜欢您 A B C D E
(38) 做事必须做得很慢以保证做得正确 A B C D E
(39) 心跳得很厉害 A B C D E
(40) 恶心或胃部不舒服 A B C D E
(41) 感到比不上他人 A B C D E
(42) 肌肉酸痛 A B C D E
(43) 感到有人在监视您、谈论您 A B C D E
(44) 难以入睡 A B C D E
(45) 做事必须反复检查 A B C D E
(46) 难以作出决定 A B C D E
(47) 怕乘电车、公共汽车、地铁或火车 A B C D E
(48) 呼吸有困难 A B C D E
(49) 一阵阵发冷或发热 A B C D E
(50) 因为感到害怕而避开某些东西、场合或活动 A B C D E
(51) 脑子变空了 A B C D E
(52) 身体发麻或刺痛 A B C D E
(53) 喉咙有梗塞感 A B C D E
(54) 感到没有前途、没有希望 A B C D E
(55) 不能集中精神 A B C D E
(56) 感到身体的某一部分软弱无力 A B C D E
(57) 感到紧张或容易紧张 A B C D E
(58) 感到手或脚发硬 A B C D E
(59) 想到死亡的事 A B C D E
(60) 吃得太多 A B C D E
(61) 当别人看着您或谈论您时感到不自在 A B C D E
(62) 有一些不属于您自己的想法 A B C D E
(63) 有想打人或伤害他人的冲动 A B C D E
(64) 醒得太早 A B C D E
(65) 必须反复洗手、点数目或触摸某些东西 A B C D E
(66) 睡得不稳不深 A B C D E
(67) 有想摔坏或破坏东西的冲动 A B C D E
(68) 有一些别人没有的想法或念头 A B C D E
(69) 感到对别人神经过敏 A B C D E
(70) 在商店或电影院等人多的地方感到不自在 A B C D E
(71) 感到做任何事情都很困难 A B C D E
(72) 一阵阵恐惧或惊恐 A B C D E

(73) 感到在公共场合吃东西很不舒服　A B C D E
(74) 经常与人争论　A B C D E
(75) 单独一人时神经很紧张　A B C D E
(76) 认为别人对您的成绩没有作出恰当的评价　A B C D E
(77) 即使和别人在一起也感到孤单　A B C D E
(78) 感到坐立不安、心神不定　A B C D E
(79) 感到自己没有什么价值　A B C D E
(80) 感到熟悉的东西变得陌生或不像是真的　A B C D E
(81) 大叫或摔东西　A B C D E
(82) 害怕会在公共场合昏倒　A B C D E
(83) 感到别人想占您的便宜　A B C D E
(84) 为一些有关"性"的想法而很苦恼　A B C D E
(85) 您认为应该因为自己的过错而受到惩罚　A B C D E
(86) 感到要赶快把事情做完　A B C D E
(87) 感到自己的身体有严重问题　A B C D E
(88) 从未感到和其他人很亲近　A B C D E
(89) 感到自己有罪　A B C D E
(90) 感到自己的脑子有毛病　A B C D E

2) 评分方法

若选 A 计 1 分，选 B 计 2 分，选 C 计 3 分，选 D 计 4 分，选 E 计 5 分。

将因子 F1（躯体化因子，包括 1、4、12、27、40、42、48、49、52、53、58），F2（强迫症状因子，包括 3、9、10、28、38、45、46、51、55、65），F3（人际关系敏感因子，包括 6、21、34、36、37、41、46、69、73），F4（忧郁因子，包括 5、14、15、20、22、26、29、30、31、32、54、71、79），F5（焦虑因子，包括 2、17、23、33、39、57、72、78、80、86），F6（敌对因子，包括 11、24、63、67、74、81），F7（恐怖因子，包括 13、27、47、50、70、75、82），F8（偏执因子，包括 8、18、43、68、76、83），F9（精神病性因子，包括 7、16、35、62、77、84、85、87、88、90），F10（其他，包括 44、64、66）各自所包含的项目得分分别累计相加，即可得到各因子的累计得分；将各因子的累计得分除以相应的项目数，即可得到各因子的因子分数——T 分数。如果将各个因子分数相加，即可得到总因子分数。此外，若将整个问卷的总项目数减去选 A（代表"没有"）的答案分数，还可得到反映症状广度的阳性项目数。

SCL－90 测查结果可从许多角度作出解释。既可从整个量表（90 个题目）中的阳性症状广度和总因子分数出发来宏观评定被试者心理障碍的大体情况，又可从统计原理出发，对被试者的某一因子得分偏离常模团体均数的程度加以评价。

SCL－90 在国内已有 18～29 岁的全国性常模。该常模给出了各种因子的平均数：X 和标准差 SD。一般而言，如果某因子分数偏离常模团体平均数达到两个标准差（SD）时，既可认为是异常。在对大学生进行心理健康测评和心理咨询过程中，比较粗略、简便、直观的判断方法是看因子分数是否超过 3 分（1～5 评分制），若超过 3 分，即表明该因子的症状已达到中等以上的严重程度。在 0～4 评分制中，若超过 2 分，即表明该因子的症状达到中等以上的严重程度。此时，应对受测大学生采取必要的心理治疗措施。

（三）健康的自我评价

1. 年龄

每年得 1 分，如果你 60 岁就得 60 分。

2. 体重

正常体重值等于自己身高减去 100 厘米，超过标准每千克减 5 分，低于标准每千克加 5 分。如你的身高 170 厘米，体重 75 千克，就得负 25 分。

3. 吸烟

不吸烟者得 30 分，每天吸 1 支烟减 1 分。假如你每天吸一盒烟，就得从总分中减 20 分。

4. 耐力

如果你每天从事耐力性有氧代谢体育活动（健身走、跑、游泳、骑自行车、韵律健美操、跳舞等）得 30 分。如每周参加 4 次活动，加上 15 分。倘若根本不从事任何耐力性练习，就得负 10 分。假若很少从事任何体育活动或体力劳动，就从总分中减20分。

5. 安静时脉搏

每分钟低于90次，每少搏1次得1分。例如每分钟脉搏为76次，即得14分。

6. 运动后脉搏

慢跑2分钟后，休息4分钟。假如脉搏率恢复到安静时水平，得30分，如果比安静时多10次，得20分，多15次得10分，多20次得0分。

通过以上检测，如果总分达不到20分，表明健康状况值得重视，必须求医诊治；假如总分在21～60分，要注意减去多余脂肪，限吸烟，增加运动量或体力活动量；总分在60～100分，说明健康状况较好，可以更多地从事一些体育运动；若超过100分，这说明健康状况相当良好。

三、影响健康的因素

人体的健康受多种因素的影响，这些因素相互渗透、互相制约、互相作用。这些因素归纳起来，主要有先天因素和后天因素两方面。

（一）先天因素

影响人体健康的先天因素是遗传。遗传是指自然界多种生物通过一定的生殖方式，将遗传物质从上代传给下代的一种生物现象。遗传学告诉我们，生殖细胞中染色体和排列其上的脱氧核糖核酸（DNA）携带有遗传信息。遗传信息可以把上代的特征（如肤色、身高、相貌等）传给下一代。当携带的遗传信息基因或染色体异常时，就会引起遗传性疾病。现在已发现有5 000多种疾病与遗传有关，如色盲、唇裂、血友病、糖尿病等。

（二）后天因素

影响人体健康的后天因素很多，但主要有以下六种。

1. 生活方式

良好的生活方式是健康人体与延年益寿的保证；不良的生活方式会导致各种疾病，严重地损害人体的健康与寿命。如经常暴饮暴食、营养不合理，容易造成营养过剩导致肥胖，使血液中胆固醇含量过高，诱发心脑血管疾病和糖尿病；经常抽烟、酗酒，甚至吸毒，就会严重损害神经系统的正常功能；陶醉于色情场所或打牌赌博寻求刺激，就会损害人的身心健康；若养成纵欲行为，甚至嫖娼、卖淫，就会染上各种性病，并败坏人格和社会精神文明。

2. 环境因素

环境因素包括自然因素和社会因素。

自然环境又称物质环境，是指围绕人类周围的空间客观物质世界，如水、空气、土壤及其他生物等。良好的自然环境与人体保持着一种平衡关系，对人体健康有促进作用。但是近年来随着人们对经济利益的过分追求，导致了自然环境的污染和恶化，如森林滥砍滥伐、植被面积大幅度减少、工厂废气、汽车尾气、噪音等，对人体的健康有损害作用。

社会环境又称非物质环境，是指人类在生产、生活和社交往活动中相互间形成的生产关系、阶级关系和社会关系等。在社会环境中有诸多的因素与人类健康有关，如社会制度、经济状况、人口状况、文化教育水平、安定的社会、良好的教育、发达的科学技术等，无疑对健康起到了良好的促进作用。反之，则可能会影响健康。

3. 心理因素

人的心理活动对人体健康的影响已越来越引起人们的重视。人的心理活动是客观存在的，是人的大脑对社会客观现实的反映。积极的情绪对健康有良好的促进作用，大脑功能得以改善，增强机体免疫功能，提高机体防病治病的能力，使人感到精力充沛。而消极的情绪则与疾病的发生和发展有密切关系。常常处于闷闷不乐、忧虑、紧张压抑的精神状态，会导致躯体生命系统整体功能的失调而引起各种疾病损害健康。

4. 营养因素

营养与健康有着密切的关系。一方面合理的营养是正常生长发育的基础，也是增进健康、防治疾病的有效手段之一；另一方面由于营养摄入不足或不全面，会导致各种营养缺乏病，如缺铁性贫血、维生素A或维生素B缺乏症等。如果营养摄入量过度或失调又会导致“现代文明病”，如心血管疾病、糖尿病、肥胖症等。因此我们必须重视科学而合理营养，使日常饮食尽量符合营养科学、合理的要求，保证身体健康的需要。

5. 运动因素

现代科学研究证明，人体通过运动可使形态和机能产生一系列的适应性变化。在联合国教科文组织颁布的《体育运动国际宪章》中也明确说明：体育是提高生活质量的手段，能培养人类的价值观念。适宜的体育活动对人类的健康始终起着独特的作用：促进生长发育，提高免疫功能，改善神经系统的均衡性和灵活性，使心防功能得到增强，预防和推迟病变，增进健康，延缓衰老。

6. 健康意识因素

健康意识是指人们在生活、工作、学习等活动的过程中，对健康及其重要性的认识，以及由此产生的思想理念和心理活动的综合体现。

现在大部分人对健康的理解存在误区，对自身的亚健康状态认识不足。多数人只有在身体表现出明显的病态以后，才会意识到健康出现了问题。帮助人们建立正确的健康观念，提高人们的主观认知，对健康会产生积极的、良好的影响。

四、亚健康

亚健康也称中介状态、病前状态、亚疾病状态、半健康状态、灰色状态、临床前态等，世界卫生组织称其为“第三状态”，我国学者将其称为“亚健康状态”。

（一）亚健康的概念

亚健康又称第三状态，是机体介于健康与疾病之间的一种生理功能低下的一种特殊状态，此刻机体尚无器质性病变，但体力降低，反应能力下降，适应能力减退，精神状态欠佳和人体免疫能力低下，已有程度不同的各种患病的危险因素，具有发生某种疾病的高危倾向。

（二）亚健康的表现

由于人们年龄、健康状态、适应能力、免疫力、生活环境、遗传因素等方面的不同，亚健康的表现形式也错综复杂。一般来讲，亚健康有如下的具体表现：

（1）身体疲劳乏力、易累、肌无力，体力活动后全身不适、体力难以恢复。

（2）体质虚弱、免疫功能低下，易患感冒、咽喉不适、口腔黏膜溃疡等。

（3）胃肠机能紊乱、食欲不振。

（4）关节痛、肌痛、头痛、淋巴结肿痛、胸闷、心悸、气短。

（5）失眠或嗜睡。

（6）健忘、头脑不清醒、记忆力下降。

（7）精神不振、情绪低落，对事物缺乏兴趣、抑郁寡欢、常常感到孤独无助。

（8）烦躁、情绪不稳定、紧张、易怒、焦虑等。

（9）对环境适应能力和反应能力减退、人际关系不协调、家庭关系不和谐。

（10）眼睛易疲劳、视力模糊。

（三）导致亚健康形成的因素

亚健康是由于社会、心理、生物、环境和不良生活方式等不良因素作用机体，使人体的神经、免疫、细胞因子、内分泌网络系统的功能紊乱，致使机体整体功能失调的一种状态。

1. 过度紧张和压力

这种压力包括身体和心理方面的压力。身体上的压力主要表现为长期超负荷劳累、持续不断的工作学习，睡眠不足，使疲劳得不到及时消除而导致过劳；心理上表现为压力过大，激烈竞争使人精神高度紧张，精疲力竭。从而出现心身过度劳累。研究表明，长期的紧张和压力对健康的危害是：引发急慢性应激直接损害心血管和胃肠系统，造成应激性溃疡和血压升高，引发心血管疾病；造成脑应激疲劳和认知功能下降；破坏生物钟，影响睡眠；免疫功能下降，导致感染疾病机会的增加。

2. 人际关系紧张

社会生活的日益复杂性化和多变化，使人与人之间的情感日益淡漠，情感交流日益缺乏，交往趋于表面化、形式化和物质化，情感受挫的机会增多，对情感生活的信心下降，孤独成了人们在情感方面的突出体验。缺乏亲密的社会关系和友谊，使人们表现出无聊、无助和烦恼。大量证据表明，缺乏社会支持是导致心理和躯体障碍的一个重要因素。

3. 不良生活方式

现代人疲于奔波、应酬、劳逸过度、睡眠失调、生活不规律；吸烟、酗酒，以及其他不良嗜好；高热量、高脂肪及不均衡膳食结构和不良饮食习惯；体力活动特别是运动不足是造成亚健康的主要原因。

4. 环境污染

生活中由于环境污染导致亚健康的情况日益增多。如水质污染、食品污染、空气污染、噪声污染、微波污染及其他化学、物理因素污染等，这些污染都是健康的隐形杀手。此外，环境污染严重，生存空间过于狭小，可使空气中负氧离子浓度降低。长期处于这种环境中，人体血液中氧浓度和组织细胞对氧的利用率都会降低，进而影响组织细胞的正常生理功能，从而使人感到心情郁闷、烦躁。

（四）亚健康状态的预防与消除

当我们的身心处于亚健康状态时，如果不予关注，不采取有效的措施加以防范、改善，时间长了就会引起内分泌紊乱、神经系统功能失调、免疫功能下降，导致多种疾病。坚持自我保健为主、养成积极的生活方式是预防和消除亚健康状态的关键。

1. 均衡的营养

通过均衡营养保障合理的食物摄入量，保持能量消耗和摄入之间的平衡；食物来源要多样，不要暴饮暴食或偏食。暴饮暴食可能会造成消化器官病变，偏食会因为缺乏某种营养物质而导致亚健康状态。

2. 调整并保持乐观的心态

广泛的兴趣爱好，会使人受益无穷，不仅可以修身养性，而且能够辅助治疗一些心理疾病。每个人都不会一帆风顺地度过人生的旅程，有成功和欢乐，亦有失败和痛苦，要理性看待压力，要把压力看作生活不可分割的一部分，要学会适度减压，以保持健康、良好的心境。

3. 生活规律，保证充足睡眠

适度劳逸是健康之母，人体生物钟正常运转是健康的保证，而生活不规律是导致免疫功能下降和早衰的重要原因。

4. 坚持适量的体育锻炼

现代人热衷于都市生活，忙于事业，锻炼身体的时间越来越少。加强身体活动，每天保证一定运动量可以提高人体对疾病的抵抗能力，促进新陈代谢，增强体质。另外还可以锻炼人的意志，增强心理坚强性和自信心，对消除疲劳、摆脱烦恼都有良好作用。

5. 戒烟限酒

医学证明，吸烟、酗酒对人体健康有百害而无一利，必须严格限制。

第二节　体育锻炼与健康促进

一、体育锻炼的生理学基础

生理学主要研究人体的器官和系统的机能，在体育领域内，生理学主要探索和研究体育运动对人体机能的作用、机制和规律。

（一）生物体的新陈代谢

新陈代谢是生物体在不断与周围环境进行物质和能量交换中实现自我更新的过程。它是生命活动的基本特征。机体各种生理活动都是以新陈代谢为基础才得以进行的。新陈代谢包括同化作用和异化作用两个互相联系、互相制约的过程。同化作用是人体不断从外界环境中摄取营养物质，并在体内经过一系列的转化，合成为人体新的组成成分，或转化为能源物质储存于体内。与此同时，异化作用也在进行，即人体本身原有的组成成分不断分解，能源物质不断消耗，放出能量供人体使用。在自然界中，一切生物的生命现象都可以看成是一个吸收能量和释放能量的过程。

（二）身体运动时能量供应

1. 能量消耗与能量平衡

健康的人体每日消耗的能量由两部分组成，即维持基础代谢所需要的能量与维持日常生活活动所需要的能量，这些能量来源于体内能源物质的分解代谢。只有能源物质分解时所释放出来的能量与消耗量达到平衡时，人体才能保持正常的生活活动。运动时，人体消耗的能量急剧增加，其增加程度与运动方式、运动强度及运动的持续时间有关系。剧烈运动时，能量消耗可以达到安静时的10～12倍。

2. 运动时能量供应

肌肉收缩时能量的直接来源是三磷酸腺苷（ATP）的分解，最终来源是糖和脂肪的氧化分解。肌肉活动时，肌肉中的三磷酸腺苷在酸的催化下，首先迅速分解为二磷酸腺苷（ADP）和无机磷酸，同时释放能量（每分子ATP分解为ADP时，可释放50.24千焦的热能），这些能量就是肌肉收缩唯一的直接能量。但是肌肉中ATP的储备量很少，所以必须边分解边再合成才能使肌肉活动得以持久。因为当肌肉中存在着ADP时，肌肉中的另一种高能磷化合物磷酸肌酸（CP）立刻分解为磷酸和肌酸，放出的能量（每分子CP分解为磷酸和肌酸时，可释放50.24千焦的热能）供给ADP再合成ATP。但肌肉中的磷酸肌酸的含量也是很有限的，也必须不断地再合成。磷酸肌酸再合成所需的能量，来自糖的氧化分解。根据当时机体氧供应的情况，糖的氧化分解有两种方式，一种方式是当氧供应充足时，糖（脂肪）有氧氧化，另一种方式为当氧供应不足时，糖无氧酵解成乳酸。乳酸最后在氧供应充足时，一部分继续氧化放出能量，使其剩余部分再合成为肝糖原。所以，严格说来，肌肉收缩能量的最终来源是物质（糖、脂肪）的有氧氧化。为了保证运动时的能量供应，人体必须通过调节膳食来保证身体运动的营养供应。

二、体育锻炼对生理功能的影响

人体是由神经系统、循环系统、呼吸系统、运动系统、消化系统、排泄系统、内分泌系统和感觉器官等组成。体育活动亦是人体各器官系统协调配合所完成的，同时，体育锻炼又可以对各器官系统的活动产生良好影响。

（一）体育锻炼对运动系统的影响

1. 体育锻炼对骨的良好影响

人体长期从事体育锻炼，通过改善骨的血液循环，加强骨的机关报陈代谢，使骨径增粗，肌质增厚，骨质的排列规则、整齐，并随着骨形态结构的良好变化，骨的抗折、抗弯、抗压缩等方面的能力有较大提高。

2. 体育锻炼对关节的影响

体育锻炼可以增加关节面软骨和骨密度的厚度，并可使关节周围的肌肉发达、力量增强、关节囊和韧带增厚，因而可使关节的稳固性加强。

3. 体育锻炼对肌肉的影响

体育锻炼可以从三个方面对肌肉产生影响：肌肉体积增加、肌肉力量增加和肌肉弹性增加。

（二）体育锻炼对心血管系统的影响

1. 窦性心动徐缓

体育锻炼，特别是长时间小强度体育活动可使人体安静时心率减慢，这种现象称为窦性心动徐缓。窦性心动徐缓现象被认为是机体对体育锻炼的适应性瓜赆率的下降可使心脏有更长的休息期，以减少心肌疲劳。

2. 每搏输出量增加

经常参加体育锻炼的人或运动员无论安静或是运动状态下，每搏输出量均比一般人高。特别是在运动状态下，每搏输出量的增加就更为明显，这种变化使人体在体育锻炼时有较大的心输出量，以满足机体代谢的需要。

（三）体育锻炼对血液循环的影响

1. 血液的组成

血液是存在于心血管系统内的流动组织，它包括细胞和液体两部分。细胞部分是指血液的有形成份，总称为血细胞。液体部分称为血浆。人体内的血液总量占体重的7%～8%，在正常情况下，每千克体重的血量，男性多于女性，幼儿多于成年人。

（1）血浆。血浆是血液的液体成分，占全血窖的50%～60%，血浆中除含水分外，还有各种血浆蛋白、无机盐、葡萄糖、激素等物质。血浆具有维持渗透压、保持正常血液酸碱度、防御和体液调节等多种功能。

（2）血细胞。血细胞分为红细胞、白细胞和血小板。

① 红细胞。又称红血球，是血细胞中数量最多的一种。正常成年男子的红细胞数量为450万～550万个/立方厘米，平均为500万个；成年女子为380万～460万个/立方厘米，平均为420万个。红细胞的主要功能为运输氧气和二氧化碳、缓冲血液酸碱度的变化。红细胞中含有一种重要的蛋白质为血红蛋白，红细胞的主要功能是由血红蛋白完成的。正常成年男子每100毫升血液中含血红蛋白12～15克，女子为11～14克，血红蛋白与红细胞数量有密切关系。红细胞或血红蛋白数量低于正常值称为贫血。

② 白细胞。白细胞无色，体积比红细胞大。正常人安静时血液中的白细胞数量为每立方厘米5 000～9 000个，其生理变动范围较大，进食后、炎症、月经期等都可引起白细胞数量的变化。白细胞的主要功能为防御病菌、免疫和清除坏死组织等。

③ 血小板。血小板无核，又称血栓细胞。正常人的血小板含量为10万～30万个/立方厘米，血小板数量也随不同的机能状态有较大的变化。血小板的主要机能包括促进止血作用和加速凝血两个方面，同时还有营养和支持作用。

2. 体育锻炼对血液系统的良好影响

（1）体育锻炼对红细胞数量的影响。体育锻炼对红细胞数量可产生良好的作用，主要表现在可使红细胞偏低的人红细胞含量增加。

（2）体育锻炼对白细胞数量和免疫机能的影响。体育锻炼是否能提高机体的抗疾病能力主要与白细胞数量及免疫蛋白含量有关。

（四）体育锻炼对呼吸系统的影响

1. 肺活量增加

肺活量是青少年儿童生长发育和健康水平的重要指标。经常参加体育锻炼，特别是做一些伸展护胸运动，可使呼吸肌力量增强，胸廓扩大，有利于肺组织的生长发育和肺的扩张，使肺活量增加。另外，体育锻炼时，经常性的深呼吸运动，也可促进肺活量的增长。大量实验证实，经常参加体育锻炼的人，肺活量值高于一般人。

2. 肺通气量增加

体育锻炼由于加强了呼吸力量，可使呼吸深度增加，以有效地增加肺的通气效率，因为在体育锻炼时如果过快地增加呼吸频率，会使气体往返于呼吸道，使进入肺内的气体量反而减少。适当地增加呼吸频率，从而使运动时的肺通气量大大增加。研究表明，一般人在运动时肺通气量能增加到60升/分钟左右，有体育锻炼习惯的人运动时肺通气量可达100升/分钟以上。

3. 氧利用能力增加

体育锻炼不仅可以提高肺的通气能力，更重要的是可以提高机体利用氧的能力。一般人在进行体育活动时只能利用其氧最大摄入量的60%左右，而经过体育锻炼后可以使这种能力大大提高，体育活动时，即使氧气的需要量增加，也能满足机体的需要，而不致使机体过分缺氧。

三、体育锻炼

（一）体育锻炼的概述

1. 体育锻炼的概念、内容和作用

体育锻炼是人们运用各种身体练习的方法，并结合自然力和卫生因素，以发展身体、增进健康、增强体质、调节精神和丰富文化生活为目的的身体活动。

2. 体育锻炼的基本原则

体育锻炼要取得良好的效果，做到主客观统一，必须遵循以下原则。

（1）循序渐进、个别对待、系统练习和全面发展的原则。循序渐进是指学习运动技术时由易到难，运动强度和运动量由小到大逐渐增加；个别对待就是根据参加锻炼者的健康状况和机能水平来确定运动量和方法；系统练习是指参加锻炼要有计划、有步骤地进行；全面发展是指体育锻炼要从各个方面入手，使每个部位都得到锻炼。

（2）经常锻炼、持之以恒原则。体育锻炼的效果是通过逐步积累而获得的。因此，每个人都要有锻炼计划，根据锻炼计划进行锻炼，做到持之以恒地锻炼才能得到锻炼的效果。

（3）锻炼科学性原则。运动量和运动时间要适当，运动与休息适当交替，避免运动过度，以防造成运动损伤，从而达到健身的目的。

（4）兴趣培养，习惯锻炼的原则。对体育锻炼有兴趣，才会积极地参加体育锻炼，养成锻炼的习惯，才能获得良好的锻炼效果。

（二）运动处方

1. 运动处方的概念

运动处方的概念最早是美国生理学家卡波维奇在20世纪50年代提出的。是指康复医师或体疗师，对从事体育锻炼者或病人，根据医学检查资料（包括运动试验和体力测验），按其健康、体力以及心血管功能状况，用处方的形式规定运动种类、运动强度、运动时间及运动频率，提出运动中的注意事项。

2. 运动处方的内容

运动处方的内容应包括运动种类、运动强度、运动时间、运动频率、运动进度及注意事项等。

运动处方的运动种类可分为三类，即耐力性（有氧）运动、力量性运动及伸展运动和健身操。

（1）耐力性（有氧）运动 。耐力性（有氧）运动是运动处方中最主要和最基本的运动手段。在治疗性运动处方和预防性运动处方中，主要用于心血管、呼吸、内分泌等系统的慢性疾病的康复和预防，以改善和提高心血管、呼吸、内分泌等系统的功能。在健身、健美运动处方中，耐力性（有氧）运动是保持全面身心健康、保持理想体重的有效运动方式。

有氧运动的项目有：步行、慢跑、走跑交替、上下楼梯、游泳、自行车、功率自行车、步行车、跑台、跳绳、划船、滑水、滑雪、球类运动等。

（2）力量性运动。力量性运动在运动处方中，主要用于运动系统、神经系统等肌肉、神经麻痹或关节功能障碍的患者，以恢复肌肉力量和肢体活动功能为主。在矫正畸形和预防肌力平衡被破坏所致的慢性疾患的康复中，通过有选择地增强肌肉力量，调整肌力平衡，从而改善躯干和肢体的形态和功能。

力量性运动根据其特点可分为：电刺激疗法（通过电刺激，增强肌力，改善肌肉的神经控制）、被动运动、助力运动、免负荷运动（即在减除肢体重力负荷的情况下进行主动运动，如在水中运动）、主动运动、抗阻运动等。抗阻运动包括：等张练习、等长练习、等动练习和短促最大练习（即等长练习与等张练习结合的训练方法）等。

（3）伸展运动和健身操。伸展运动及健身操较广泛地应用在治疗、预防和健身、健美各类运动处方中，主要的作用有放松精神、消除疲劳，改善体型，防治高血压、神经衰弱等疾病。

伸展运动及健身操的项目主要有：太极拳、保健气功、五禽戏、广播体操、医疗体操、矫正体操等。

3. 运动处方的运动强度

（1）耐力性（有氧）运动的运动强度。运动强度是运动处方的核心及设计运动处方中最困难的部分，需要有适当的监测来确定运动强度是否适宜。运动强度是指单位时间内的运动量，即：运动强度＝运动量/运动时间。而运动量是运动强度和运动时间的乘积，即：运动量＝运动强度×运动时间。运动强度可根据最大吸氧量的百分数、代谢当量、心率、自觉疲劳程度等来确定。

① 最大吸氧量的百分数在运动处方中常用最大吸氧量的百分数来表示运动强度，50%～70% VO_2max 的运动是有危险的。

② 代谢当量是指运动时代谢率对安静时代谢率的倍数。1MET是指每kg体重，从事1min活动消耗3.5mL的氧，其活动强度称为1MET［MET＝3.5mL/（kg·min）］。1MET的活动强度相当于健康成人坐位安静代谢的水平。任何人从事任何强度的活动时，都可测出其吸氧量，从而计算出MWN数，用于表示其运动强度。在制定运动处方时，如已测出某人的适宜运动强度相当于多少MET，即可找出相同MET的活动项目，写入运动处方。

③ 心率除去环境、心理刺激、疾病等因素，心率与运动强度之间存在着线性关系。在运动处方实践中，一般来说达最大运动强度时的心率称为最大心率，达最大功能的60%～70%时的心率称为“靶心率”或称为“运动中的适宜心率”，日本称为“目标心率”，是指能获得最佳效果并能确保安全的运动心率。为精确地确定各个病人的适宜心率，须做运动负荷试验，测定运动中可以达到的最大心率或做症状限制性运动试验以确定最大心率，该心率的70%～85%为运动的适宜心率。用靶心率控制运动强度是简便易行的主法，具体推算的方法有：

A. 公式推算法。以最大心率的65% ~85%为靶心率，即：靶心率 =（220 - 年龄）×65%（或 85%）。年龄在50岁以上，有慢性病史的，可用：靶心率 = 170 - 年龄；经常参加体育锻炼的人可用：靶心率 = 180 - 年龄。

例如，年龄为40岁的健康人，其最大运动心率为：220 - 40 = 180（次·min^{-1}），适宜运动心率为：下限为180×65% = 117（次·min^{-1}），上限为180×85% = 153（次·min^{-1}），即锻炼时心率在117 ~153（次·min^{-1}），表明运动强度适宜。

B. 耗氧量推算法。人体运动时的耗氧量、运动强度及心率有着密切的关系，可用耗氧量推算靶心率，以控制运动强度。大强度运动时相当于最大吸氧量的70% ~80%（即70% ~80% VO_2max），运动时的心率为125 ~165（次·min^{-1}）；中等强度运动相当于最大吸氧量的50% ~60%（即50% ~60% VO_2max），运动时的心率为110 ~135（次·min^{-1}）；小强度运动相当于最大吸氧量的40%以下（即小于40% VO_2max），运动时的心率为100 ~110（次·min^{-1}）。在实践中可采用按年龄预计的适宜心率，结合锻炼者的实践情况来规定适宜的运动强度。

④ 自感用力度是Borg根据运动者自我感觉疲劳程度来衡量相对运动强度的指标，是持续强度运动中体力水平可靠的指标，可用来评定运动强度；在修订运动处方时，可用来调节运动强度。自感用力度分级运动反应与心肺代谢的指标密切相关，如吸氧量、心率、通气量、血乳酸等。

（2）力量性运动的运动强度和运动量。

① 决定力量练习的运动量的因素。

A. 参加运动的肌群的大小：大肌肉群运动的运动量大，小肌肉群运动的运动量小。如肢体远端小关节、单个关节运动的运动量较小；肢体近端大关节，多关节联合运动，躯干运动的运动量较大。

B. 运动的用力程度：负重、抗阻力运动的运动量较大；不负重运动的运动量较小。

C. 运动节奏：自然轻松的运动节奏其运动量较小；过快或过慢的运动节奏运动量较大。

D. 运动的重复次类：重复次数多的运动量大。

E. 运动的姿势、位置：不同的运动姿势，位置对维持姿势和克服重力的要求不同，运动量也不同。

② 力量练习的运动强度运动量：力量练习的运动强度以局部肌肉反应为准，而不是以心率等指标为准。在等张练习或等动练习中，运动量由所抗阻力的大小和运动次数来决定。在等长练习中，运动量由所抗阻力和持续时间来决定。

在增强肌肉力量时，宜逐步增加阻力而不是增加重复次数或持续时间（即大负荷、少重复次数的练习）；在增强肌肉耐力时，宜逐步增加运动次数或持续时间（即中等负荷、多次重复的练习）。在康复体育中，一般较重视发展肌肉力量，而肌肉耐力可在日常生活活动中得到恢复。

（3）伸展运动和健身操的运动强度和运动量。

① 有固定套路的伸展运动和健身操的运动量：有固定套路的伸展运动和健身操，如太极拳、广播操等，其运动量相对固定。如太极拳的运动强度一般在4 ~5MET或相当于40% ~50%的最大吸氧量，运动量较小。增加运动量可通过增加套路的重复次数或动作的幅度、架子的高低等来完成。

② 一般的伸展运动和健身操的运动量可分为大、中、小三种。小运动量是指做四肢个别关节的简单运动、轻松的腹背肌运动等，运动间隙较多，一般为8 ~12节；中等运动量可做数个关节或肢体的联合动作，一般为14 ~20节；大运动量是以四肢及躯干大肌肉群的联合动作为主，可加负荷，有适当的间歇，一般在20节以上。

4. 运动处方的持续时间

（1）耐力性（有氧）运动的运动时间。运动处方中的运动时间是指每次持续运动的时间。每次运动的持续时间为15 ~60分钟，一般须持续20 ~40分钟；其中达到适宜心率的时间须在15分钟以上。在计算间歇性运动的持续时间时，应扣除间歇时间。间歇运动的运动密度应视体力而定，体力差者运动密度应低；体力好者运动密度可较高。

运动量由运动强度和运动时间来决定（运动量 = 运动强度×运动时间），在总运动量确定时，运动强度较小则运动时间较长。前者适宜于年轻及体力较好者，后者适宜于老年及体力较弱者。年轻及体力较好者可由较高的运动强度开始锻炼，老年及体力较弱者由低的运动强度开始锻炼。运动量由小到大，增加运动量时，先延长运动时间，再提高运动强度。

（2）力量性运动的运动时间。力量性运动的运动时间主要是指每个练习动作的持续时间。如等长练习中肌肉收缩的维持时间一般认为6s以上较好。最大练习是负重伸膝后再维持5 ~10s。在动力性练习中，完成一次练习所用时间实际上代表动作的速度。

(3) 伸展运动和健身操的运动时间。成套的伸展运动和健身操的运动时间一般较固定，而不成套的伸展运动和健身操的运动时间有较大差异。例如，24 式太极拳的运动时间约为 4 分钟；42 式太极拳的运动时间约为 6 分钟；伸展运动或健身操的总运动时间由一套或一段伸展运动或健身操的运动时间、伸展运动或健身操的套数或节数来决定。

5. 运动处方的运动频率

(1) 耐力性（有氧）运动的运动频率。在运动处方中，运动频率常用每周的锻炼次数来表示。运动频率取决于运动强度和每次运动持续的时间。一般认为：每周锻炼 3 ~ 4 次，即隔一天锻炼一次，这种锻炼的效率最高。最低的运动频率为每周锻炼 2 次。运动频率更高时，锻炼的效率增加并不多，而有增加运动损伤的倾向。小运动量的耐力运动可每天进行。

(2) 力量性运动的运动频率。力量练习的频率一般为：每日或隔日练习 1 次。

(3) 伸展运动和健身操的运动频率。伸展运动和健身操的运动频率一般为每日 1 次或每日 2 次。

6. 运动处方的运动进度

一般根据运动处方进行适量运动的人，经过一段时间的运动练习后（6 ~ 8 星期），心肺功能应有所改善。这时，无论在运动强度和运动时间方面均应逐渐加强，所以运动处方应根据个人的进度而修改。在一般情况下，运动训练造成体能上的进展可分为三个阶段：初级阶段、进展阶段和保持阶段。

(1) 初级阶段。指刚刚开始实行定时及有规律的运动的时候。在这个阶段并不适宜进行长时间、多次数和程度大的运动，因为肌肉在未适应运动就接受高度训练很容易造成受伤。所以，对大部分人来说，最适宜采取强度较低、时间较短和次数较少的运动处方。例如，选择以缓步跑作为练习的运动员，应该以每小时 4 千米的速度进行，而时间和次数则因应自己的体能而调节，不过每次的运动时间不应少于 15 分钟。

(2) 进展阶段。指运动员经过初级阶段的运动练习后，心肺功能已有明显的改善，而改善的进度则因人而异。在这个阶段，一般人的运动强度都可以达到最大摄氧量的 40% ~85%，运动时间亦可每 2 ~ 3 周便加长一些。这个阶段是运动员体适能改善的明显期，一般长达 4 ~ 5 个月时间。

(3) 保持阶段 。在训练计划大约进行了 6 个月之后出现。在这个阶段，运动员的心肺功能已达到满意的水平，而他们亦不愿意再增加运动量。运动员只要保持这个阶段的训练，就可以确保体魄强健。这时，运动员亦可以考虑将较为刻板沉闷的运动训练改为一些较高趣味的运动，以避免因沉闷而放弃继续运动。

7. 注意事项

(1) 耐力性（有氧）运动的注意事项。用耐力性（有氧）运动进行康复和治疗的疾病多为心血管、呼吸、代谢、内分泌等系统的慢性疾病，在按运动处方进行锻炼时，要根据各类疾病的病理生理特点、每个参加锻炼者的具体身体状况，提出有针对性的注意事项，以确保运动处方的有效原则和安全原则。一般的注意事项应包括以下几方面：

① 运动的禁忌证或不宜进行运动的指征在耐力性（有氧）运动处方中，应有针对性地提出运动禁忌证。如心脏病人运动的禁忌证有：病情不稳定的心力衰竭和严重的心功能障碍；急性心包炎、心肌炎、心内膜炎；严重的心率失常；不稳定型、剧增型心绞痛，心肌梗塞后不稳定期；严重的高血压；不稳定的血管栓塞性疾病等。

② 在运动中应停止运动的指征在耐力性（有氧）运动处方中，应指出须立即停止运动的指征，如心脏病人在运动中出现以下指征时应停止运动：运动时上下身不适，运动中无力、头晕、气短，运动中或运动后关节疼痛或背痛等。

③ 运动量的监控在耐力性（有氧）运动处方中，须对运动量的监控提出具体的要求，以保证运动处方的有效和安全。

④ 要求做充分的准备活动。

⑤ 明确运动疗法与其他临床治疗的配合，如糖尿病患者的运动疗法须与药物治疗和饮食治疗相结合，以获得最佳的治疗效果。运动的时间应避开降糖药物血浓度达到高峰的时间，在运动前、中或后，可适当增加饮食，以避免出现低血糖等。

(2) 力量性运动的注意事项。

① 力量练习不应引起明显疼痛。

② 力量练习前、后应做充分的准备活动及放松整理活动。

③ 运动时保持正确的身体姿势。

④ 必要时给予保护和帮助。

⑤ 注意肌肉等长收缩引起的血压升高反应及闭气用力时心血管的负荷增加。有轻度高血压、冠心病或其他心血管系统疾病的患者，应慎做力量练习；有较严重的心血管系统疾病的患者忌做力量练习。

⑥ 经常检修器械、设备，确保安全。

（3）伸展运动和健身操的注意事项。

① 应根据动作的难度、幅度等，循序渐进、量力而行。

② 指出某些疾病应慎采用的动作。如高血压病患者、老年人等不做或少做过分用力的动作及幅度较大的弯腰、低头等动作。

③ 运动中注意正确的呼吸方式和节奏。

（三）有氧运动

1. 有氧运动的概念

有氧运动是指人体在整个运动过程中的需氧量与摄氧量基本平衡，运动所需的能量（ATP）均由糖或脂肪的有氧氧化提供，并且可以维持较长时间的运动，叫作有氧代谢运动。有氧代谢运动是以增强人体吸入、输送及利用氧气能力为目的的一种耐力性运动，对心肺功能有良好的锻炼作用。

2. 有氧运动的特点

走、慢跑、跑、骑自行车、爬山、游泳、划船、滑冰、一些球类运动、太极拳等，都是有氧运动。

低强度。强度低的运动，在单位时间内需要的氧气量较少，低于机体的最大吸氧量，运动时可以满足氧气的需要，才能保持能量供应以有氧代谢为主。

长时间、慢速度、长距离。运动时以有氧代谢为主，糖可以充分氧化分解，生成二氧化碳和水，避免了乳酸的堆积，避免肌肉迅速产生疲劳，所以有氧运动可以持续较长的时间，完成较长的距离。

主要项目为周期性运动。如走、慢跑、跑、骑自行车、游泳、划船等，都属于周期性运动。周期性运动在活动时反复重复同样的动作，一般动作简单，技术要求不高，容易掌握，是被广泛采用的有氧运动的锻炼项目。

全身大肌肉群参加活动。上肢、下肢、躯干的主要肌肉同时参与运动。

3. 有氧运动的锻炼价值

运动医学教授、康复科专家曾提出“死神四重奏”的概念，其内容包括高血压、肥胖、脂代谢异常和糖代谢异常；并提出发生的共同原因为缺乏运动，而防治的最好方法就是有氧运动。众所周知的“健康四大基石”的内容之一为适量运动，适量运动项目的最佳选择也是有氧运动。由此可见有氧运动的锻炼价值。

有氧运动可以通过提高心脏的泵血功能提高心脏每搏输出量、改善指代谢、提高胰岛素受体的敏感度、增加能量消耗等达到防治高血压、高血脂、糖尿病、肥胖症（代谢综合征）等，从而达到目前威胁人类生命的心脑血管疾病的预防、治疗和康复的作用。

总之，科学地进行有氧运动的锻炼，对预防“死神四重奏”的发生，预防骨质疏松、延缓衰老、防治亚健康状态、提高生活质量等均起着重要的作用。

第三节 急救与常见运动性疾病、运动损伤的处理

运动损伤的急救是指在运动现场对受伤的人员进行紧急处理，属于损伤过程中一个非常重要的环节。急救处理的正确与否直接关系到患者的生存率与致残率。

一、急救

（一）溺水

溺水是指人体被水淹没时，由于呼吸道被水阻塞或产生喉头痉挛而引起的窒息和缺氧，严重者可因呼吸和心跳停止而死亡。

1. 溺水的原因

一般常见原因有两种：第一种是游泳者初次下水不熟悉水性，比较紧张，慌乱中用鼻子呼吸，呛水而

导致溺水，这种情况最常见。第二种是溺水者会游泳，但是由于抽筋、体力不支或者不了解水情等原因而溺水。

2. 症状

溺水症状与溺水持续时间有关。溺水时间较短者，神志清醒，面色苍白，神情恐惧，皮肤轻度紫绀，心跳及呼吸正常。溺水时间较长者，由于机体严重缺氧，会出现皮肤青紫、全身浮肿、两眼充血、口鼻充满泡沫、四肢冰凉、呼吸心跳停止和昏迷等现象。如果胃内进入大量的水，则表现为上腹膨胀，腹部隆起。

3. 急救

（1）自救。

① 首先应保持镇静，千万不要手脚乱蹬拼命挣扎，节省体力。

② 除呼救外，落水后立即屏住呼吸，踢掉双鞋，然后放松肢体，当感觉开始上浮时，尽可能地保持仰位，使头部后仰，使鼻部可露出水面呼吸，呼吸时尽量用嘴吸气、用鼻呼气，以防呛水。呼气要浅，吸气要深。

③ 当救助者出现时，落水者一定要听从救助者的指挥，让他带着你游上岸。否则不仅自己不能获救，反而连累救助者的性命。

（2）救助溺水者。如果溺水者若离岸边较近，救护人员可用竹竿、绳索、木板等让溺水者抓住拖上岸。若溺水者离岸边较远，会游泳的救护人员应迅速脱掉外衣并跳入水中，快速游到溺水者的背后抓住其头发或衣领，也可从腋下揽住其胸部，采取仰游姿势将其救出水面。注意不要让溺水者抓住。万一被溺水者抓住不放，急救者松开自己的手并与溺水者同时下沉即可摆脱。

把溺水者救上岸后，要立即清除其口鼻中的淤泥、杂草和呕吐物，佩戴假牙的要摘掉假牙，并松解衣领和腰带，使其呼吸道畅通。倒水操作有多种方法：一是急救者将溺水者扛在自己的肩上，急救者抱住其两腿快步走动迫使溺水者吐水。二是急救者一腿跪地，让溺水者趴在自己的膝盖上，使其头部下垂，并压迫背部使之吐水。三是让溺水者趴在地上，急救者用双手抱住溺水者的腹部向上提，使腹部离开地面，并左右摇晃或上下运动使之吐水。小孩溺水的，可直接倒提溺水者的双脚进行倒水。注意给溺水者倒水的时间不宜过长，以免延误急救。进行倒水后，对于呼吸和心跳停止的溺水者，要迅速进行人工呼吸和心脏胸外按压。人工呼吸最常用的方法是口对口呼吸法，对牙关紧闭者，也可以采取口对鼻呼吸法。心肺复苏的急救不能轻易放弃，据报道，有人工呼吸坚持两小时后复苏的病例。如果溺水者昏迷，可刺激人中、合谷、涌泉等急救穴。

（二）中暑

中暑是指人体长时间处于高温环境或受到烈日暴晒所致的机体体温调节障碍，水、电解质代谢紊乱及神经系统功能损害的症状的总称。

1. 中暑的症状

根据临床表现的轻重，中暑可分为先兆中暑、轻症中暑和重症中暑，而它们之间的关系是渐进的。

(1) 先兆中暑症状：高温环境下，出现头痛、头晕、口渴、多汗、四肢无力发酸、注意力不集中、动作不协调等症状。体温正常或略有升高。如及时转移到阴凉通风处，补充水和盐分，短时间内即可恢复。

(2) 重症中暑症状：顾名思义，是中暑中情况最严重的一种，如不及时救治将会危及生命。这类中暑又可分为四种类型：热痉挛、热衰竭、日射病和热射病。

① 热痉挛症状特点：多发生于大量出汗及口渴，饮水多而盐分补充不足致血中氯化钠浓度急速明显降低时。这类中暑发生时肌肉会突然出现阵发性的痉挛的疼痛。

② 热衰竭症状特点：这种中暑常常发生于老年人及一时未能适应高温的人。主要症状为头晕、头痛、心慌、口渴、恶心、呕吐、皮肤湿冷、血压下降、晕厥或神志模糊。此时的体温正常或稍微偏高。

③ 日射病症状特点：这类中暑的原因正像它的名字一样，是因为直接在烈日的曝晒下，强烈的日光穿透头部皮肤及颅骨引起脑细胞受损，进而造成脑组织的充血、水肿；由于受到伤害的主要是头部，所以，最开始出现的不适就是剧烈头痛、恶心呕吐、烦躁不安，继而可出现昏迷及抽搐。

④ 热射病症状特点：还有一部分人在高温环境中从事体力劳动的时间较长，身体产热过多，而散热不足，导致体温急剧升高。发病早期有大量冷汗，继而无汗、呼吸浅快、脉搏细速、躁动不安、神志模糊、血压下降，逐渐向昏迷伴四肢抽搐发展；严重者可产生脑水肿、肺水肿、心力衰竭等。

2. 中暑的抢救

轻度中暑时，应迅速离开热环境，到荫凉处休息，喝些凉开水，吃些人丹、十滴水或藿香正气水，很快就会恢复。对于高热的中暑者，应将其移到荫凉通风的地方，安静仰卧，头部垫高，松解衣服，用扇子扇风，额部做冷敷，用温水（水温可逐渐降低）或50%酒精（白酒也可以）擦身，给饮凉开水、冷茶、淡盐水或西瓜汁等。对伴有肌肉痉挛者，可服大量盐开水，用纱布蘸白酒或醋在抽筋处反复摩擦。对昏迷者，可针刺或用指掐点急救穴位，如人中、内关、涌泉等穴，在积极进行现场抢救的同时还应迅速请医生来处理。

（三）出血的急救

出血是指血液从血管或心脏流至组织间隙、体腔内或体外的现象。成年人血量约占体重的8%，即4～5升，如出血量达到总血量的20%即0.8～1升时，会出现乏力、头晕、口渴、面色苍白、心跳加快、血压下降等全身不适症状。若出血量达到总血量的30%即1.2～1.5升时，可出现休克，甚至危及生命。因此外伤出血是最需要急救的危重症之一。下面介绍几种止血的方法。

1. 加压包扎止血法

该方法针对小的创口出血。需用生理盐水冲洗消毒患部，然后覆盖多层消毒纱布用绷带扎紧包扎。注意：如果患部有较多毛发，在处理时应剪、剃去毛发。

2. 屈肢加垫止血法

当前臂或小腿出血时，可在肘窝、膝窝内放以纱布垫、棉花团或毛巾、衣服等物品，屈曲关节，用三角巾作8字形固定。但骨折或关节脱位者不能使用。

3. 橡皮止血带止血

常用的止血带是三尺左右长的橡皮管。方法是：掌心向上，止血带一端由虎口拿住，一手拉紧，绕肢体2圈，中、食两指将止血带的末端夹住，顺着肢体用力拉下，压住“余头”，以免滑脱。注意：使用止血带要加垫，不要直接扎在皮肤上。每隔45分钟放松止血带2～3分钟，松时慢慢用指压法代替。

4. 指压止血法

用手指把出血部位近端的动脉血管压在骨骼上，使血管闭塞，血流中断而达到止血目的。这是一种快速、有效的首选止血方法。止住血后，应根据具体情况换用其他有效的止血方法，如填塞止血法、止血带止血法等。这种方法仅是一种临时的，用于动脉出血的止血方法，不宜持久采用。下面是根据不同的出血部位采用的不同的指压止血法。

（1）颞动脉止血法：一手固定伤员头部，用另一手拇指垂直压迫耳屏上方凹陷处，可感觉到动脉搏动，其余四指同时托住下颌；本法用于头部发际范围内及前额、颞部的出血。

（2）颌外动脉止血法：一手固定伤员头部，用另一手拇指在下颌角前上方约1.5厘米处，向下颌骨方向垂直压迫，其余四指托住下颌；本法用于颌部及面部的出血。

（3）锁骨下动脉止血法：用拇指在锁骨上窝搏动处向下垂直压迫，其余四指固定肩部。本法用于肩部、眼窝或上肢出血。

（4）肱动脉止血法：一手握住伤员伤肢的腕部，将上肢外展外旋，并屈肘抬高上肢；另一手拇指在上臂肱二头肌内侧沟搏动处，向肱骨方向垂直压迫。本法用于手、前臂及上臂中或远端出血。

（5）股动脉止血法：用两手拇指重叠放在腹股沟韧带中点稍下方、大腿根部搏动处用力垂直向下压迫。本法用于大腿、小腿或足部的出血。

（6）足背动脉与胫后动脉止血法：用两手拇指分别压迫足背中间近脚腕处（足背动脉），以及足跟内侧与内踝之间处（胫后动脉）。本法用于足部出血。

（7）指动脉止血法：用一手拇指与食指分别压迫指根部两侧，用于手指出血。

（四）关节脱位的急救

关节脱位又叫关节脱臼，指直接或间接暴力作用于关节使骨的关节面失去正常的对合关系。骨的关节面失去部分正常的对合关系，称为半脱位。发生关节脱位后，患处肿胀，关节外部变形或出现剧烈疼痛，严重时可伴有血管、神经损伤。在日常生活或劳动、体育运动中，外伤或用力不当可造成关节脱位，以下颌、肩、肘、髋关节较多见。

外伤性关节脱位只有关节囊、韧带和肌腱等软组织撕裂或伴有骨折时方能发生，具有一般损伤的症状和脱位的特殊性表现。

1. 一般症状

（1）疼痛明显，活动患肢时加重。脱位的疼痛只在关节局部，开始时较轻，但在关节活动加强或负重时疼痛加剧，同时还有明显的压痛。

（2）肿胀。由于周围的软组织内血管撕裂出血和软组织损伤后出现炎症反应，在关节脱位后不久即出现显著肿胀。

（3）关节活动功能丧失。由于关节正常结构被破坏，失去了枢纽作用，关节周围软组织的严重损伤、疼痛和肌肉痉挛等使受伤关节失去了正常的活动功能。

2. 特殊表现

（1）关节畸形。关节脱位后，骨端关节面脱离了正常的位置，关节骨性标志的正常关系发生改变，破坏了肢体原来的轴线，与健侧对比不对称，出现畸形。

（2）弹性固定。关节脱位后，未撕裂的肌肉和韧带可将脱位的肢体保持在特殊的位置，被动活动时有一种抵抗和弹性的感觉。

（3）关节盂空虚。最初的关节盂空虚较易被触知，但肿胀严重时则难以触知。

3. 关节脱位的急救治疗

关节脱位的紧急处理与骨折紧急处理基本相同，关键要注意正确的固定，即伤肢固定于脱位所形成的姿势，并尽快把伤员送至医院，争取及早复位。关节脱位的治疗以手法复位为主，时间越早越易复位，效果越好。手法复位的原则是使脱位的关节端按原来脱位的途径退回原位。对脱位患者应避免粗暴动作和反复复位，以免加重损伤；如果对解剖结构不熟悉，不可随意复位，以免引起血管或神经的更大损伤，可局部冷敷以减轻疼痛。复位不成功或无条件复位者，应将脱位的关节用绷带和夹板等固定于脱位所形成的位置，及时送医院处理。复位成功的标志是关节被动活动恢复正常，骨性标志复原，X 光检查显示已复位。复位后将关节固定在稳定的位置上，固定期间要加强功能锻炼。

（五）骨折的急救

由于外力或病理因素使骨的完整性或连续性遭到破坏，称为骨折。因外力作用而发生骨折者，称为外伤性骨折；骨骼本身已有病变（如骨髓炎、骨结核、骨肿瘤等），经轻微外力作用而产生骨折者，称病理性骨折。绝大多数骨折是由外伤（或外力）造成的，但运动中骨折的发病率不是很高，约占整个运动损伤的 1.5%。

1. 骨折的征象

（1）疼痛。发生骨折时，一般疼痛较轻，但随后因骨折断端刺激临近的肌肉、骨膜、神经等组织，疼痛加重。

（2）肿胀及皮下淤血。骨折后局部及其附近软组织的血管破裂，发生局部出血和肿胀；若骨折处出血较多，血液通过撕裂的肌膜和深筋膜渗入皮下，形成青紫淤斑；肿胀较重时，还可出现张力性水泡，儿童皮肤娇嫩，尤为多见。

（3）功能障碍。骨折后伤肢骨骼失去杠杆和支架作用，疼痛较重，肌肉痉挛，软组织破坏，致使伤肢功能障碍或功能丧失。

（4）畸形。完全骨折时，暴力作用和肌肉痉挛常使骨折断端移位，出现成角、侧方、旋转、分离和缩短等移位畸形。

（5）异常活动。骨骼发生完全骨折后，在移动伤肢或动摇伤肢远端时，骨折处可出现异常活动和形态改变，如弯曲、扭转等。异常活动越明显，骨折端的移位程度越大，稳定性越差。

（6）骨擦音。骨折时由于两骨折端相互摩擦而产生的响声，可以听到或感觉到，是完全骨折的特有征象。

（7）压痛和叩痛。骨折部有明显的压痛，或在骨折肢体的末端叩击时在骨折处发生疼痛。

（8）X 光片。骨折的确诊需借助 X 光片。通过 X 光片，可进一步了解骨折的情况。

2. 骨折的急救原则

（1）防治休克。严重骨折或有其他合并症状的伤员，易发生休克，急救时要注意预防休克，早期发现休克要及时处理。

（2）早期临时固定。骨折临时固定非常重要，有止痛和减少骨折周围组织的损伤、预防因疼痛而引起晕厥的作用。疑有骨折的病人，应按骨折处理，尽量避免触动伤肢。如肿胀较重，可剪开衣裤，立即给予固定。固定材料可就地取材，夹板、木板、木棍、竹竿、扁担均可选用。如无恰当的固定物，若为下肢骨折可将伤肢和健肢缠在一起，以健肢支撑固定伤肢，上肢骨折可将伤肢绑缠在躯干上。未经制动固定的伤员，不可任意移动，在没有把握或条件不充分的情况下，应禁止做任何试图复位的动作，以免伤员发生休克和增加伤员的痛苦。

（3）先止血再包扎固定。伴有出血的伤员应先采用适当的止血方法进行止血，并按常规处理伤口后，再进行包扎固定。

（4）夹板不可直接接触皮肤。在夹板的两端、骨突处及空隙处要用棉花或软布填上，避免产生压迫性损伤。

3. 骨折固定的注意事项

（1）遇有呼吸、心跳停止者先行复苏措施，出血休克者先止血，病情有根本好转后再进行固定。

（2）固定时，对骨折后造成的畸形禁止整复，不能把骨折断端送回伤口内，只要适当固定即可。

（3）代用品的夹板要长于两头的关节并一起固定。夹板应光滑，夹板靠皮肤一面最好用软垫垫起并包裹两头。

（4）固定应牢固，不可过松或过紧。

（5）固定四肢时应尽可能暴露伤者的手指（足趾），以观察有无指（趾）尖发紫、肿胀、疼痛、血循环障碍等，如发现指（趾）端苍白、发麻、发凉、疼痛或呈青紫色时，应立即解开夹板，重新固定。

第四节　常见运动性疾病、运动损伤的防治

一、低血糖症

低血糖症是指血液中葡萄糖的浓度过低，出现的低血糖反应的症状。血糖是血液中所含的葡萄糖，它是人体主要能量来源，一般以成人血浆血糖浓度（血浆真糖，葡萄糖氧化酶法测定）<2.8mmol/L，或全血葡萄糖<2.5mmol/L为低血糖。低血糖不是一种独立的疾病，而是一种生化异常的表现。

（一）原因和发病原理

运动性低血糖症的发生主要是由于在长时间、长距离的剧烈运动时，由于体内血糖被大量消耗和减少，大脑皮层调节糖代谢的生理机能紊乱，并引起体内胰岛素分泌增加，因而会导致低血糖症；运动前空腹或饥饿，肝糖原储备不足，再加上运动者肌体机能状况不佳时，不能及时地补充消耗的血糖，在参加剧烈运动和长时间较大负荷的运动，特别如长跑等的过程中或运动后，都可能发生运动性低血糖症；中枢神经系统调节血糖代谢紊乱，引起胰岛素分泌量增加；此外，情绪过于紧张、极度恐惧或身体有病（特别是运动性贫血）也会导致运动性低血糖。

运动性低血糖症，轻度症状表现为感到非常饥饿、极度疲乏、头晕、心悸、面色苍白、出冷汗等；较重者可出现神志不清、语言不清、四肢发抖、躁动不安或精神错乱，甚至惊厥、昏迷、脉快弱、呼吸短促等。

（二）治疗

当发生运动性低血糖时，应将患者平卧，注意保暖，并饮些浓糖水或吃点甜食，一般可缓解。若患者人事不省，可针刺或指掐人中等穴位；对重症或无法口服者用50%葡萄糖液50mL，静脉注射。

（三）预防

为防止发生运动性低血糖，对于患病初愈的人，或者平时体质较弱没有锻炼基础的人，不要突然参加长时间的剧烈运动。特别是在空腹饥饿时，更要注意。剧烈运动前，应该吃些营养均衡的食品；运动过程中，每隔半小时应喝一杯橙汁；运动结束后，则要吃些食品以补充体内的糖分。

二、运动性腹痛

（一）运动性腹痛概述

运动性腹痛指在运动过程中出现的一时性的非疾病机能紊乱，引起肝静脉回流受阻，使肝脾淤血肿胀，呼吸节奏紊乱，胃肠痉挛等从而产生腹痛。包括肝脾区疼痛、呼吸肌痉挛、腹直肌痉挛、胃肠痉挛等，在中长跑、马拉松跑、竞走和自行车等运动项目中发生率较高。

运动性腹痛往往与下列因素有关：缺乏锻炼或训练水平低；长时间不运动后突然间进行剧烈运动，准

备活动不充分等；精神紧张、身体状况不佳、疲劳；运动时，呼吸与运动节奏配合不好，造成呼吸肌活动的紊乱；运动前食量过多或空腹状态下参加剧烈运动等。

（二）运动性腹痛的处理

（1）运动中出现腹痛不应惊慌，应当减速慢跑，加强深呼吸，调整呼吸和运动节奏。

（2）用手按压腹痛部位，或弯腰慢跑一段距离，一般腹痛可以减轻或消失。

（3）疼痛剧烈者，按上述方法不能缓解，可以口服阿托品片 0.3mg，或 654－2 片 10mg，腹痛可以停止。

（4）如无药品或药品无效，还可以针刺足三里、内关、大肠俞等穴位来缓解疼痛。

（5）热敷腹痛部位，或局部给以按摩，用揉、按压、做背伸动作，拉长腹肌。

（6）如腹痛持续或者腹部摸上去呈“木板状”，考虑有腹膜炎体征，应立即送医院检查诊治。

三、运动中的擦伤

擦伤是运动损伤中的一种开放性损伤，是皮肤受到外力摩擦所致，伤后皮肤或黏膜的完整性遭到破坏，受伤组织有裂口与体表相通，常有组织液渗出或有血液自创口流出。

擦伤的处理。创口较浅、面积小的擦伤，可用生理盐水洗净创口，创口周围用 75% 酒精消毒，局部擦以红汞或紫药水，一般无需包扎，让其暴露在空气中待干后即可，也可以覆以无菌纱布。关节附近的擦伤，一般不用暴露疗法，因为干裂易影响关节运动，一旦发生感染，也易波及关节。因此，关节附近的擦伤经消毒处理后，多采用消炎软膏或多种抗菌软膏涂抹，并用无菌敷料覆盖包扎。创口中若有煤渣、细沙、泥土等异物，要用生理盐水冲洗干净，必要时可用已消毒的硬毛刷子将异物刷净，创口可用双氧水、创口周围用 75% 酒精消毒，然后用凡士林纱条覆盖创口并包扎。若创口较深、污染较重时，应注射破伤风抗毒血清，并给以抗生素治疗。

四、关节扭伤

关节扭伤是运动损伤中的一种闭合性损伤，在活动中，由于用力不当或外力作用，会使关节韧带断裂损伤，伤后皮肤或黏膜仍保持完整，受伤组织无裂口与体表相通，损伤时的出血积聚在组织内，称为关节扭伤。

关节扭伤的处理：

（1）运动扭伤之后立即停止运动，坐下或躺下休息，将扭伤部位的衣物或鞋带松解。

（2）用夹板固定受伤部位，或者用布条、绷带包裹、固定伤处。

（3）先冷敷后热敷，用冰水或冰袋冷敷伤处，持续 15～20 分钟，在 24 小时内间隔冷敷 3～5 次；热敷或喷洒药物在受伤 24 小时后进行，可喷洒止痛、活血化瘀的气雾药品或热敷。

（4）睡觉时抬高受伤肢体一周左右，可以减少渗出与出血，缓解肿胀等症状。

五、肌肉拉伤

（一）定义

肌肉拉伤，是肌肉在运动中急剧收缩或过度牵拉引起的损伤。在引体向上和仰卧起坐练习时容易发生。肌肉拉伤后，拉伤部位剧痛，用手可摸到肌肉紧张形成的索条状硬块，触疼明显，局部肿胀或皮下出血，活动明显受到限制。是最常见的运动损伤之一。

（二）处理

运动损伤处理五要点：

1. 冷敷软组织受伤时，用冷水、潮冰或冰袋敷在患处表面

通过冷敷可以起到两方面的效果：其一，可以减轻疼痛，冻僵感觉神经系统而起到抗刺激的作用。冷刺激超过了创伤的疼痛，因此疼痛会得到缓解。其二，可以阻碍局部供应，减少损伤的组织流血，从而使损伤范围不再扩大。

2. 用具有弹性的绷带包扎伤处

包扎时必须均匀，否则会在压缩绷带的边缘形成“袋”形的肿胀。另外，还要经常检查压缩的情况，

以保证血液循环不受影响。当感到刺痛和麻木或皮肤发青等，则证明压缩太紧，应放松，待肤色正常后，再施以较松的压缩。

3. 巧用重力作用

在受伤之后，伤肢会有淤血或肿胀现象，可利用重力作用使伤肢提举到高于心脏的部位来抵挡淤血和肿胀。

4. 休息与适量运动

当损伤产生时应立即休息，并配合进行一些冷敷、压缩等处理，这是保证组织损伤恢复健康所必需的措施。但休息时间不能过长，持久的休息对运动创伤是有害的。所以，应进行一些适量的、有控制的缓和运动，因为有控制的缓和运动，可以引起体内血液再分布，加强伤部供血与代谢，引起细胞通透性增加，使肌肉摄取氨基酸量增加，为肌肉的蛋白质合成预备丰富的原料，在肌肉蛋白质合成超过平时而迅速加强时，起到修复组织的作用。当然，这里适量运动的形式、强度应以损伤的性质而定（一些严重的创伤，如骨折、肌腱断裂、脱臼等除外），最好是在有经验的教练或医疗人员指导和监督下进行。

5. 受伤后，24 ~48 小时内不能实行治疗

受伤部位的毛细血管容易破裂，经按摩，皮下血会增多，易导致损伤范围扩大或加重。但现在有许多专家学者提出，对于较轻的软组织损伤，则通过上述处理后可以进行轻手法按摩。一般情况下，软组织损伤后，交感神经系统兴奋，末梢血管收缩，血流加快，如能在受伤处按摩，可以促进凝血过程。

第五节　体育与人的心理健康

一、心理健康概述

何谓心理健康，怎样才算是心理健康的人，许多学者对此提出了各自的观点。1946 年，第二届国际心理卫生大会将心理健康定义为：“所谓心理健康是指在身体、智能以及情感上与他人的心理健康不相矛盾的范围内，将个人心境发展成最佳的状态。”1948 年，世界卫生组织对心理健康的界定是“生活和工作中的一种安宁平静的稳定状态”。

我国学者屈春芳综合国内外学者的观点提出了 6 条心理健康的必要条件：智力正常；有健康的情绪；心理行为符合年龄发展的阶段；人际关系和谐；有正确的自我意识；有完善的人格。

二、情绪与心理健康

情绪是一种非常重要的心理现象，是人认知和行为的终结，是人格的核心心理特征。情绪是多成分组合、多维度结构、多水平整合，并为有机体生存适应和人际交往而同认知交互作用的活动过程和心理动机力量。情绪反映在生理活动之中，反映在表达方式之中，也反映在个体行为之中；它与认知相伴相生；它跨越文化，跨越人际，将人与人联系起来。一个人的情绪积极与否，直接关系到他的人际关系质量，关系到他的心理和生理健康，关系到他的事业成败和生活幸福。

（一）情绪对心理健康的影响

1. 积极情绪对思维的促进作用

心境可以影响记忆的组织以及对信息的使用，从而影响问题的解决过程。大量研究表明，正性感情促进思维的灵活性。感到愉快的人比一般感受状态的人更能对刺激物做出概念上的联想、发现差异和复杂关系。把情绪引人思维过程可以产生更有灵活性的计划，更有创造性的思维，改变原有的注意方向，并对个体产生动机作用。

2. 积极情绪与健康人格紧密相连

如果青少年有积极的思想，那么他就会体验到积极的情感，进而表现出积极的行为。反之，消极的思想必然带来消极的情绪体验和消极的行为表现。如果思想、情感和行为几方面经常表现出不协调性和非一致性，就会形成不健康或是病态的人格。

总之，积极的情绪不仅可以促进心理健康，也与生理健康紧密相连，良好的情绪能增加机体的抵抗力，起到治疗的作用。

3. 消极情绪对心理健康的危害

消极情绪如冷酷、嫉妒、报复、抑郁等，是构成不良心理品质的成分。它给人们带来很多干扰和困难，给生活蒙上了负性色调。消极情绪对心理健康的危害大致有以下几方面：

（1）影响生活质量，导致精神痛苦。

（2）干扰学习过程，影响才智的发挥。

（3）危害身心健康。现代医学、心理学研究表明，心理因素的致病作用大于生理因素。

三、青年学生常见的心理障碍

在人生道路上，每时每刻都可能遇到各种不良的社会心理因素刺激。研究证明，适量的刺激对于个体的生存和发展是有益的，但过多、过强、过长的心理压力或刺激会影响人的心身健康，如致心因性精神障碍、心身疾病、神经症以及诱发或加剧内因性精神病或躯体疾病。

（一）适应障碍

适应障碍是指由于个体素养或个性的缺陷导致对日常生活中的紧张性刺激不能适当地调试，从而产生较明显的情绪困扰、适应不良行为或生理功能障碍，并造成社会功能（正常工作及人际关系）受损。

适应障碍临床表现：

1. 以情绪障碍为突出表现的适应性障碍

多见于抑郁者，表现为情绪低落、沮丧、失望、对一切失去兴趣，也有以紧张不安、心烦意乱、心悸、呼吸不畅等为主。

2. 以品行障碍为突出表现的适应障碍

多见于青少年，表现为侵犯他人的权利或违反社会道德规范的行为，如逃学、斗殴、破坏公物、说谎、滥用药物、酗酒、吸毒、离家出走、过早开始性行为。

3. 以躯体不适为突出表现的适应障碍

患者可以疼痛（头、腰背或其他部位），胃肠道症状（恶心、呕吐、便秘、腹泻）或其他不适为突出，而检查又未发现躯体有特定的疾病，症状持续不超过半年。

4. 以工作、学习能力下降为突出表现的适应障碍

患者原来工作学习能力良好，但出现工作能力下降、学习困难。

5. 以社会退缩为主的适应障碍

患者以社会性退缩为主，如不愿参加社交活动、不愿上学或上班、常闭门在家，但不伴抑郁或焦虑。

（二）人格障碍

严格意义的人格障碍，是变态心理学范围中一种介乎精神疾病及正常人格之间的行为特征。人格障碍是指人格特征显著偏离正常，使患者形成了特有的行为模式，对环境适应不良，常影响其社会功能，甚至与社会发生冲突，给自己或社会造成恶果。人格障碍常开始于幼年，青年期定型。持续至成年期或者终生。人格障碍的主要类型和特点：

1. 偏执型人格障碍

以猜疑和偏执为主要特点。表现出普遍性猜疑，不信任或者怀疑他人忠诚，过分警惕与防卫；强烈地意识到自己的重要性，有将周围发生的事件解释为“阴谋”、不符合现实的先占观念；过分自负，认为自己正确，将挫折和失败归咎于他人；容易产生病理性嫉妒；对挫折和拒绝特别敏感，不能谅解别人，长期耿耿于怀，常与人发生争执或沉湎于诉讼，人际关系不良。

2. 分裂型人格障碍

以观念、外貌和行为奇特，人际关系有明显缺陷和情感冷淡为主要特点。对喜事缺乏愉快感，对人冷淡，对生活缺乏热情和兴趣，孤独怪僻，缺少知音，我行我素，很少与人来往，因此也较少与人发生冲突。

3. 边缘型人格障碍

又称暴发型或攻击型的人格障碍。以行为和情绪具有明显的冲动性为主要特点。发作没有先兆，不考虑后果，不能自控，易与他人发生冲突。发作之后能认识不对，间歇期一般表现正常。

4. 强迫型人格障碍

以要求严格和完美为主要特点。希望遵循一种他所熟悉的常规，认为万无一失，无法适应新的变更。

缺乏想象，不会利用时机，做事过分谨慎与刻板，事先反复计划，事后反复检查，不厌其烦。犹豫不决、优柔寡断也是其特点之一。

5. 表演型人格障碍

以高度的自我中心、过分情感化和用夸张的言语和行为吸引注意为主要特点。其行为目的是吸引他人同情和注意。

6. 悖德型人格障碍

悖德型人格障碍又称反社会型人格障碍，以漠视他人权利和侵犯他人权利（即行为不符合社会规范）为主要特点。这种人感情冷淡，对人缺乏同情，漠不关心，缺乏正常的人间关爱；易激惹，常发生冲动性行为；即使给别人造成痛苦，也很少感到内疚，缺乏罪恶感；因此常发生不负责任的行为，甚至是违法乱纪的行为，虽屡受惩罚，也不易接受教训，屡教不改。临床表现的核心是缺乏自我控制能力。

7. 自恋型人格障碍

这种人自以为了不起，平时好出风头，喜欢别人的注意和称赞。好“拔尖”，只注意自己的权利而不愿尽自己的义务。他们从不考虑别人的利益，要求旁人都得按照他们的意志去做，不择手段地占别人的便宜，而不考虑对自己的名声有何影响。这种人缺乏同情心，理解不了别人的感情。

8. 回避型人格障碍

以社交抑制、情感不适当和对负面评价过分敏感为主要表现的一种人格障碍，显著特征是社会退缩。

9. 精神分裂型人格障碍

以脱离社会和在与人交往中表情明显受限为主要表现的人格障碍，患者通常很少报以微笑、点头和肢体动作。

10. 依赖型人格障碍

这是一类以过分服从和依附行为为主要表现的人格障碍，其主要特征就是过度依赖他人，而构成这种自我淡化的原因是对遭遗弃的害怕。

（三）神经症

神经症，又称神经官能症或精神神经症。是一组精神障碍的总称，包括神经衰弱、强迫症、焦虑症、恐怖症、躯体形式障碍等，患者深感痛苦且妨碍心理功能或社会功能，但没有任何可证实的器质性病基础。神经症的发病通常与不良的社会心理因素有关，不健康的素质和人格特性常构成发病的基础。

1. 共同特征

共同特征是一组心因性障碍，人格因素、心理社会因素是主要致病因素，但非应激障碍；是一组机能性障碍，障碍性质属功能性非器质性；具有精神和躯体两方面症状；具有一定的人格特质基础但非人格障碍；各亚型有其特征性的临床相；神经症是可逆的，外因压力大时加重，反之症状减轻或消失；社会功能相对良好；自知力充分。

2. 症状表现

神经官能症的症状复杂多样，有的头痛、失眠、记忆力减退；有的则有心悸、胸闷、恐怖感等。其特点是症状的出现与变化与精神因素有关。如有的胃肠神经官能症患者，每当情绪紧张时就会出现腹泻。植物神经功能紊乱的主要症状有以下几种：

（1）与精神易兴奋相联系的精神易疲劳表现为联想回忆增多，脑力劳动率下降，体力衰弱，疲劳感等；

（2）情绪症状表现为烦恼、易激惹、心情紧张等；

（3）睡眠障碍主要表现为失眠；

（4）头部不适感、紧张性头痛，头部重压感、紧束感等；

（5）内脏功能紊乱，胃胀、肠鸣、便秘或腹泻；心悸、胸闷、气短、肢体瘫软、乏力、濒死感；低热；皮肤划痕症阳性；女子月经不调，男子遗精、阳痿等。

（四）性心理障碍

性心理障碍也称性变态，泛指以两性行为的心理和行为明显偏离正常，并以这类性偏离作为性兴奋、性满足的主要或唯一方式为主要特征的一组精神障碍。

1. 性心理障碍类型

性心理障碍主要分为性身份障碍、性偏好障碍。性身份障碍又分为性别改变症、双重角色异装症和童年性身份障碍3种。性偏好障碍主要有恋物癖、异装症、窥阴癖、兽奸癖、施虐癖、受虐癖、摩擦癖、性窒息癖、恋尸癖。

2. 防治性心理障碍的方法

（1）精神分析疗法。精神分析疗法是通过医患之间的交流，施行心理疏导，从正面阐述正常性心理状况及性心理障碍的发生情况，通过认识疗法，让患者对治疗的目的、意义、方法、效果等全面了解。

（2）行为疗法。行为疗法是目前治疗性心理障碍比较有效的一种方法，它是通过围绕性兴奋或性高潮能力为轴心，运用变换刺激方式和强化训练方法以实现性行为重建。

（3）生物反馈法。通过现代高科技，使人学会随意控制和调整体内的生理活动，使患者全身松弛、消除紧张疲劳，同时调整勃起，建立正常的性兴奋信号，消除异常冲动的发生。

（4）药物疗法。包括使用性激素、抗抑郁剂、抗焦虑剂等，其目的是帮助消除某些抑郁、焦虑等不适症状和减少异常性冲动机会，防止产生不良后果，但单凭药物治疗难以痊愈，多作为一种辅助治疗。

（五）精神分裂症

精神分裂症是一种精神科疾病，是一种持续、慢性的重大精神疾病，是精神病里最严重的一种，是以基本个性、思维、情感、行为的分裂，精神活动与环境的不协调为主要特征的一类最常见的精神病，多青壮年发病，进而影响行为及情感。

精神分裂症常见类型有以下几种：

（1）偏执型精神分裂症。本型为精神分裂症中最多见的一型。其临床表现主要是妄想和幻觉，但以妄想为主，这些症状也是精神病性症状的主要方面。妄想为原发性妄想，主要有关系妄想、被害妄想、疑病妄想、嫉妒妄想和影响妄想。这些妄想通常结构松散、内容荒谬。如出现关系妄想时，患者总觉得周围发生的一切现象都是针对自己的，都与自己相关：别人的议论是对他的不信任的评价、别人润嗓子发出的声音是在传递不利于自己的信息、别人瞥一眼是在鄙视自己等。

（2）青春型（瓦解型）精神分裂症。本型在精神分裂症中也较为多见。起病多在18～25岁的青春期。其临床表现主要是思维、情感和行为障碍。思维障碍表现为言语杂乱、内容离奇，难以为人理解；情感障碍表现为情绪波动大、喜乐无常，时而大哭，时而大笑，转瞬又变得大怒，令人难以捉摸；行为障碍表现为动作幼稚、愚蠢、做鬼脸、傻笑，使人无法接受。此外，也可能有妄想和幻觉，但较片面简单。本型病人生活难以自理，预后较差。

（3）紧张型精神分裂症。本型较为少见。起病较急，多在青壮年期发病。其临床表现主要是紧张性木僵，病人不吃、不动也不说话，如泥塑、木雕，或如蜡像一般，可任意摆动其肢体而不作反抗，但意识仍然清醒。有时会从木僵状态突然转变为难以遏制的兴奋躁动，这时行为暴烈，常有毁物伤人行为，严重时可昼夜不停，但一般数小时后可缓解，或复又进入木僵状态。本型可自行缓解，治疗效果也较理想。

（4）单纯型精神分裂症。本型较为少见。起病隐袭，发展缓慢，多在青少年期发病。其临床表现为思维贫乏、情感淡漠，或意志减退等“阴性症状”为主，早期可表现为类似神经衰弱症状，如精神萎靡、注意力涣散、头昏、失眠等，然后逐渐出现孤僻、懒散、兴致缺失、思维贫乏或松弛、情感淡漠和行为古怪，以致无法适应社会需要，但没有妄想、幻觉等明显的“阳性症状”。病情严重时精神衰弱日益明显。病程至少2年。本型预后最差，以痴呆状态为最终表现。

（5）其他型精神分裂症。精神分裂症除以上几种精神病性症状较为明显的类型外，尚有未分型、残留型和抑郁型等几种类型。未分型精神分裂症是指多种症状交叉混合，很难归入上述任何一型的精神分裂症，也可称为混合型。残留型精神分裂症是指在以“阳性症状”为主的活动期后迅速转入以“阴性症状”为主的非特征性表现的人格缺陷阶段的精神分裂症，本型在精神分裂症中也较为多见。抑郁型精神分裂症是指精神分裂症急性期除“阳性症状”外，同时伴有抑郁症状的精神分裂症，如精神分裂症其他各种症状减轻后才逐渐出现抑郁症状，则称为分裂症后遗抑郁状态。

（六）心身疾病

目前，心身疾病有狭义和广义两种理解。狭义的心身疾病是指心理社会因素在发病、发展过程中起重要作用的躯体器质性疾病，如原发性高血压、溃疡病。广义的心身疾病就是指心理社会因素在发病、发展过程中起重要作用的躯体器质性疾病和躯体功能性障碍。显然，广义的心身疾病包括了狭义的心身疾病和狭义的心身障碍。

心身疾病可分为以下几类：

（1）循环系统：原发性高血压、冠状动脉硬化性心脏病、神经性心绞痛、阵发性室上性心动过速、功能性早搏、原发性青光眼。

(2) 呼吸系统：支气管哮喘、神经性呼吸困难、神经性咳嗽。

(3) 消化系统：消化性溃疡、慢性胃炎、胃下垂、过敏性结肠炎、神经性呕吐、神经性压食。

(4) 神经系统：偏头痛、肌紧张性头痛、植物神经功能紊乱。

(5) 内分泌系统：糖尿病、甲状腺机能亢进、肥胖症。

(6) 泌尿系统：夜尿症、神经性尿频。

(7) 皮肤：神经性皮炎、瘙痒症、过敏性皮炎、荨麻症、湿疹、多汗症。

(8) 耳鼻喉：美尼耳病、过敏性鼻炎、耳鸣、晕车。

(9) 生殖系统：月经期不正、无月经症、痛经、更年期综合征、阳痿、早泄、阴痹、不孕症。

(10) 骨骼肌肉系统：类风湿性关节炎、全身性肌肉痛、脊椎过敏症、书写痉挛、痉挛性斜颈、颈腕综合征、面部痉挛。

四、体育锻炼与心理健康

(一) 体育锻炼对提高心理健康的作用

体育锻炼是改善心理环境、增强心理健康的重要手段之一。研究表明，有氧练习和力量、灵敏性练习均可改善人的心理健康水平；长期进行体育锻炼和长期进行渐进性放松练习均可降低人的焦虑水平。体育锻炼作为一种发泄口，将各种烦恼、焦虑、不安等应激情况发泄出去，从而使心理得到平衡、增进心理健康。

体育锻炼能消除人的紧张情绪，发泄内心的冲动、烦闷和单调，提高人的自信心和责任感，满足人与人之间的交往和有益的需要，磨炼人的性格和意志。经常参加体育锻炼，能显著地放松人们紧张的精神状态，改善人的自我感觉，消除沮丧和失望情绪，这是保持和增进心理健康，消除心理疾病的重要方法。

体育锻炼是一种低消费支出、低风险和低副作用的有效改善心理健康的手段，它对人们心理健康的积极影响表现在：改善情绪状态。体育锻炼能直接给人们带来愉快和喜悦，并能降低紧张和不安，从而控制人的情绪，改善心理健康状况；培养坚强意志和良好的适应能力。

体育锻炼作为一种具有丰富强烈的情绪体验的活动，是帮助青少年学生克服困难，培养坚强意志、获得奋发进取精神的有效手段。通过体育竞赛使学生增强自信，自我激励，争取不断地超越他人、超越自我，获得奋进向上的积极情绪体验。体育竞赛永远伴随着成功与失败，它可以增强学生承受挫折与失败、克服困难的能力以及培养不屈不挠的良好意志品质；消除心理障碍，促进心理健康的形成。体育锻炼能够调节情绪，改善人际关系，有助于摆脱压抑、悲观等消极情绪，降低焦虑、忧郁等心理障碍的程度，从而形成健康心理，增进健康。

(二) 体育活动产生良好心理效应的影响因素

1. *锻炼的心理意识*

参与体育锻炼有主动和被动两种参与方式。若是被动参与，自己并没有锻炼的意识和兴趣，将不能很好地达到锻炼的效果，抵触心理对心理健康还会带来不良影响。积极主动地参与，有自己锻炼的目的，如获得健康、塑造体形、放松心情等，这样就有了锻炼的目标，也能更好地获得想要的锻炼效果。锻炼的意识和目的越深刻，产生的心理效果也就越好。

2. *体育锻炼的强度*

适度的体育锻炼有利于个人的心理健康，而过度运动和身心的耗竭将会对心理健康产生不利影响。当情境对训练者提出过高的要求，而且超出训练者所能达到的标准时，就会出现过度疲劳，从而导致运动者的身心耗竭，使运动者身体机能下降，心理上也会出现压抑、疲劳、焦虑、易怒、情绪不稳、精力不集中等症状。所以体育锻炼的强度对于锻炼者来说很重要，要想达到健康的目的就要把握好运动的强度。

3. *运动愉快感*

喜爱运动并从中获得乐趣，可以产生良好的心理效果。运动愉快感是在运动中瞬间体验到的一种愉快感，通常是不可预料地突然出现。调查表明，由于缺乏运动愉快感，多于 50% 的人在获得理想的健康效果之前就放弃了运动。因此，选择体育运动项目要结合自己的体育兴趣和爱好，使其成为一种稳定的、健康的生活方式，只有这样，才能达到锻炼的目的。

4. 运动环境

环境包括社会环境和自然环境，运动中的环境影响着体育锻炼的心理效应。运动中的社会环境有体育锻炼的指导者、同伴、家长和观众等。在锻炼中有固定的伙伴，得到同伴的支持与认可可以获得良好的心理效果。体育活动时的自然环境包括阳光、空气和水。清新的空气能令人心旷神怡，神清气爽，也会使运动者产生愉快的心情，达到锻炼的目的，促进心理健康水平。

第六节　体育与人的社会适应

在现代社会中，人是一个完整的社会人，在社会网络中扮演着各种各样的社会角色，社会适应对个人生活有重要意义。因此，人的社会适应能力越来越受到广大教育工作者的重视，通过体育提高学生的社会适应能力，是学校体育的重要目标之一。

一、社会适应与社会行为

社会适应（Social adaption）是指个体或群体调整自己的行为，逐步接受现实社会的生活方式、道德规范和行为准则的过程。如果对社会刺激不能适应，不能在允许的范围内作出适当的反应，就会对周围的事物产生格格不入的心理状况，长此以往，这种“不适应症”就易使人引起精神变态。

社会适应有两种方式：一是个体通过调整、改变自己的观点、态度、习惯、行为以适应社会条件和要求，这属于生存适应；二是尽最大可能改变环境使之适合自己发展的需要。因此，在不同层次的人际关系网络中，个人与社会的适应情况不仅表现在对自己、对他人、对家庭、对集体、对社会的态度上，而且还表现在与他人和社会建立联系的方式和程度及对各种事情的处理上。由此，社会适应实际上是个体不断社会化的过程。

社会行为即指人们在社会生活中与他人和社会有关的一切行为。马克斯·韦伯认为社会行为是有意识、有意义的行为，它区别于纯粹反射性、偶然性的行为。是指个体在人际交往中所表现出来的对人、事、物的一系列态度和行为反应。

二、社会关系

（一）社会关系的概念

社会关系是指社会中人与人之间关系的总称。马克思指出：人的本质是一切社会关系的总和。此意即为社会关系源于人，因为有了人类，人与人之间便产生了各种复杂的关系，这些关系就统称为社会关系。

从关系的双方来讲，社会关系包括个人之间的关系、个人与群体之间的关系、个人与国家之间的关系；一般还包括群体与群体之间的关系、群体与国家之间的关系。这里群体的范畴，小到民间组织，大到国家政党。这里的国家在实质上是一方领土之社会，即个人与国家之间的关系就是个人与社会之间的关系，而个人与世界的关系就是个人与全社会之间的关系。

（二）对体育与社会关系的理解

体育是校园文化的重要组成，对学生的社会化和社会关系产生深远的影响。随着体育科学的发展，体育逐步步入科学化发展的新阶段，生物、心理和社会是学校体育科学化发展趋势的具体表现。学校体育要引导学生懂得健康快乐的人生需要终身体育的陪伴，参与体育不但是身体的也是社会的体验，在促进身心发展与进步的同时，也丰富和发展了社会关系。加拿大体育社会学家南希·希伯奇提出，“体育运动中的社会化是通过社会关系发生的”。

学校体育是通过教育和文化实现对学生的全面影响，教育的功能在促进人和社会的发展，达到协调一致和良性互动。学校体育的教育目标不但要符合人的自身发展的需要，还要把人自身发展需要与社会化结合统一起来。以体育文化素养的整体有机提高去推动社会进步，促进学生的社会化进程和社会关系发展。

社会化不仅是一个从“生物人”向“社会人”转变的过程，而且是一个内化社会标准、学习角色技能、适应社会生活的过程。学校教育和校园文化使学生原有社会关系产生了许多新的调整和变化。因此，学生的社会关系应该包括他们的人际关系的总和，社会角色和对外部社会环境的认识和理解能力。

（三）体育促进社会关系的发展

人的社会化过程会涉及一系列个人、群体和机构。这些个人、群体和机构中最重要和最有影响者就是社会化的主体，对学生而言，这些主体主要包括家庭、学校、同龄群体和大众传播媒介等。学校体育作为教育过程，其中许多活动又总是在一定的人际关系中进行的。这种人际关系成为体育对社会对人类施加影响、发挥作用的重要手段。学校体育的教学、群体和竞赛活动大都是以集体的方式进行的，而这个集体是有集体意识和集体主义观念的。体育活动本身有许多规范要求，这一切都有利于培养人们遵守社会规则的意识，发展人们的人际关系和社会关系。

学校体育的定位有助于调整、改善和影响学生的社会关系。学校体育教育功能和社会功能是相互联系的过程，共同促进学生综合素质的发展和社会化的进程。学校体育以其日益丰富的文化内涵和品位对促进人的社会化具有载体的作用，它使人在体育活动的情境中，而不是在教室里讨论培养心理品质和学习遵守伦理道德原则。教会人们去理解和建立权利和义务、成功和失败、机会和风险等公平竞争的观念。人际交流的媒介不仅是同学和队友、教师和教练员，还有众多的参与者，包括组织者、领导、观众等。

在现代社会，学生的社会关系还可以通过电视和报纸书籍的交流得到无限延伸。学校体育使学生原有的体育基础进一步深化并根深蒂固于他们的身心之中。体育为学生社会化提供了强有力的形式和场所，学校体育让学生更加清晰地认识到如何利用体育与社会的全方位联系来实现自身社会化的蜕变和升华。

三、社会适应是体育与健康课程标准的目标之一

（一）设置社会适应学习领域的意义

在传统的体育课程模式下，对学生的关注基本上都集中在学生的运动能力上，很少有人注意到学生通过体育学习之后在社会适应能力方面有没有发生变化，也就是说，体育课程对学生社会适应能力的影响在通常情况下是被忽略的。

学生的社会适应能力可以通过多种手段获得发展，但体育课程学习是其中最重要的途径之一。这是因为大多数体育项目只能在“社会”环境即与他人发生联系的条件下才能进行，在体育活动环境中，学生可以以更直接、生动和集中的方式接触、体验近似于社会上所能遇到的各种情景，例如竞争、冲突、分享、合作、共处、避让、包容、突变、角色和角色转换、赞扬、批评、成功、失败、规范、处罚……从而不断增强自我调控的意识和能力。因此，体育与健康课程标准将社会适应列为独立的一个学习领域。

设置社会适应学习领域对学生的全面发展具有以下重要的意义：

1. 有助于强化学生的规范意识，增强学生的自控能力

这里所说的规范主要指与学生体育行为有关的各种规范，包括运动规则和其他约定俗成的各种体育规范。由于体育规范是体育活动特别是体育比赛的条件，因而，只要学生一旦参加到体育活动中去，他就不可避免地会受到规范的约束。在规则、裁判或舆论等作用下，学生的规范意识会逐渐增强，学生将逐渐学会在规范的约束中进行体育活动。由于体育活动中形成的规范意识有助于学生一般行为规范意识的形成，这就使得体育学习对学生的社会化进程具有重要的意义，从而有助于学生法纪观念的形成。

2. 有助于提高学生的探索、创新精神和心理承受能力

克服障碍（如阻力、困难等）是运动行为的一个显著特征，由于体育学习过程与学生的生长发育同步，因而体育学习过程中表现出运动方法日益丰富、运动能力不断提高、运动技能逐渐熟练的特征。与人生其他阶段特别是中老年阶段的体育活动相比，学生阶段的体育活动更多地表现出不断遭遇障碍和挫折，不断超越自我、不断创新和提高的特色。但是，如果教师只是把体育课单纯地视为运动技能的传授，缺乏通过体育教学培养学生探索、创新精神和心理承受能力的意识，体育学习的作用就不可能充分地发挥出来。

3. 有助于培养学生的集体荣誉感和社会责任感

体育与健康课程学习区别于其他许多课程学习的一个显著特征，就是体育课程学习的集体性。在体育与健康课程学习过程中，如果舍弃了集体，体育课程的多数内容将不复存在。例如，如果取消了集体，几乎所有的球类运动也就消失了；如果没有对手，很多以单人为基础的运动项目也会变得索然无味。因此，体育与健康课程学习对于培养学生的团队精神和团队行为具有特别的、其他课程学习所不能替代的作用，而且这种团队精神对于学生适应未来的社会生活具有非常重要的意义。

在体育与健康课程标准中，培养团队精神、集体荣誉感和社会责任感是社会适应学习领域的主要目标，因此，这一领域的设立将使教师更有意识地去关注学生在这些方面的表现和变化，从而将课程目标中的有关要求落到实处。

（二）社会适应学习领域的实施建议

对于教师和学生而言，社会适应都是体育与健康课程的一个全新学习领域。无论是教还是学，都提出了一些与过去“常规”体育课不同的新要求。

1. 不同水平阶段社会适应领域的学习要求

体育与健康课程标准对不同水平阶段学生在社会适应能力方面提出了不同的要求。

小学中、低年级的学生还不十分习惯在学校这个“社会”中生活，也不熟悉这个社会中的种种规则。同时，由于这个年龄段的儿童体内新陈代谢过程比较旺盛，精力充沛，活泼好动，充满朝气，特别喜欢在体育活动中开展竞赛以显示自己的力量，但他们的认识能力和自控能力还比较低，往往不知将多余的精力用到什么地方，所以常常会做出一些出人意料甚至触犯“规范”的事。让他们通过体育活动和游戏逐渐熟悉游戏规则，逐渐理解并服从有关的行为规范，是体育与健康课程的独特功能。因此，体育与健康课程标准要求教师“在小学阶段，应着重帮助学生了解一般的游戏规则，学会尊重和关心他人，并表现出一定的合作行为”。

进入中学以后，学生越来越注重寻求友谊，寻求“社会”的认同，在此基础上，学生的社会联系也越来越复杂，班级意义之外的各种非正式群体对学生的影响迅速增大，学生在不同场合扮演的社会角色也日益复杂。在这种情况下，学生的角色意识、道德意识日渐增强，初步形成关于体育与健康问题的价值观念，这将对其一生产生巨大而深远的影响。另一方面，随着学生认识能力的增强和认知范围的扩大，学生的信息源也急剧增大，各种各样良莠不齐的信息充斥在学生周围。因此，体育与健康课程标准指出：“在初中阶段，应注重学生对运动角色和体育道德行为的识别，注重培养学生对媒体中的体育与健康信息做出简单评价的能力。”

高中学生无论在生理还是心理方面，都已经十分接近成年人，这是理想、志趣、人生观和社会交往能力形成的重要时期。体育为他们提供了模拟成人社会的最佳情景，他们在体育与健康课程学习中获得的经验不仅会影响他们终生的体育生活方式，也会影响他们整个行为方式和人生态度。因此，体育与健康课程标准强调：“在高中阶段，要关注学生形成良好的体育道德和合作精神，增强他们对社会的责任感，使他们学会通过多种途径获取现代社会中体育与健康知识的方法。”

2. 全面关注学生的行为表现

在学科中心课程模式下，教师、学生、家长乃至整个社会主要关注的是学生掌握了多少知识，这种状况带来了多方面的问题。其中一个严重的问题就是学生对学校生活的厌倦。2000 年，教育部对 10 000 名中小学生进行问卷调查，结果是多数学生回答“不喜欢学校生活”。这种情况很值得我们思考：学生们本来是十分喜欢体育活动的，如果我们连以这样的活动为内容设计和实施的课程都不能让多数学生喜欢，我们的教育还能算是成功的吗？我们还不应该反省自己的教学行为吗？

导致上述情况的一个重要原因就是我们过去的教学过于注重结果，忽视了学生在学习过程中的需要和感受。在体育与健康课程中设立社会适应这个学习领域，就是要引导教师不但要关注学生的、可见的学习结果，如运动能力和技术水平的提高等，而且要十分关注学生的体育学习过程和他们在学习中的全面表现，特别是他们的行为表现。这一方面是为了了解并帮助学生及时调整他们的学习态度，同时也据以调整自己的教学行为，更是因为学生对体育与健康问题的态度、体育价值观、对各种规范的理解和认同、体育道德观等，都只能表现在其体育行为之中。

3. 大体育课程观与家校协作

要完成社会适应学习领域的目标，还有一个重要的问题是必须坚决地脱离学科中心课程影响下高度竞技化的课程观，树立开放型的大体育课程观。开放型的大体育课程观包括以下三个方面的内容：

（1）以现代运动为核心的开放型学习内容。以奥运会项目为代表的现代体育运动项目，已经经历了一百多年的风雨历程，表明了它们是当今世界上最为流行、最受欢迎的运动方式，因而世界各国都以奥运会项目为基础来构建本国体育课程的学习内容。这也是传统体育课程深受竞技运动影响的一个重要原因。但是，学生毕竟不同于运动员，而且随着终身体育对学校体育影响的加深，人们越来越倾向于扩大体育学习范围，把各种休闲娱乐性的、反映本民族传统文化精神的、新兴的项目纳入体育课程学习中。这实际上也是对现代体育发展趋势和现代体育价值观的一种认同，一种更本质意义上的体育文化传承。

（2）课内外结合的体育大课堂。传统体育课程模式关注的是教学计划以内的课堂教学，课外锻炼仅仅是一种活动量的补充，是列入“每天一小时”的范畴之内的，也就是说，它只是一种时间概念上的延伸，从内容安排上它和体育课没有密切联系，教师对体育课外锻炼的要求也是以学生自由活动为主的。从课程改革的观念来看，学校所安排的“体育活动”是课的形式，是属于整个课程体系中的一个环节，是整体学习中的一个方面，因此，我们应该对这个“体育活动”课有一个重新认识。“体育活动”课应该是教学课的延伸和补充，学生可以在这个时间完成课程学习需要的一些课外练习，参加一些教师指导下学生自治的活动。

在学校教育真正减负之后，学生有了充分的课余时间来发展自己的各种兴趣爱好，课余体育活动应成为大多数学生的主要选择，每个学生都将能在课余体育活动中找到自己的位置。例如，体育俱乐部形式，参加任何一个俱乐部的成员均是自愿的，可以随时根据自己的兴趣、爱好对各种俱乐部活动做出自己主观的选择，可以根据自己的健康需要，如减肥、形体、力量、康复等，选择适合自己的俱乐部进行活动。因此，这种俱乐部的活动形式必将从社会发展波及学校之内，并且在学校内得到飞速的发展，成为学生生活中最频繁接触的场所。

（3）学校—家庭—社区合作的学习形式。体育与健康课程学习的主要目的是促进学生身心健康发展，这不是单靠每周两三节体育课就能完成的，那种封闭的、仅在校内体育课堂上锻炼身体的做法已经被证明是落后的。家庭、学校、社区合作，已经成为现代基础教育发展的一大趋势，它也是通过体育与健康课程学习让学生发展社会适应能力和社会责任感的重要方式。

根据活动的场所和实际组织者的不同，家校合作的活动形式主要有两种：以校为本的家校合作和以家为本的家校合作。具体作法有：体育家庭作业；亲子活动日；参与社区体育活动。

第二篇

运动技术篇

第一章　篮　球

第一节　篮球运动的概述

一、篮球运动的起源

篮球运动是由美国马萨诸塞州斯普林菲尔德市基督教青年会训练学校体育教师詹姆斯·奈史密斯博士于1891年发明的，是为了解决学生们在寒冷的冬季上体育课的难题而发明的室内集体游戏活动项目，后逐渐发展完善成为世界上影响最大的运动项目之一，深受人们的喜爱。由于主要设备是挂在墙上10英尺①（约305厘米）高的篮子（Basket）和需要投中篮子的球（Ball），所以命名为"篮球"。

二、篮球运动的发展

最初的篮球比赛规则很简单，对于场地大小、参加人数多少、比赛时间长短都没有统一的规定。1892年奈史密斯制定了第一部13条的原始规则，1915年美国制定了全国统一的篮球竞赛规则，并翻译成多种文字，向全世界推行。

1932年，在瑞士日内瓦成立了国际业余篮球联合会（简称国际篮联），并制定了第一部世界统一的竞赛规则，为篮球运动的发展打下了坚实的基础。1904年美国青年会男子篮球队在第三届奥运会上进行了表演，向全世界宣传篮球运动，1936年第十一届奥运会上，男子篮球被列为正式比赛项目，1976年女子篮球被列为第二十一届奥运会比赛项目。

三、中国篮球运动的发展

篮球运动于1895年由美国国际基督教协会派往中国天津基督教青年会任职的第一任总干事来会理先生介绍传入我国的天津市。1896年在天津中华基督教青年会举行了最早的表演赛，以后逐步由天津向全国传播、推广。

1910年旧中国举行的第一届全运会上篮球被列为男子表演项目，1914年的第二届全运会上被列为男子正式竞赛项目，1924年第三届全运会上被列为女子正式竞赛项目。1936年和1948年旧中国曾派队参加了第十一届和第十四届奥运会篮球赛，但都未能进入决赛。1936年奥运会期间旧中国加入了国际篮球联合会。

在中国共产党领导下的革命根据地，篮球运动受到广大人民群众和红军、八路军将士的喜爱。1938年八路军120师师长贺龙和政委关向应亲自组建了"战斗篮球队"，抗日军政大学三分校以东北干部为主组成了"东干篮球队"，在革命根据地有较大的影响力。

新中国成立后，篮球运动在我国得到了发展。20世纪50年代初始在北京成立了中央体训班篮球队，不久各大地区都组建了篮球集训队，我国篮球运动跨入了新的发展时期。1959年举办的新中国第一届全国运动会上，篮球运动被列比赛项目。"文化大革命"期间，我国篮球运动因十年"文化大革命"影响而停滞。

20世纪70年代后期，体育战线全面拨乱反正，我国篮球竞技运动确立了赶超国际水平的新目标，篮球运动得到了迅速恢复与发展。我国男、女篮球队开始重新活跃在国际上，1975年中国篮球协会在亚洲业余篮球联合会取得了合法席位，1976年国际业余篮球联合会通过决议，恢复中国篮球协会在该会中的合法席位，并承认中华人民共和国篮球协会是全中国唯一合法组织。改革开放后，我国篮球运动进入最佳发展时期，在世界级及洲际性竞赛中不断获得优异成绩。女子在1983年第九届世界锦标赛上和1984年第二十三届

---

① 1英尺=0.3048米。

奥运会上均获得了第三名，进入了世界强队行列，1992 年第二十五届奥运会上又获得亚军；1993 年世界大学生运动会上获冠军；1994 年第十二届世界锦标赛上获亚军。男子则在蝉联亚洲榜首的基础上，在 1994 年第十二届世界男子篮球锦标赛上第一次进入了世界前 8 名，表明我国篮球运动竞技水平向世界最高水平冲击，跨入了百年来发展的黄金时代。

1996 年在举办全国甲级队联赛的同时，举办了由前卫体协、吉林、北京体师（现首都体院）、上海交大等 8 个省市、部队、学校组队参加的男子“职业”篮球联赛，当时称 CNBA 职业联赛，这是我国职业化联赛的开端，也是一次大胆的尝试，但不久因故暂停。此后，中国篮协决定进一步对竞赛制度进行改革，并以全国男篮甲级联赛赛制为突破口，以产业化、职业化主导方向，开始加速篮球竞赛体制改革的进程。1997 年，国家体委成立了篮球运动管理中心，在管理体制改革上迈出了重要的一步，即把传统的甲级联赛正式命名为 CBA 职业联赛。通过十几年的 CBA 联赛的不断总结，CBA 联赛已成为国内重要的体育赛事之一。

四、篮球赛事简述

（一）奥运会篮球比赛

1936 年第十一届奥运会上，男子篮球被列为正式比赛项目，我国第一次参加奥运会篮球赛（男子），便是在此届奥运会。

（二）世界锦标赛

世界篮球锦标赛是国际篮球联合会主办的重要的世界性比赛之一，每 4 年举行一次。我国男子篮球队最早参加世界篮球锦标赛，是 1978 年 10 月在菲律宾马尼拉举行的第八届世界男子篮球锦标赛。我国女子篮球队首次参加世界篮球锦标赛，是 1983 年 7 月在巴西举行的第九届世界女子篮球锦标赛，并取得了第三名。

（三）美国 NBA 职业联赛

NBA 是美国篮球协会的缩写，直译为美国篮球大联盟，简称美职篮，成立于 1946 年 6 月 6 日。NBA 比赛是全世界公认的最高水平的篮球联赛。NBA 正式赛季于每年 11 月的第一个星期的星期二开始，分为常规赛和季后赛两部分。常规赛为循环赛制，每支球队都要完成 82 场比赛；常规赛到次年的 4 月结束，东西部联盟的前八名，包括各个赛区的冠军，将有资格进入接下来进行的季后赛。季后赛采用七战四胜赛制，共分四轮；季后赛的最后一轮也称为总决赛，由两个联盟的冠军争夺 NBA 的最高荣誉——总冠军。目前，参加 NBA 职业联赛的职业篮球队伍已经发展到了 30 支。2001 年，王治郅成为亚洲首位进入 NBA 的中国篮球运动员，2002 年，姚明以选秀状元的身份加盟火箭队。随后，巴特尔、易建联、孙悦也分别加入 NBA，目前，华裔球员林书豪在比赛中出色的发挥，在 NBA 刮起了一阵“林旋风”。

（四）CBA 篮球联赛

中国男子篮球职业联赛是由中国篮球协会所主办的跨年度主客场制篮球联赛，中国篮球协会于 1995 年正式推出了与国际接轨的赛事——中国男子篮球甲级联赛。2005 年中国篮球甲级联赛正式更名为现在的中国男子篮球职业联赛。

（五）CUBA 篮球联赛

中国大学生篮球联赛是中国历史上第一次面向社会、面向高校大学生的专项运动联赛，1998 年由中国大学生篮球协会与杭州恒华（国际）集团有限公司联合推出。

第二节　基本技术

一、运球

（一）高运球

1. *方法及要点*

头肘抬，身向前，用力按，身协调，快前进（图 2.1.1）。

图 2. 1. 1

2. 练习

原地高运球；行进间高运球。

（二）行进间体前变向换手运球

1. 方法及要点

一按拍、二蹬地、三转体、四探肩、五换手、六加速（图 2. 1. 2）。

图 2. 1. 2

2. 教法示例

（1）原地体前变向换手运球练习。

（2）行进间体前变向换手运球练习。

（三）后转身运球

1. 方法及要点

接近防守肩侧对，左脚在前做中枢，右手拉球撤右脚，转体换手擦肩过，超越对手向前冲（图 2. 1. 3）。

图 2. 1. 3

2. 练习

（1）原地后转身运球。

（2）原地后转身运球练习。

二、传接球

（一）双手胸前传球

1. 方法及要点

两手五指自然张，拇指相对成八字，紧持球于胸腹前，蹬地伸臂指拨球（图 2. 1. 4）。

图 2. 1. 4

2. 练习

（1）两人一组相向站立，原地双手胸前传接球练习。

（2）两人一组相向而立，一人前后称动双手胸前传接球练习。

（3）全班成三路纵队三角站立胸前传接球练习。

（4）行进间双手胸前传接球练习。

（二）单手肩上传球

1. 方法及要点

跨出左脚同引球，蹬地转体臂发力，挥臂屈腕指拨传球（图 2. 1. 5）。

图 2. 1. 5

2. 教法示例

（1）原地单手肩上传球练习。

（2）行进间单手肩上传接球练习。

（三）双手传反弹球

方法及要点

双手持球，伸臂拨腕向前下方将球传出（图 2. 1. 6）。

图 2.1.6

（四）双手接球

方法及要点

两眼注视来球，双臂前伸迎球，在双手触球时手臂迅速后引缓冲，持球于胸腹间（图 2.1.7）。

图 2.1.7

三、投篮

（一）原地单手肩上投篮

1. *方法及要点*

举球、降重心、蹬地、抬肘、伸臂、压腕、指拨球（图 2.1.8）。

图 2.1.8

2. 教法示例

（1）原地徒手模仿练习，体会动作要领。

（2）近距离原地单手肩上投篮练习，然后逐渐拉长距离投篮。

（3）在限制区边线上不同位置进行投篮练习。

（二）行进间投篮

1. 行进间单手肩上高手投篮

方法及要点

步伐是一大二小三高跳；投篮是举球、伸臂、压腕、指拨球（图 2. 1. 9）。

图 2. 1. 9

2. 行进间单手低手投篮（以右手为例）

方法及要点

步伐是一大二小三高跳；投篮时高托、屈腕、指拨球（图 2. 1. 10）。

图 2. 1. 10

3. 行进间投篮练习

（1）集体徒手练习上一步起跳投篮动作。

（2）一路纵队篮下原地上步投篮练习。方法：学生成纵队站立于球篮右侧 45°线与限制区纵线交点处，右脚在后，做原地运球，右脚跨出一大步的同时双手接球，左脚跨出一小步并蹬地起跳投篮。

（3）运一次球接球做行进间投篮练习。运 2 ~3 次球后接球做行进间投篮练习。

（4）完整行进间投篮练习。方法：学生成纵队从边线与中线的交点处起多次运球做“行进间单手肩上高手投篮”及“行进间单手低手投篮”练习。

四、交叉步持球突破

1. 方法及要点

假动作、低重心，蹬地转体探肩跨大步；贴防守、推放球，加速前进快超越。

2. 教法示例

(1) 教师示范“原地交叉步持球突破”动作。方法：学生成四列横队，1、2 列与 3、4 列相对站立，教师位于 1、2 列与 3、4 列之间做“原地交叉步持球突破”动作示范。

(2) 分解动作练习。方法：学生成四列横队站立，持球成“三威胁”姿势，按教师口令“一”做假动作，口令“二”，蹬地跨步同时转体探肩放球，口令“三”后脚用力蹬地，加速前进。

(3) 交叉步持球突破过障碍物练习。方法：在右侧 45°、罚球线位置、左侧 45°，轮流摆放障碍物，学生成一路纵队在障碍物前自抛自抢球后，做原地交叉步持球突破后上篮。

(4) 交叉步持球突破过人练习。方法：在右侧 45°、罚球线位置、左侧 45°位置，轮流安排防守人，学生成一路纵队，传球给防守人后上前接回传球做交叉步持球突破过人练习。

五、防守

(一) 防守无球队员

1. 方法及要点

选择正确合理的防守位置；正确的防守姿势能扩大控制范围；合理运用滑步、撤步等防守步伐；重点防摆脱和切入。

2. 教法示例

(1) 教师示范“防守姿势、滑步、后撤步”动作。方法：学生成四列横队，1、2 列与 3、4 列相对站立，教师位于 1、2 列与 3、4 列之间做“防守姿势、滑步、后撤步”动作示范。

(2) 原地防守姿势练习。方法：学生成四列横队，按照教师口令做原地防守姿势练习。

(3) 防守步伐练习（滑步、后撤步）。方法：学生成多列横队，按照教师口令做滑步、后撤步的步伐练习。

(二) 防守有球队员

1. 方法及要点

及时站位于对手与球蓝之间，保持适当的距离，紧盯对手，积极移动，防传球、防运球、防投篮、防突破，在合适时机抢球或打掉对手手中的球。

2. 教法示例

(1) 教师示范“防守姿势、抢球、打球”等动作。方法：学生成四列横队，1、2 列与 3、4 列相对站立，教师位于 1、2 列与 3、4 列之间做“防守姿势、抢球、打球”动作示范。

(2) 全场一攻一防练习。

第三节　基本战术

一、传切配合

传切配合是多名队员利用传球和切入组成的简单配合。包括一传一切配合和空切配合。

(一) 一传一切配合方法

⑤ 传球给④，⑤向左侧做切入假动作，同时观察❺的移动情况，然后突然从右侧切入，侧身面向球接④的传球投篮（图 2.1.11)。

(二) 空切配合方法

④ 传球给⑤时，⑥利用❻未及时调整位置的机会，突然横切或沿底线切向篮下接⑤的传球投

篮(图 2. 1. 12)。

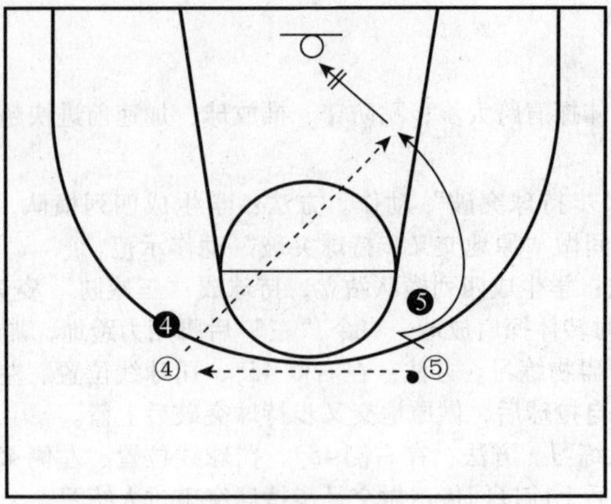

图 2. 1. 11

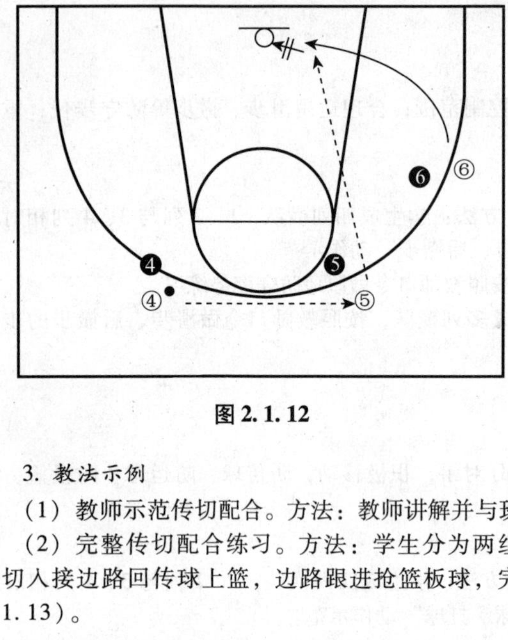

图 2. 1. 12

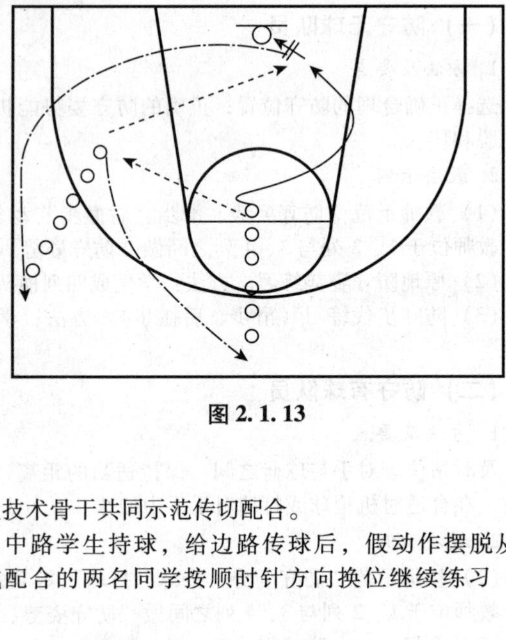

图 2. 1. 13

3. 教法示例

(1) 教师示范传切配合。方法：教师讲解并与班上技术骨干共同示范传切配合。

(2) 完整传切配合练习。方法：学生分为两组，中路学生持球，给边路传球后，假动作摆脱从右侧切入接边路回传球上篮，边路跟进抢篮板球，完成配合的两名同学按顺时针方向换位继续练习（图 2. 1. 13）。

二、掩护配合

掩护配合是进攻队员选择正确的位置，运用合理的技术，用身体挡住同伴的防守队员的移动路线，给同伴创造摆脱防守、获得进攻机会的一种配合方法。

（一）侧掩护配合方法

⑤ 传球给④后，移动到❹身体左侧做侧掩护，④接球后瞄篮或做向左侧突破的动作。当⑤掩护到位时，④立即从右侧贴着⑤的身体运球突破上篮；⑤立即转身切向篮下抢篮板球或接球投篮。这种掩护也称挡拆配合（图 2. 1. 14）。

（二）教法示例

教师讲解并与班上技术骨干共同示范侧掩护配合。

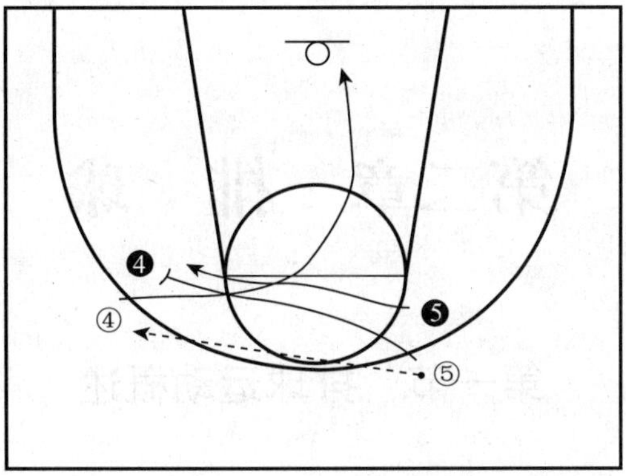

图 2.1.14

第四节　篮球比赛场地

篮球比赛场地长 28 米，宽 15 米，长边称边线，短边为端线。两边线的中点连线称为中线，中线将场地分为攻守双方的前后场，球从前线回后将判违例，中线的中点为圆心半径 1.8 米为所画的圆圈称中圈，比赛开始双方在中圈争球。

比赛设 3 分球，在以距端线内沿中点的距离为 1.575 米为圆心、半径为 6.25 米的圆弧外投中得 3 分（圆弧与端线相交的 1.25 米为直线）（图 2.1.15）。

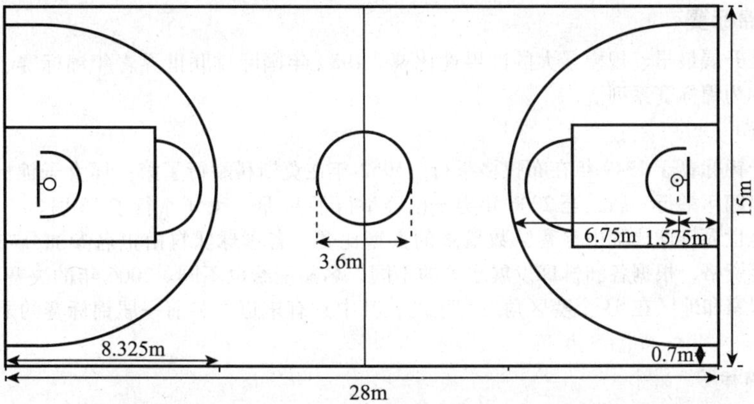

图 2.1.15

第二章 排 球

第一节 排球运动概述

一、排球运动的起源与传播

排球运动源于美国，是一种国外传入我国的体育项目。1895 年，美国一位叫威廉斯·摩根的基督教青年会干事，发明了用篮球内胆隔着网来回拍打，使球不落地的一种游戏。这种游戏运动量适当，满足年纪较大人群的运动需要。最后制作了与现代排球相近的、外表是皮制的、内装橡皮球胆的球。1896 年由春田市霍尔斯特德教授建议取名为 Volleyball（空中连续击球之意）。排球问世后，由于其休闲娱乐性较强，受到大众的喜爱，很快就传播到世界各地。排球运动传入亚洲的时间较早，约在 1900 年先后传入印度、日本和菲律宾等国，1905 年传入中国。传入亚洲后采用的规则与美国的规则有很多不同之处，经历了十六人制—十二人制—九人制—六人制的发展演变过程。

二、排球运动的世界主要赛事简介

（一）世界锦标赛

世界锦标赛是开展最早、规模最大的世界性比赛。1989 年国际排联世界青年锦标赛、世界少年锦标赛与之统一领导，称为锦标赛系列。

1. 世界锦标赛

首届世界男子锦标赛于 1949 年在布拉格举行。1952 年在莫斯科举行了第一届女子锦标赛和第二届男子锦标赛。此后每隔四年举行一届，至 2006 年男子已经举行了 17 届、女子举行了 16 届。

世界锦标赛是世界排球比赛中参赛队数最多的大型比赛。各国球队自由报名参加分布在各个洲的锦标赛资格以获得决赛资格，根据各洲排球发展水平的不同，名额配给也不同。2006 年的决赛有男女各 24 支球队，是由 174 个国家和地区在 53 个赛区角逐产生的，其中只有东道主和前一届锦标赛的冠军队有资格直接进入决赛。

2. 世界青年锦标赛

首届青年锦标赛于 1977 年在巴西里约热内卢举行，每两年举行一次。世界青年锦标赛规定参赛队员的年龄男子不得超过 20 岁，女子不得超过 19 岁。参赛队的资格一般是东道主队代表队和各洲青年联赛的前 2 ~ 3名。各洲名额比例，由国际排联根据参赛队总数指定。

（二）世界杯赛

世界杯赛的前身是“三大洲”男子排球赛，由欧、亚、美三大洲的球队参加。1964 年国际排联将其扩大为世界大赛，称为“世界杯赛”。1965 年在华沙举行了首届男子世界杯赛。女子世界杯赛始于 1973 年的蒙得维的亚。世界杯赛每四年举行一次，从 1977 年起举办地点固定在日本。至 2007 年男子共举行了 10 届，女子共举办了 9 届。

世界杯赛的参赛队最多不超过 20 支。参赛队一般是东道主代表队、上届冠军和各洲锦标赛的前两名。2007 年的世界杯因为是 2008 年奥运会的资格赛，因此略有变化。

（三）奥运会排球赛

从 1964 年起，排球比赛被列为奥运会比赛项目，至 2008 年第二十九届奥运会共举行了 12 次。奥运会排球赛的参赛队一般为男子 12 ~ 16 支队，女子 8 支队。2008 年北京奥运会为男女各 12 支队。

参赛资格一般为：直接参赛的是东道主队、上一届奥运会冠军、世界杯赛冠军队、世锦赛冠军队和五大洲资格赛的第一名。另3支球队是国际排联组办的资格赛的获胜队。近年来竞赛规程有所改变，增加了资格赛和落选赛的名额，提高了竞赛的激烈程度和获得资格的机会。2008年北京奥运会排球赛的参赛队是东道主队、2007年世界杯前3名、五大洲资格赛的第一名和国际排联组织的落选赛的3支获胜队。

（四）世界男排联赛和世界女排大奖赛

世界男排联赛和世界女排大奖赛，是带有商业性质的世界大赛，2007年世界男排联赛奖金总额为2 028 100 000美元，女排大奖赛奖金总额为140 000 000美元。

（1）世界男排联赛每年一次，参赛队为16支队，按世界排名的情况分配各洲名额比例不同。2007年的名额分配是：欧洲7名，亚洲3名，南美洲3名，北美洲2名，非洲1名。

比赛预赛分4个小组打主客场制，取6支队进入决赛。

（2）世界女排大奖赛每年一次，参赛队为12支队，2007年的名额分配情况是欧、亚、美洲各4支队。

2007年大奖赛的预赛分为九站在欧、亚洲不同城市进行，每站有4支队比赛。总决赛由东道国球队和预赛排名最好的其他5支球队角逐。

三、排球运动的繁衍

由于排球运动易于接受，且深受各阶层人们的喜爱，所以在其发展的过程中又不断分化、繁衍，形成了多种多样的形式。

（一）沙滩排球（Beach VB）

排球运动传入欧洲虽晚，但很受欧洲人的喜欢，推广发展很快。20世纪20年代在法国南部地中海沿岸的度假胜地，兴起了在沙滩上玩排球的娱乐活动。以后又逐渐发展到大西洋和波罗的海的沿岸。1940年在美国加利福尼亚海滨举行了第一次正式的沙滩排球比赛。1987年2月在巴西里约热内卢举行了第一届世界男子沙滩排球锦标赛。1996年沙滩排球作为排球运动的一个正式比赛项目列入了亚特兰大奥运会。沙滩排球较大型的比赛还有世界巡回赛、挑战赛和大满贯赛。

（二）小排球（Mini VB）

20世纪60年代初期，民主德国的教练员在开展儿童排球活动中，创造了“小排球”，并取得了极好的效果。此后在地中海沿岸国家迅速流传，并发展成为排球运动的一个分支。国际排联在1971年统一了比赛规则。

小排球是一种用成年人比赛场地和比赛用球进行的运动，适合少年儿童的生理特点，其比赛方法和技战术简单，容易在儿童中开展，且可培养他们对排球运动的兴趣，使他们既掌握排球基本技术，又促进身体的发育和成长。

（三）软式排球（Soft VB）

软式排球运动是20世纪80年代在日本首先开展起来的。由于它使用重量轻、质地软、气压小、反弹力低的球进行活动，所以球速慢、难度小，增加了这一项运动的趣味性，适合在青少年和中老年人群中展开。软式排球运动的用球有充气式和免充气式两种，目前尚无统一的国际比赛规则。

（四）气排球（Gas VB）

气排球运动是一项名副其实“Made in China（中国制造）”的群众性体育运动，起源于山东，并首先在离退休职工中开展起来的一项新兴的球类运动。1984年，呼和浩特铁路局济宁分局开展老年体育活动，老人们用气球在排球场上打着玩儿，随后又参照6人排球规则制定了简单的比赛规则，并将这种活动形式取名为“气排球”。1991年，火车头老年体协编写了第一本《气排球竞赛规则》，并在上海特制了比赛用气排球。于是，这便成就了现在大红大紫的气排球。随后，国务院全民健身办公室把气排球纳入全民健身的活动内容，全国老年人体协也明确要将气排球活动向全国推广。1999年，中国老年体协在火车头老年体协和火车头老年气排球协会的协助下，举办了全国的气排球教练员裁判员培训班，并从此使这项我国自主发明、土生土长的气排球开始推广开来，由铁路走向社会、走向全国。现在气排球已成为全国老年体协的五大竞技项目之一。

第二节　排球运动基本技术

一、准备姿势与移动

（一）半蹲准备姿势

两脚左右开立稍比肩宽，一脚在前，两脚尖适当内收，脚跟稍提起，膝关节保持一定的弯曲。上体前倾，重心靠前，两臂放松，自然弯曲，双手置于腹前（图 2.2.1）。

（二）稍蹲准备姿势

稍蹲准备姿势比半蹲准备姿势身体重心稍前，动作方法相同（图 2.2.2）。

（三）低蹲准备姿势

低蹲准备姿势较之前两种准备姿势身体重心更低、更靠前，两脚左右、前后的距离更宽一些，膝部弯曲的程度更大一些，手臂置于胸、腹之间（图 2.2.3）。

图 2.2.1

图 2.2.2

图 2.2.3

二、移动

（一）并步与滑步

如向前移动，则后脚蹬地，前脚向来球方向跨出一步，后脚迅速并上，做好击球前的准备姿势。

（二）跨步与跨跳步

如向前移动，则后脚用力蹬地，前脚向前跨出一大步，膝部弯屈，上体前倾，身体重心移至前腿上（图 2.2.4、图 2.2.5）。

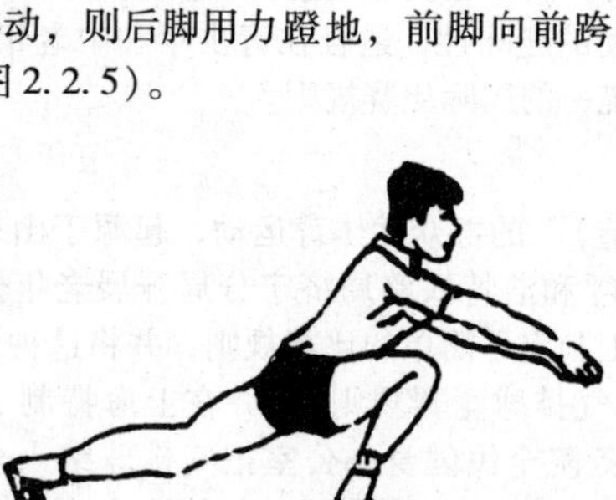

图 2.2.4

图 2.2.5

（三）交叉步

采用向右侧交叉步时，上体稍向右移，左脚从右脚前面向右交叉迈出一步，然后右脚再向右跨出一大步，同时身体转向来球方向，保持击球前姿势（图 2.2.6）。

图 2. 2. 6

三、发球

（一）侧面下手发球

1. 准备姿势

左肩对正球网站立，两脚左右开立同肩宽，两膝微屈，上体稍前倾，左手持球置于腹前。

2. 抛球引臂

左手将球平稳地抛至腹前，高度约 30 厘米，离身体约一臂距离，同时右臂向后摆至身体的右侧后下方。

3. 击球手型

用全手掌或用虎口或半握拳。

4. 挥臂击球

利用右脚蹬地向左转体的力量，带动右臂加速向前上方摆动，在腹前用全掌击球的后下方。注意控制击球的出手角度和线路（图 2. 2. 7）。

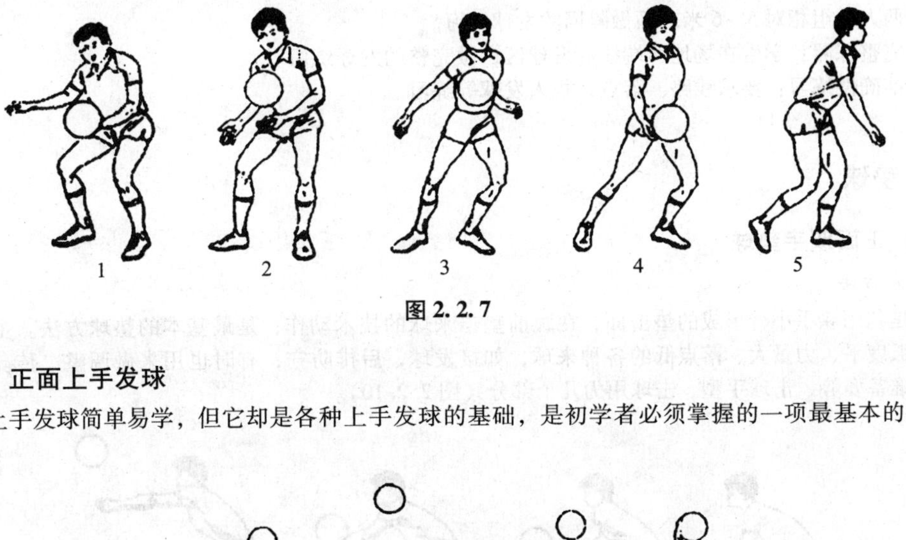

图 2. 2. 7

（二）正面上手发球

正面上手发球简单易学，但它却是各种上手发球的基础，是初学者必须掌握的一项最基本的技术（图 2. 2. 8）。

图 2. 2. 8

1. 准备姿势

发球者面对球网两脚左右开立，右脚在前，左手持球，两眼注视发球方向。

2. 抛球引臂

发球时，左手将球平稳地抛至体前头上方。右臂屈肘上举向后引，上体稍向右转，挺胸展腹，蓄势待发。

3. 击球手型

手掌自然张开，用全手掌击球（图 2.2.9）。

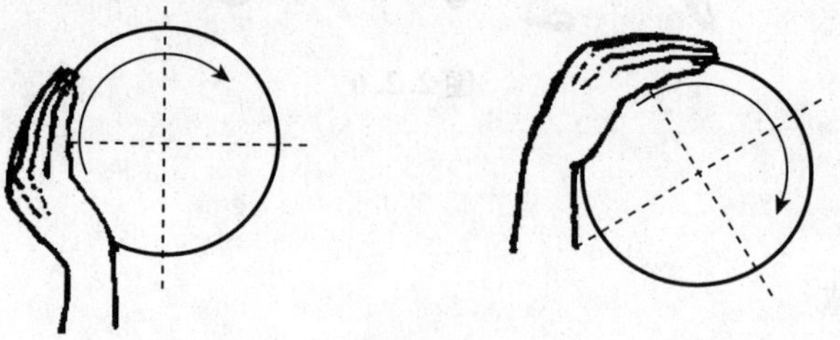

图 2.2.9

4. 挥臂击球

击球时，利用上体左转和收腹带动右臂向前上方加速挥动，用全手掌包住球体，击在球的后中下部，并向前上方推送，使球呈上旋飞行。发球后立即进场。

(三) 发球的练习方法

(1) 徒手模仿抛球、引臂、挥臂击球的技术动作。

(2) 击固定球练习：练习者两人一组，一人持球于头前，另一人挥臂击球。

(3) 两人一组相对 5 ~ 6 米对面发球练习。

(4) 两人一组相对 5 ~ 6 米对面做隔网的发球练习。

(5) 完整练习：学生在场地两端线后发球区，做完整的发球练习。

(6) 准确性练习：要求线路，落点，找人发球等练习。

四、垫球

(一) 正面双手垫球

1. 技术方法

垫球是利用双手小臂形成的垫击面，在腹前垫击来球的技术动作，是最基本的垫球方法。主要用来接速度快、弧度平、力量大、落点低的各种来球，如接发球，后排防守，有时也用来做调整二传。其技术环节可分为准备姿势、击球手型、击球用力几个部分（图 2.2.10）。

图 2.2.10

2. 击球手型

除单手垫球和挡球外，一般有三种：

（1）双手抱拳互握。两拇指平行向前（图 2.2.11）。

（2）叠掌式。两手掌根紧靠，手指重叠合掌互握，两拇指平行（图 2.2.12）。

（3）互靠式。两手腕靠紧，两手自然放松（图 2.2.13）。

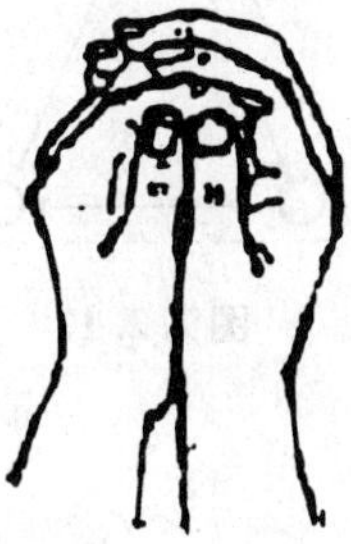

图 2.2.11

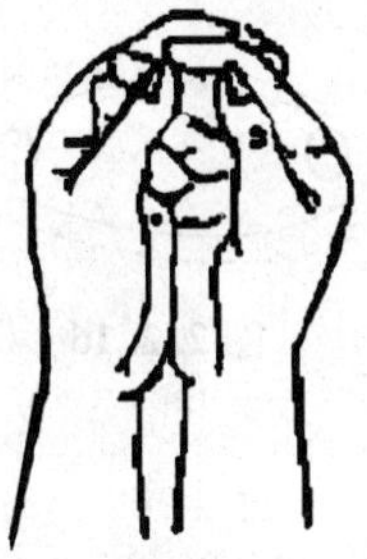

图 2.2.12

图 2.2.13

3. 击球部位

触球时，以前臂腕关节以上 10 厘米左右桡骨内侧平面为宜。

4. 击球点

在腹前击球，便于控制用力大小；便于调整手臂击球角度；便于控制球的落点和方向。

（二）体侧垫球

垫击飞向体侧的来球为体侧垫球。这种垫球可扩大控制范围，但不易控制垫球的方向。当球向左侧飞来时，右脚前脚掌内侧蹬地，左脚向左跨出一步，左膝弯曲，重心移至左脚上，两臂夹紧向左伸出（右肩向下倾斜），用向右转腰和收腹的动作，配合两臂在体左侧截住球，用两臂垫击来球的后下部，切忌随球摆臂。当球向右侧飞来时，以相反方向动作击球（图 2.2.14）。

图 2.2.14

（三）练习方法

（1）模仿垫球练习。

（2）两人一组垫固定球：一人双手持球置于体前较低处，一人做垫固定球练习。

（3）一人一球，对墙垫球。

（4）两人一组，一抛一垫。

（5）两人一组，对垫（两人相对站立，由近及远）。

（6）三人一组，三角垫球。

（7）三人一组站成等腰三角形，二人轮流抛球，另一人垫球。丙将甲抛的球垫给乙，乙抛的球垫给甲（图 2.2.15）。

（8）四人一组直线跑动垫球（图 2.2.16）。

（9）四人一组站成等边三角形跑动垫球（图 2.2.17）。

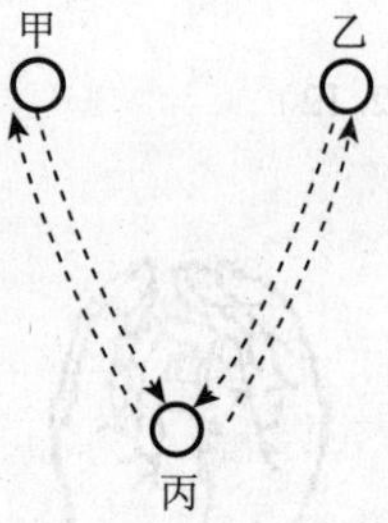

图 2.2.15

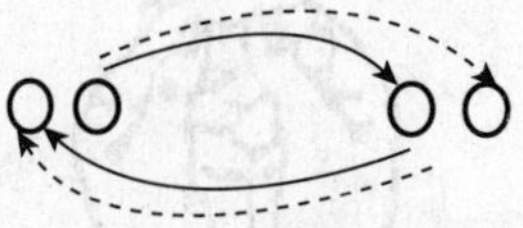

图 2.2.16

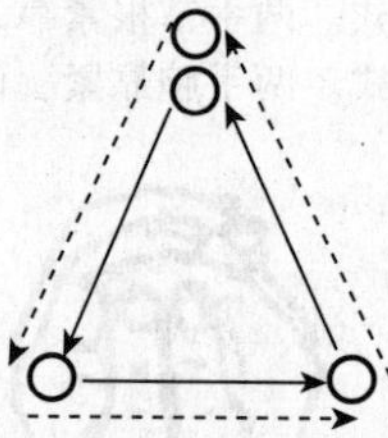

图 2.2.17

五、传球

（一）正面传球

正面双手传球是传球中最基本的方法，也是掌握和运用各种传球技术的基础（图 2.2.18）。

1. 准备姿势

两脚左右开立与肩同宽，膝关节弯曲，上体稍前倾，身体重心落在前脚掌上。两臂自然下垂置于腹前，两眼注视来球方向。

2. 迎球

当来球接近额前约一球距离时，开始蹬地，伸膝，两手微张向前上方迎球。

3. 手型（图 2.2.19）

图 2.2.18

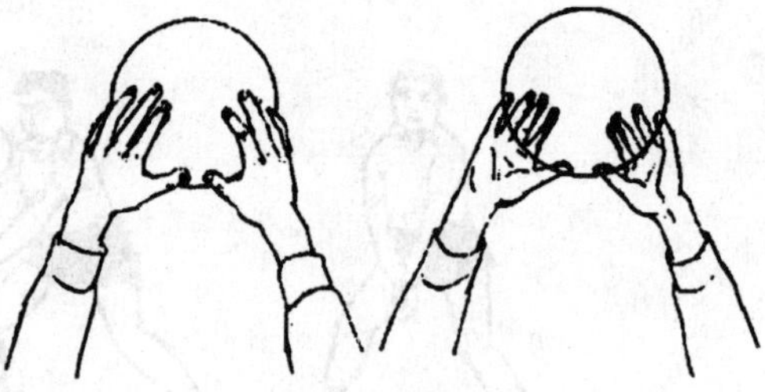

图 2.2.19

两手自然张开成半球状，手腕后仰，两拇指相对接近成一字形，两食指接近成八字形。用拇指的内侧和食指的全部及中指的第二、三指节负担球的重量，无名指和小指控制传球的方向。

4. 击球用力

击球时，利用蹬地、伸膝、伸臂及通过球压在手上使手腕、手指产生的反弹力将球传出。击球的用力是一个全身协调贯通用力的动作。

（二）练习方法

（1）徒手模仿传球练习。

（2）两人一组，一人持球于体前额上方，一人传固定球练习。

（3）一人一球对墙传球。

（4）两人一组，一人抛球，一人传球（两人相对 3 米）。

（5）两人一组，近距离对传（两人相对 3 ~ 4 米）。

（6）两人一球，隔网对传。

（7）三人一球，三角传球。

六、扣球

（一）正面扣球技术要领（图 2.2.20）

1. 准备姿势

两眼观察来球方向，两膝微屈，两臂自然下垂，做好随时助跑的准备。

2. 助跑

获得一定初的速度，从而增加起跳的高度，选择适当的起跳时机和起跳点。

3. 起跳

两臂由下向上加速向上摆，同时两腿积极向下蹬跳，两臂继续向前上方摆动。

4. 挥臂击球

起跳后，右臂向前上方抬起，身体成反弓状。挥臂击球时，利用收腹开始发力，带动肩、肘和小臂及手腕成鞭打动作向上方挥击。击球点在身体右肩前上方，击球时用全手掌包住球，击球的后中部，并有压腕和推压动作，使球成上旋飞行。

5. 落地缓冲

屈膝下蹲缓冲身体下落的冲力，并迅速做好做下一个动作的准备。

图 2.2.20

（二）练习方法

（1）徒手原地挥臂扣球模仿练习。
（2）徒手助跑起跳挥臂扣球练习。
（3）助跑起跳扣固定吊球练习。
（4）对墙连续扣球练习。
（5）4 号位上网扣球练习。

七、拦网

（一）动作要领

拦网可分为准备姿势、移动、起跳、空中拦击、落地几个技术环（以单人拦网为例，图 2.2.21）。

1. 准备姿势

面对球网，两膝稍蹲，两臂屈肘置于腹前。

2. 移动

准确判断来球路线，迅速移动到区域准备拦网。

3. 起跳

移动后身体转向球网，并根据对方队员扣球的起球高低、快慢来选择起跳的时机。拦一般的高球应稍晚于扣球队员起跳，拦快变的球应与扣球队员一起起跳。

4. 空中拦击

起跳后，两手尽量向网的前上方伸出，两手自然张开，根据对方的扣球线路或本人所负责的拦网区域，两手尽量靠近球，在手触球的同时，手指、手腕稍紧张并向下压腕。如对方采取打手出界，拦网者的外侧手腕要注意向场内转，防止打手出界。

5. 落地

注意屈膝缓冲，保持好身体的平衡，同时为进行下一个动作做好准备。

图 2. 2. 21

（二）练习方法

（1）徒手原地起跳拦网练习。
（2）网前移动徒手拦网动作练习。
（3）两人一组隔网，一人抛球，一人跳起拦网练习。
（4）两人一组隔网，一人自抛自扣，一人跳起拦网练习。
（5）在比赛中进行拦网练习。

第三节　排球运动基本战术

排球比赛阵容配备的主要形式：

一、“四二”配备

“四二”配备是指场上队员有 4 个进攻队员和 2 个二传队员。4 个进攻队员又分为 2 个主攻，2 个副攻，他们都站在对角位置上。其优点是无论怎样轮转，前后排都能保持 1 个二传和 2 个进攻队员，便于组织和发挥攻击力量，给对方的拦网及防守造成困难。但对 2 个二传队员的进攻和拦网能力要求较高，否则就会影响“四二”配备的进攻效果（图 2. 2. 22）。

二、“五一”配备

“五一”配备是指场上队员有 5 个进攻和 1 个二传队员。其优点是拦网和进攻力量得到加强，全队只要适应一个二传队员的打法，相互之间容易建立默契。有利于二传队员统一贯彻战术意图。但二传队员在前排时，只有两点攻。要充分利用两次球、吊球及后排扣球等战术变化突袭对方，以弥补“五一”配备的不足（图 2. 2. 23）。

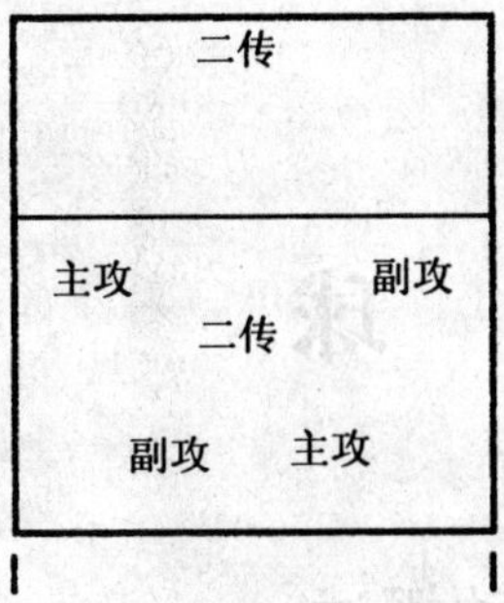

图 2. 2. 22

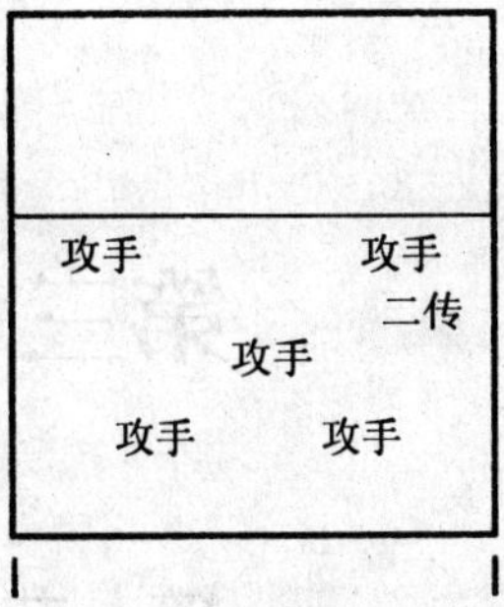

图 2. 2. 23

第四节　排球比赛的场地

排球比赛场地包括比赛场区和无障碍区。比赛场区为长 18 米，宽 9 米的长方形，其四周至少有 3 米宽的无障碍区，从地面量起至少有 7 米的无障碍空间。国际比赛的场区边线外的障碍区至少 5 米，端线后至少 9 米，上空的无障碍空间至少 12.5 米（图 2. 2. 24）。

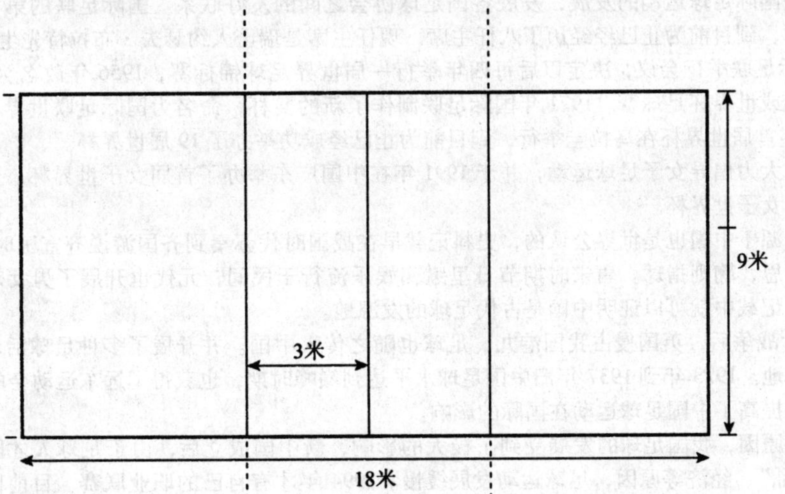

图 2. 2. 24

第三章　足　球

第一节　足球运动概述

足球运动是世界上最受人们喜爱、开展最广泛、影响最大的体育运动项目，被誉为“世界第一大运动”。它是以脚支配球为主，两个队在同一场地内进行攻守、以比分多少定胜负的体育运动项目。1863 年 10 月 26 日，由伦敦 11 个最主要的俱乐部和学校在伦敦的弗里森酒店举行会议创立了英格兰足球协会，与此同时也产生了世界上第一个统一的足球规则，共 14 条，这一日被世界公认为现代足球的诞生日，世界各国也公认现代足球起源于英国。

1904 年 5 月 21 日，由法国、比利时、丹麦、荷兰、西班牙、瑞典、瑞士 7 个国家共同创立了国际足球协会。到目前为止，国际足联会员协会已增加到 200 多个，成为会员协会最多的国际单项体育组织。国际足联的宗旨：促进国际足球运动的发展，发展各国足球协会之间的友好联系。国际足联的第一任主席是法国人罗伯特・格林，到目前为止已经经历了八任主席，现任主席是瑞士人约瑟夫・布拉特先生。

1928 年国际足联举行会议，决定以后每四年举行一届世界足球锦标赛，1956 年改名为朱尔・里梅杯，后来简称里梅杯或世界杯足球赛。1971 年国际足联制作了新的奖杯，命名为国际足联世界杯并设为永久性流动杯。1930 年首届世界杯在乌拉圭举行，到目前为止已经成功举办了 19 届世界杯。

国际足联也大力倡导女子足球运动，并于 1991 年在中国广东举办了首届女子世界杯。到目前为止已经成功举办了 6 届女子世界杯。

古代足球起源于中国也是世界公认的，史料记载早在战国时代苏秦到齐国游说齐宣王时就提到蹋鞠者。蹋是用脚踢的意思，鞠则指球。唐宋时期节日里蹴鞠娱乐流行于民间，元代也开展了男女对踢球的游戏活动。从我国史书记载中就可以证明中国是古代足球的发源地。

1840 年鸦片战争后，英国侵占我国港九，足球也随之传入中国。并开展了多种足球活动，现代足球就由沿海发展到内地。1923 年到 1937 年旧中国足球水平达到巅峰时期，也获得了远东运动会的冠军，1936 年参加了奥运会，提高了中国足球运动在国际的影响。

由于战争等原因，我国足球的发展受到了极大的影响，新中国成立后，由于足球人才匮乏，并受自然灾害、“十年动乱”、经济等原因，足球运动发展缓慢。1994 年才有自己的职业联赛。目前国内注册的职业球员比职业化刚开始以来人数大幅度锐减，处于足球发展的低潮期。女子足球运动在国内开展更是不容乐观，不过国家已经在大力扶持开展，并制定足球进校园等活动，对中国的足球发展具有一定的促进作用。

从事足球运动可形成良好的心理品质及思想品德，从事足球运动可提高人们的力量、速度、耐力等身体素质，增强体质。足球也可以丰富人们的文化生活。一个国家在足球比赛中获胜，可振奋国民的民族精神。足球还可成为人际交往和国际交往的桥梁，推动社会的良性发展。足球也可带来巨大的经济收益，可推动相关产业的发展，利于国家的税收。足球所拥有的众多优点使之成为世界上最受关注最受人喜爱的运动。

第二节　比赛场地与用球

一、比赛场地

足球场地边线长度为 90 ~ 120 米，球门线的长度为 45 ~ 90 米，足球场地必须是长方形，边线和球门线不能等长。国际足联规定世界杯决赛场地为长 105 米、宽 68 米。角球区是以 1 米为半径画的区域（图 2. 3. 1）。

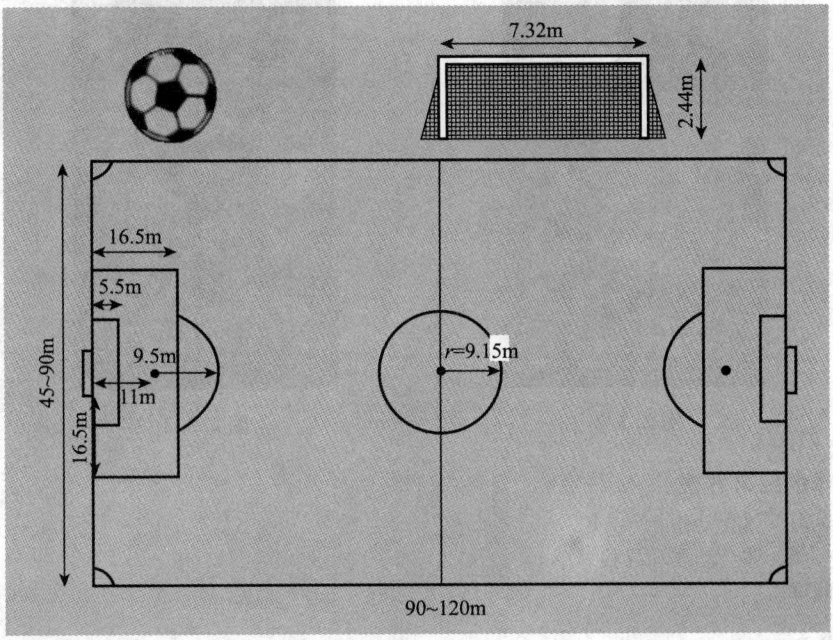

图 2. 3. 1

二、球

球的圆周为 68 ~ 70 厘米，重量为 410 ~ 450 克。比赛用球的颜色应与场地的颜色有区别。

三、队员人数

每队队员的人数不得多于 11 人，不得少于 7 人，比赛过程中发现多于 11 人应停止比赛，令不正当进入比赛场地的队员出场并给予黄牌警告，如果少于 7 人则比赛终止。

四、队员装备

队员不能佩戴危及自己或对方的任何物件及珠宝首饰。队员必须穿着统一的运动上衣、运动短裤、足球袜、足球鞋、护腿板。守门员的服装必须有别于其他队员（守门员可穿长裤）。

第三节　基本技术动作

一、颠球

颠球可以增加对球的弹性、重量、旋转及触球部位、击球时用力轻重的感觉，可作为运动员熟悉球性的练习方法。颠球可用于练习的部位有双脚脚背、双脚内外侧、大腿、胸部、肩和头部等。

（一）脚背颠球

动作要领：脚向前上方摆动，踝关节固定，用脚背击球的下部，可用两脚连续击球，也可一脚支撑一脚击球（图 2. 3. 2）。

（二）大腿颠球

动作要领：抬腿屈膝，用大腿的中前部向上击球的下部，可两腿交替击球，也可一脚支撑一脚击球（图 2.3.3）。

图 2.3.2

图 2.3.3

（三）颠球的练习方法

（1）无球练习，体会动作。

（2）一抛一颠，体会动作和寻找球感。

（3）连续颠球。

二、踢球

（一）脚内侧踢定位球

动作要领：踢球退小腿爆发式摆动，用脚内侧部位触球，触球后身体随前移动（图 2.3.4）。

图 2.3.4

（二）脚背内侧踢定位球

动作要领：大腿带动小腿做爆发式摆动，脚背绷直，用脚背内侧部位触击球，击球后腿及身体继续随前（图 2.3.5）。

图 2.3.5

（三）踢球的练习方法

（1）无球练习，体会动作。

（2）一人脚底挡球，一人踢球，可检查触球部位和支撑阶段是否正确。

（3）利用足球墙进行各种踢定位球练习。

（4）然后两人相距一定距离进行传球练习。

三、接球

接球技术是能否合理连接下一个技术动作的关键，因此用身体的合理部位把球接到自己所需的范围是接球成功与否的关键，我们不管用何种方法接球，都要把握好观察和移动、选择接球部位和接球方法、改变来球的力量和随球移动几个技术环节。

（一）脚内侧接空中球

动作要领：判断来球运行轨迹，及时移动，抬腿用脚内侧对准来球前迎，脚触球瞬间后侧（图 2.3.6）。

（二）大腿接球

动作要领：根据来球落点移位，接球腿大腿抬起，球与大腿接触瞬间大腿下撤将球接到需要的位置（图 2.3.7）。

图 2.3.6

图 2.3.7

（三）胸部接球

动作要领：面对来球，两膝微屈，上体后仰，下颚微收，两臂自然张开，触球两脚蹬地用胸部轻托球的下部把球微微弹起在胸前上方（图 2.3.8）。

图 2.3.8

（四）接球练习方法

个人可把球抛高接反弹球和空中球，也可对墙接地滚球。两个人可以相隔5~10米传接地滚球，也可手抛球接反弹球和空中球。3人以上可以相隔20米以上接长传球。可选择的接球方法有：脚外侧接球、脚背正面接球、脚底接球、腹部接球和头部接球。

四、运球

运球是让球随自己运动，还需要越过对方防守队员，其技术动作由运球方法的选择与准备、跑动中断触球、为下一个动作的连接做好准备三个技术环节组成。不管选择何种运球方法，关键跑动要自然、重心要低、步幅要小、频率要快。最后要连接好下一个技术动作。

（一）脚内侧运球

动作要领：支撑脚膝关节微屈并始终领先于球位于侧前方，踢球脚抬起用脚内侧推球前进，然后运球着地（图2.3.9）。

（二）脚背正面运球

动作要领：上体稍前倾，运球脚提起屈膝，脚尖下指，用脚背正面触球中部将球推送前进（图2.3.10）。

图2.3.9

图2.3.10

（三）脚背内侧运球

动作要领：步幅小，上体前倾，运球腿提起外展，脚尖外转，使脚背内侧正对运球方向，运球脚落地前用脚背内侧推拨球，使球随身体前进（图2.3.11）。

图2.3.11

五、抢截球

抢截球首先要选好位，再抓住时机果断实施抢球动作，抢球后身体恢复到所需的位置。练习方法：两个人进行对抗性抢球练习，也可两人相隔 5 米以上一人持球一人上前抢球。

六、头顶球

头顶球首先要移动选位，然后身体摆动，主要用腰腹发力，颈部绷紧，或爆发式振摆，用额头部位触球，触球后身体维持平衡（图 2.3.12）。

图 2.3.12

练习方法：两个人相隔 5 ~ 10 米手抛球进行顶球练习，也可进行边路传中顶球射门。

七、界外球

掷界外球的技术要领：双手持球，球必须举至头后，双手同时用力，双脚都不能离地，出球要过额头前方才能离手，动作具有连贯性，中途不能有停顿动作（图 2.3.13）。

图 2.3.13

第四节　足球基本战术

一、足球比赛常见的比赛阵形

4－2－4、4－3－3、4－4－2、3－5－2、5－3－2、4－5－1等。

二、二人局部进攻配合

（一）传切配合二过一（图2.3.14）

（1）直传斜插二过一。

（2）斜传直插二过一。

（二）踢墙式二过一（图2.3.15）

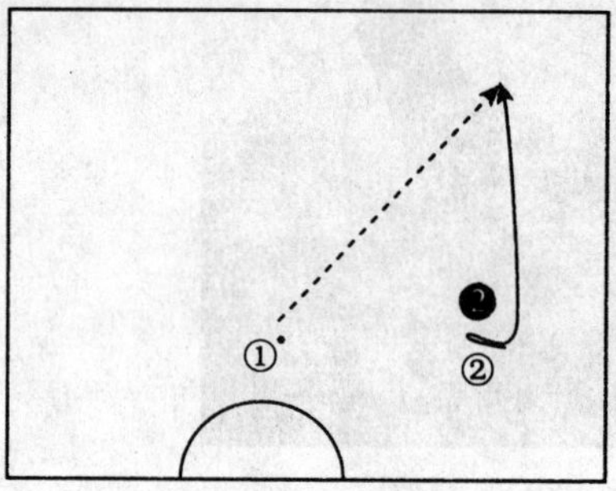

图2.3.14

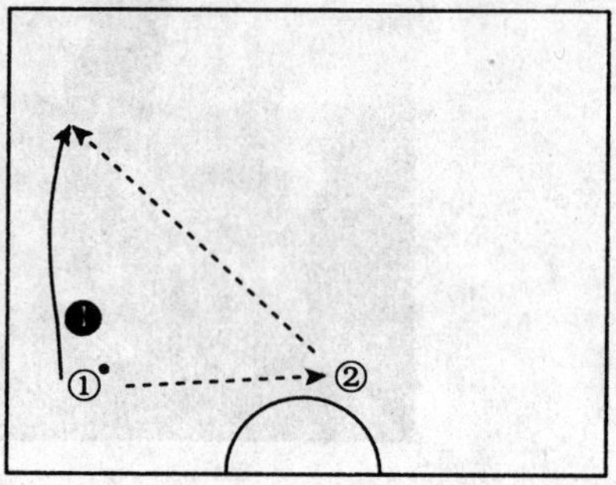

图2.3.15

（三）回传反切二过一（图2.3.16）

（四）交叉掩护二过一（图2.3.17）

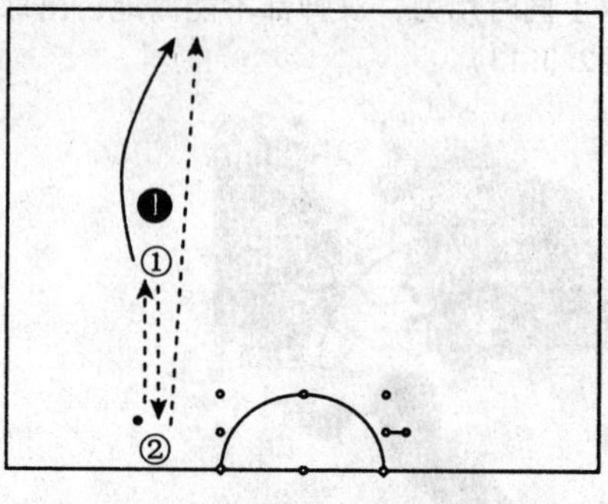

图2.3.16

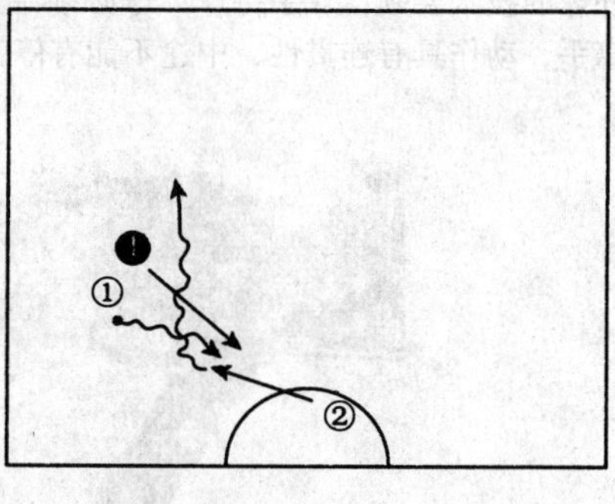

2.3.17

备注：①②代表进攻队员；❶❷代表防守队员；-------►代表传球线路；———►代表跑动线路；波浪线代表运球线路。

第四章　网　球

第一节　网球运动概述

一、网球运动的起源和发展

网球运动的起源可以追溯到12—13世纪的法国。当时，法国年轻的传教士，为了调节单调的生活，常常进行一种用手绳击球的游戏。其方法就是在教堂的走廊上，两个人中间用一条绳子隔开，用手掌将布包着毛发制成的球来回连续击打，这就是最初的网球运动。

随着手掌击球游戏的不断发展，人们开始戴上手套击球，后来发展演变成用球拍击球。这种游戏不仅在教堂中盛行，也逐渐出现在法国的宫廷里。13世纪，法国国王路易五世把这种手掌击球的游戏定为王室贵族运动，并禁止平民参与。正是基于这段历史，再加上现代参与网球运动的经济投入相对较高，所以网球运动至今一直被称为"贵族运动"。

1875年，英国的板球俱乐部制定了网球比赛的规则。1877年7月，全英板球俱乐部更名为全英板球和草地网球俱乐部，并第一次举办了温布尔登男子网球单打比赛，之后这个组织确定网球场为一个23.77米×8.23米的长方形平面，计分采用中世纪古老式计分方法，0分叫"love"，胜1分叫"15"，胜2分叫"30"，胜3分叫"40"，平分叫"deuce"。球网中央高度为0.9米。1884年，英国伦敦玛丽勒本板球俱乐部把球网中央高度改为0.914米。现代网球比赛基本上一直沿用1877年7月温布尔登网球比赛的规则。

19世纪90年代中期，网球运动进入了初步发展阶段。世界上许多国家和地区相继成立网球协会，并定期举办网球比赛。20世纪70年代后，网球运动得到了空前的发展。在美国、法国、英国、德国、澳大利亚和俄罗斯等网球强国中，人们对网球的热情与日俱增。据统计，1983年，美国经常打网球的人有4 000多万人，其中，青少年就占了2 000多万人；在意大利，有3 000多个俱乐部，会员有100万人；在法国，仅注册的会员就有150万人；墨西哥和澳大利亚几乎全民打网球。

进入20世纪90年代后，网球运动出现了新的发展趋势：一是网球运动更加普及。据资料显示，1990年年初，在国际网球联合会注册的协会组织就达到156个。二是网球技术日臻完善，水平不断提高，争夺日益激烈，观赏性不断增强。三是网球器材的科技含量进一步提高，极大地推动了网球运动向力量、速度方向发展。四是网球比赛的奖金不断提高，网球职业化、商业化程度越来越高。

近些年来，随着网球运动的进一步普及，许多国家都涌现出了世界级球星，美国、澳大利亚、俄罗斯等少数国家一统天下的局面被打破。

二、国际网球组织机构

（一）国际网球联合会

国际网球联合会（International Tennis Federation，ITF）成立于1913年3月1日，是成立最早的国际网球组织，总部设在伦敦，是世界网球组织的最高权力机构。中国网球协会于1980年被批准为该组织的正式会员。

（二）世界男子职业网球协会

世界男子职业网球协会（Association Tennis Professionals，ATP）成立于1972年，是世界男子职业网球选手的自治组织，其主要任务是协调职业运动员和赛事之间的关系，并负责组织和管理职业选手的积分、排名、奖金分配，以及制定比赛规则和给予或者取消选手的参赛资格等工作。

（三）国际女子网球协会

国际女子网球协会（Women's Tennis Association，WTA）成立于1973年，是世界女子职业网球选手的自治组织，其任务就是组织职业选手的各种比赛，主要是国际女子网球协会的巡回赛，管理职业选手的积分、排名、奖金分配等。

三、国际重大网球赛事

四大网球公开赛；戴维斯杯网球赛；联合会杯网球赛；大师杯系列赛；年终总决赛；中国网球公开赛。

四、我国网球发展概况

中国的网球运动是在19世纪后期由英、美、法等国商人、传教士和士兵相继传入的。中华民国时期的7届全运会，网球都被列为正式比赛项目（1930年女子网球开始被列入）。在1913—1934年的10届远东运动会中，除1913年外，中国都派有网球选手参加。1924—1946年，中国也曾派选手参加过6次戴维斯杯比赛。中华人民共和国成立后，1953年在天津举行了全国4项球类（篮、排、网、羽）运动大会，1959年起的历届全国运动会，网球都列为正式比赛项目。20世纪80年代以来，每年都举行全国甲、乙级联赛和青少年比赛。比赛场地和网球人口逐年增加。1990年，在第十一届亚运会中，中国运动员获男子团体、男子单打、男子双打冠军；1994年，在第十二届亚运会中，又获男子单打、混合双打冠军等。特别是2011年法国网球公开赛中国金花李娜获得冠军，创造了历史，成为第一位站在法网冠军领奖台上的中国选手，同时也是首位亚洲选手问鼎大满贯赛事冠军，谱写了中国网球运动的新篇章。

五、网球比赛的规则和计分

单打比赛比赛规则：双方站在各自的半场内，发球员先从右半场端线后，将球发至对方的右发球区内，接球员还击，如此往返隔网对击，直至一方击球落网、出界或失误，即为对方得1分。每得1分或失1分，发球员变换一次发球方位，接球员随之变换接球区。发球员每次发球有两次机会，连发两球失误为“双误”，失1分。比赛进行中，双方可击落地前的凌空球，或击落地1次的球。先得4分的一方为胜1局。每局双方各得3分时为“平分”，平分后净胜2分的一方胜该局；胜6局为胜1盘，如双方各得5局，必须有一方净胜2局为胜该盘。正式比赛中，男单和男双采取5盘3胜制；女单、女双和混双采取3盘2胜制。国际上叫分方法是胜1分叫“15”，胜2分叫“30”，胜3分叫“40”，双方得“40”叫平分。为了较好地控制比赛时间，可以采用“平局决胜制”，即每盘局数打到6平或8平时，再打一局，先得7分者获胜；如双方各得6分，则以再净胜2分者为胜。但此方法不适用于3盘2胜的第三盘和5盘3胜的第五盘。双打比赛中，双方应按次序发球。如甲队首先发球，可由该队任一人来发，第二局由乙队任一人来发，第三局由甲队另一队员来发，第四局由乙队另一队员来发；如此轮换至该盘终了。另一盘开始，发球次序可以重新排定。

第二节　基本技术动作

一、握拍方法

（一）东方式正手握拍

要领：虎口对拍的侧面，拇指和食指握拍，食指与其余三个手指稍分开，从拍下平面绕过来，食指下关节压在右垂直面上，拇指自然弯曲，握住左垂直面。击球时由手掌根部与食指下关节控制球拍（图2.4.1）。

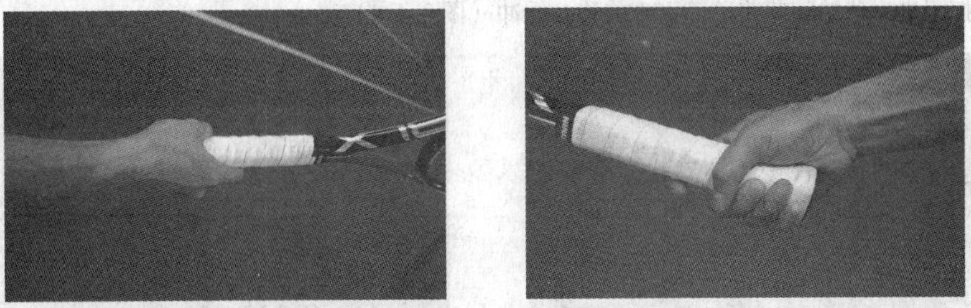

图 2.4.1

（二）双手反手握拍

要领：在正手握拍的基础上，右手握拍柄底部，左手握右手上方（图 2.4.2）。

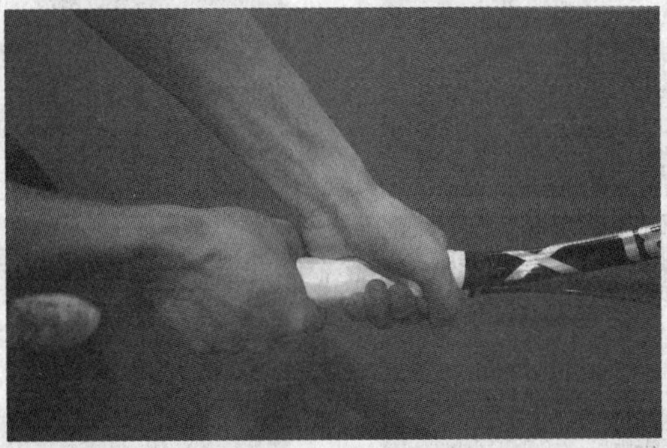

图 2.4.2

二、基本准备姿势

双脚开立比肩略宽，两膝微屈，上体微前倾，球拍置于腹前，同时两脚也可不停地轻微跳动，使身体重心可以随时向任何地方启动，保持身体的机动、灵活。左手轻扶着球拍的颈部，以稳定球拍（图 2.4.3）。

图 2.4.3

三、击球

（一）正手击球

1. 动作要领

（1）准备姿势：两脚左右开立，左脚稍前，双膝微屈，双手握拍，拍置于体前。

（2）转体引拍：面对来球，转肩、转髋带动球拍向后、向上引拍。

（3）挥拍击球：用力蹬腿，重心前移，控拍，以肩为轴上臂带动前臂前挥，挥拍击球。

（4）随挥跟进：球拍随球前送，重心前移，缓冲（图 2.4.4）。

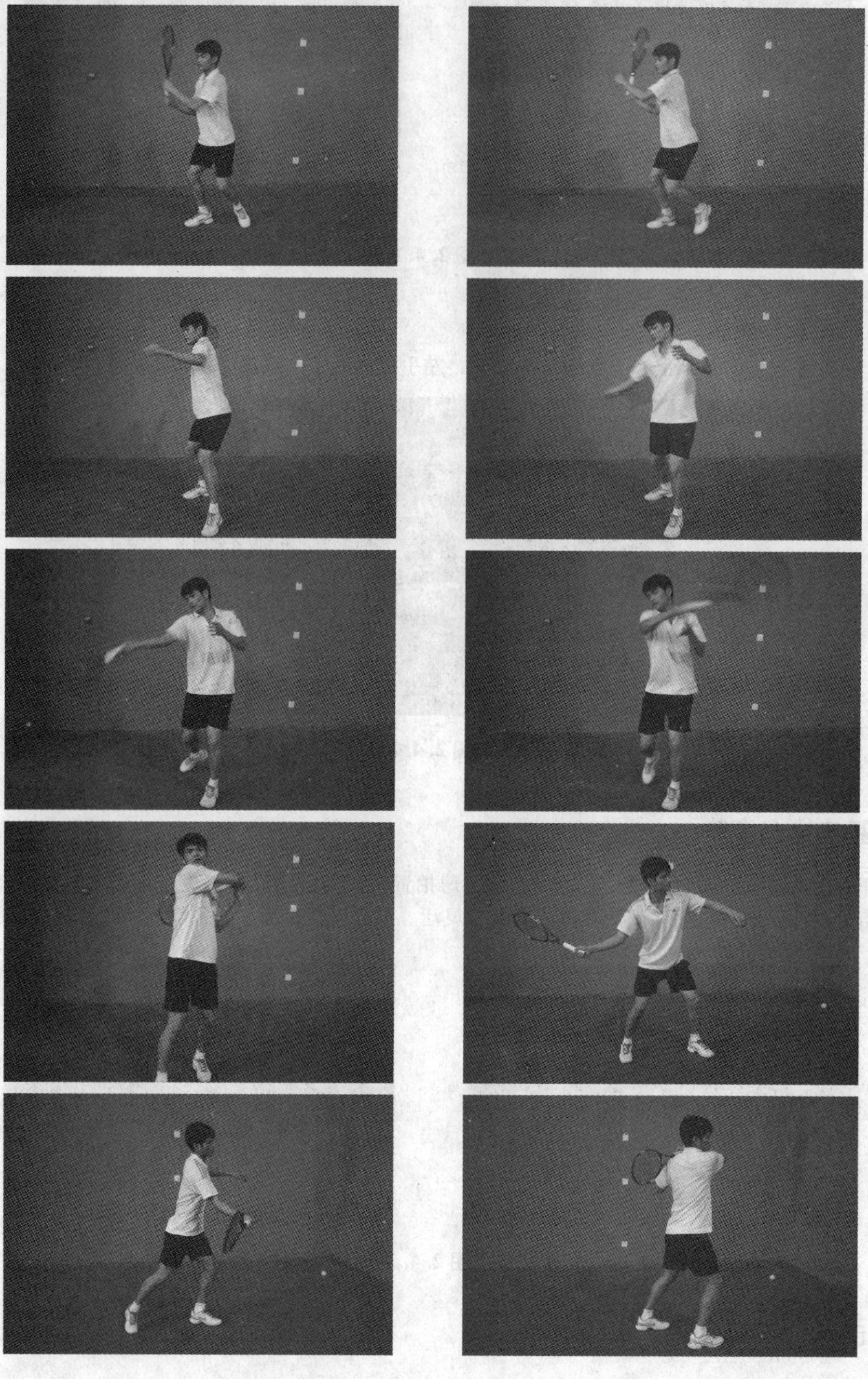

图 2.4.4

2. 常见正手击球种类

（1）正手上旋球：由下向前上方挥击球。

（2）正手下旋球：立拍，由后向前挥拍击球。

（3）正手平击球：由后上方向前下方挥拍，击球的后上部。

(4) 侧旋球：手腕背伸，拍向外仰，由后向前方挥拍击球。

(二) 反手击球

1. 动作要领与方法

(1) 准备姿势：双脚向前自然分开与肩同宽，双膝微屈，身体前倾，重心落在双脚上。

(2) 转体引拍：向左肩转髋带动右手向左后方摆动，肘关节自然弯曲，下垂。

(3) 挥拍击球：紧握球拍，手腕固定，转动双肩、躯干和臀部，挥拍向球，击球瞬间，球拍与手齐平，双眼盯住球。

(4) 随挥跟进：球击出后，拍面平行于网的时间尽量长些，挥拍沿着球飞行的方向前送，重心前移，落在右脚，身体也随着转向球网，挥拍在右肩上方结束，拍头指向上方，完成好随挥动作有助于控制球的落点和方向（图 2. 4. 5）。

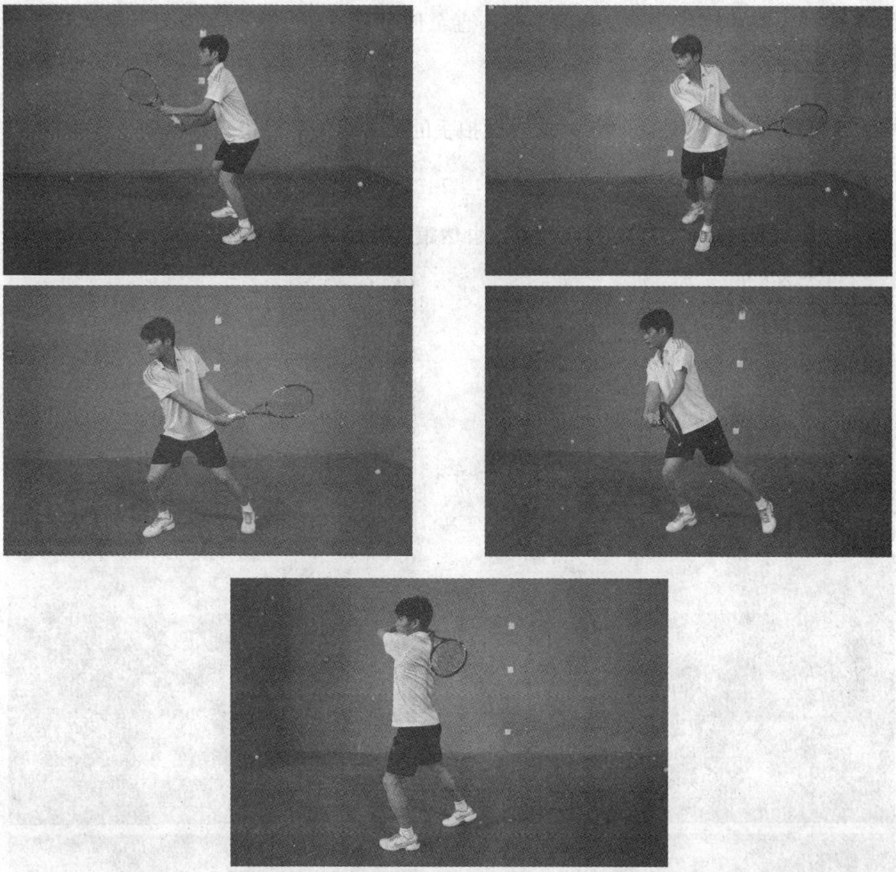

图 2. 4. 5

2. 常见正手击球种类

(1) 双手反手上旋球：由下向前上方挥击球。

(2) 双手反手下旋球：立拍，由后向前挥拍击球。

(3) 双手反手平击球：由后上方向前下方挥拍，击球的后上部。

(4) 放小球：手腕背伸，拍向外仰，由后向前方挥拍击球。

(三) 练习

(1) 无球练习，体会动作。

(2) 对墙练习击各种球，先近距离，然后，逐渐拉大距离。

(3) 击固定落点的球。双手握拍，另一人抛球，反弹后挥拍击球练习。

(4) 击固定落点的球。单手握拍，击另一人抛来的反弹球。

（5）一人挑高弧度球，另一人练习各种击球。

四、发球

（一）基本技术

1. 握拍与准备姿势

握拍法：大陆式或东方式反拍握拍法。

准备姿势：侧身站立在端线外中场标记近旁边（单打），面向右边网柱，双膝微屈，重心在主支撑脚上。左手持球，轻托球拍于体侧。

2. 抛球与引拍

抛球、后摆抛球与后摆拉拍动作是同步进行的。持球轻托球，当球拍向下向后引拍时，身体做转体、屈膝、展肩时，持球手柔和地在身前左脚前上举，直至伸高及头顶，球送至最高点再离开手指抛向空中。此时右肘向后外展，左侧腰、胯成弓形状。

3. 挥拍击球

当左手抛出球时，球拍继续向上摆起，这时握拍手的肘、腕关节放松，拍柄向上。当球下降至击球点时，展体，甩臂“鞭打”击球。

4. 随挥跟进

随挥动作，身体向场内倾斜，重心移向前方，自然跟进并保持身体平衡（图 2. 4. 6）。

图 2. 4. 6

图 2.4.6（续）

（二）常见三种发球技术

（1）平击发球：击球的中后部，击球瞬间拍面垂直。

（2）切削发球：由球的右上往左下切削击球。

五、截击球

截击球有以下几个基本技术。

（1）手腕略竖起，拍头高于手腕。

（2）拍拉动作要小，要用举拍转肩、转体来带动上臂，肘要离开身体，不要夹臂。

（3）击球时看上去以肘为轴，肩关节固定，随身体向前转动，封闭腕关节，使手掌、网拍和球在一条直线上，击球刹那屏住呼吸。

（4）击球后随挥动作很小，身体重心移动不大（图 2.4.7）。

图 2.4.7

图 2.4.7（续）

第三节　场地器材

一、网球场

网球场是一个长方形的地面，长 23.77 米，宽 8.23 米，球网（网的中央高度为 91.4 厘米；网柱高 1.07 米，直径不得超过 15 厘米）把全场隔成相等的两个半场。接近球网两边的 4 块相等的区域是发球区。双打场地的两边较单打场地每边宽 1.37 米。端线和边线以外至少要有 6.40 米和 3.66 米的空地。球场有草地、硬地、沙地或沥青涂塑等。

二、球拍

长柄的椭圆形框子，框上用羊肠线、牛筋线或尼龙线穿织成拍面。球拍框子有木制、金属制或石墨制。标准网球为白色或黄色，球是毛质纤维覆盖的橡胶球，没有缝线。网球直径为 6.35 ~ 6.67 厘米，重量为 56.70 ~ 58.47 克。

第五章　乒乓球

第一节　乒乓球运动的基本知识

一、乒乓球运动的概述

乒乓球起源于英国，是由网球发展而来的。欧洲人至今仍把乒乓球称为“桌上的网球”，即“table tennis”。19 世纪末，欧洲盛行网球运动，但由于受到场地和天气的限制，英国有些大学生便把网球移到室内，以餐桌为球台，书做球网，用羊皮纸做球拍，以软木或橡胶做球，在餐桌上推来挡去，这种游戏吸引了许多人参与。从此，这项运动开始发展和流行起来。

1890 年，英格兰著名越野跑运动员詹姆斯·吉布从美国带回空心赛璐珞球代替软木塞，这种球重量轻，弹性好，与桌面来回碰击会发出清晰的“Ping Pong”声，于是有人将这项运动称为“乒乓球”。

二、乒乓球运动的发展

1900 年 12 月，第一次大型乒乓球比赛在英国伦敦举行。1926 年，国际乒乓球联合会正式成立，并决定举行第一届世界乒乓球锦标赛。1988 年，在韩国举办的第二十四届奥运会上，乒乓球运动被国际奥委会正式列为正式的比赛项目，因而引起了世界各国的极大重视。

1904 年，上海一家文具店的老板王道平从日本买回 10 套乒乓球器材，并在店内作打球表演，由此，乒乓球运动传入中国，国人开始逐步了解和参与这项运动。新中国成立后，我国的乒乓球运动发展很快，水平迅速提高。1953 年第一次派队参加世乒赛。1959 年，在第二十五届世界乒乓球锦标赛上，容国团先后战胜各国乒坛名将，为中国夺得了第一个乒乓球男子单打世界冠军。在总结了容国团的技术经验基础上，我国乒乓球运动逐渐形成了“快、准、狠、变”的近台快攻技术风格，20 世纪 80 年代后，开始在世界乒坛崭露头角，1981 年，我国的乒乓球运动员囊括了第三十六届世锦赛所有比赛项目的 7 个冠军，在国际乒坛引起了极大的震动。到现在，乒乓球项目是我国获得世界冠军最多的体育项目之一，被称为“国球”，从容国团获得我国首个乒乓球世界冠军，数十年来，我国共出了近百位乒乓球世界冠军，我国乒乓球运动员在奥运会、世锦赛、世乒赛这三大赛事上共获 100 多个世界冠军。

三、乒乓球运动的主要器材

乒乓球：球的颜色为橙色或白色；球形状是直径 40 毫米的圆球体，重量为 2.7 克 。

球拍：球拍的大小、形状和重量不限，但底板的材料中应有 85% 的天然木料，击球的拍面应用一层颗粒向外的普通颗粒胶覆盖，连同黏合剂，厚度不超过 2 毫米；或用颗粒向内或向外的海绵胶覆盖，连同黏合剂，厚度不超过 4 毫米。

球台：应为与地面平行的长方形，长 2.74 米，宽 1.525 米，高 0.76 米。

球网装置：包括球网、悬网绳、网柱及夹钳等部分，球网高 15.25 厘米。

四、乒乓球主要的国际比赛

1. 世界乒乓球锦标赛

由国际乒乓球联合会主办，每两年举办一届，任何会员协会均可派选手参加，共设七个比赛项目，分别是：男子团体、女子团体、男子单打、女子单打、男子双打、女子双打、混合双打。

2. 奥运会乒乓球比赛

1988 年乒乓球被列为奥运会的正式比赛项目，设有：男子单打、女子单打、男子双打、女子双打四个项目；2008 年奥运会以后，用男子团体和女子团体取代男子双打、女子双打。

3. 世界杯乒乓球赛

分为男子世界杯和女子世界杯，只设单打，每年举办一届；参赛者有上届世界杯冠军、世界锦标赛冠军、6 大洲的冠军或最优秀的运动员、世界排名前八名的运动员和 2 名“外卡”选手组成。

4. 国际乒联巡回赛年度总决赛

1996 年开始举办，在年度国际乒联巡回赛中，积分排名男子前 16 名，女子前 12 名的单打选手和排名前 8 名的双打选手，有资格参加年度总决赛。

第二节　乒乓球运动的基本技术

一、握拍方法

乒乓球的握拍方法因球拍的类型不同而有所差异，主要有以下两大类。

（一）直拍握法

直拍快攻的握法：食指自然弯曲，第二指节和拇指的第一指节分别压在球拍正面的两肩；其余三指自然弯曲重叠贴压在球拍背面；拍柄后部轻贴虎口（图 2.5.1、图 2.5.2）。

（二）横拍握法

中指、无名指和小指自然握住拍柄，拇指略为弯曲稍靠中指贴在球拍的正面；食指自然伸直斜放于球拍的反面，虎口贴于拍肩正侧缘。虎口紧贴在拍肩侧缘称为深握法；虎口轻微贴在拍肩侧缘称为浅握法（图 2.5.3、图 2.5.4）。

图 2.5.1

图 2.5.2

图 2.5.3

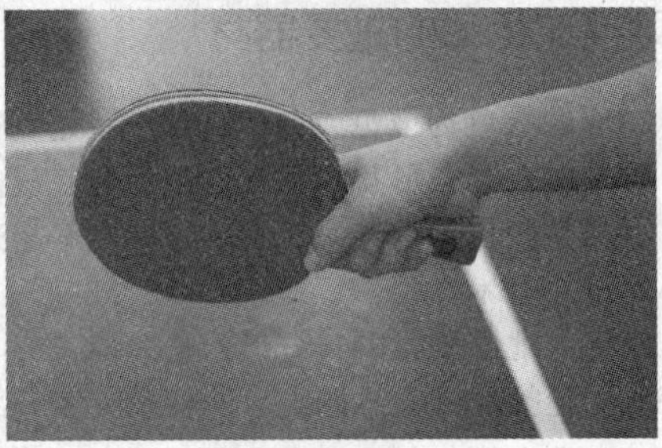

图 2.5.4

二、准备姿势

两脚左右开立，略比肩宽，左脚稍前，前脚掌的内侧着地，两膝微屈，重心置于两脚之间；上体收腹含胸，略为前倾，眼睛注视来球；持拍手自然弯曲，放在腹前的右侧，手腕适当放松；非持拍手自然弯曲置于腹前，与持拍手基本同高（图 2. 5. 5、图 2. 5. 6）。

图 2. 5. 5

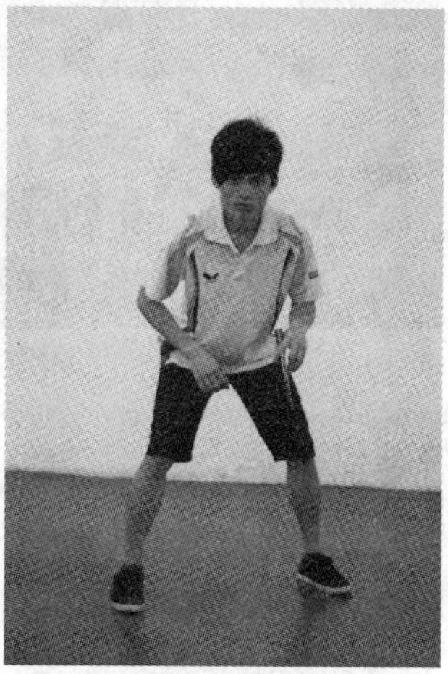
图 2. 5. 6

三、发球技术

（一）正手平击发球

1. 站位

两脚左右开立，左脚稍前，两膝微屈，左掌心托球置于身体的右侧前方，右手持拍于左手后侧。

2. 抛球、引拍

左手将球上抛，同时上体略右转并向右后方引拍，右前臂内旋，使拍面稍前倾成半横状。

3. 击球、还原

当球下降至稍高于网的位置时，右手迅速向左前方挥拍，击球的中上部；最后迅速还原（图 2. 5. 7）。

图 2. 5. 7

（二）反手平击发球

1. 站位

两脚左右开立，右脚稍前，两膝微屈；左掌心托球置于身体的左侧前方，右手持拍于左手的右下方。

2. 抛球、引拍

左手将球上抛，同时上体略左转，手臂向左后方引拍，右前臂外旋，使拍面稍前倾成半横状。

3. 击球、还原

当球下降至稍高于网的位置时，右手迅速向右前方挥拍，击球的中上部，最后迅速还原（图 2. 5. 8）。

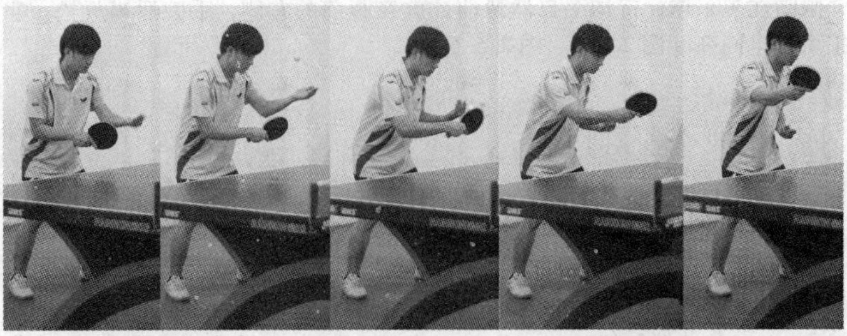

图 2.5.8

（三）正手下旋球发球

1. 站位、预备

两脚左右开立，左脚稍前，两膝微屈；左掌心托球置于身体的左侧前方，右手持拍于靠近左手的右后方。

2. 抛球、引拍

左手将球上抛，同时上体略右转，手臂向右后上方引拍，右臂外旋，使拍稍后仰。

3. 击球、还原

当球下降至稍高于网或与网同高的位置时，前臂迅速向前下方挥拍，同时手腕内曲，以拍头击球的中下部并向底部摩擦，最后迅速还原（图 2.5.9）。

图 2.5.9

（四）反手下旋球发球

1. 站位、预备

两脚左右开立，右脚稍前，两膝微屈；左掌心托球置于身体的左侧前方，右手持拍于靠近左手的右下方。

2. 抛球、引拍

左手将球上抛，同时上体略左转，手臂向左后上方引拍，直拍的前臂外旋，横拍的前臂内旋，使拍稍后仰。

3. 击球、还原

当球下降至稍高于网或与网同高的位置时，前臂迅速向右前下方挥拍，以拍头击球的中下部并向底部摩擦，最后迅速还原（图 2.5.10）。

图 2.5.10

（五）发球的练习

（1）抛球练习。体会抛球动作，把握抛球高度、方向、落点等技术要素。

（2）徒手练习。体会抛球、引拍、击球等技术环节的衔接。

（3）两人一组对发球，练习发不同旋转的球。

（4）发直线、斜线等不同路线球。

（5）发近台、远台等不同位置的球。

四、接发球技术

接发球技术，是乒乓球的基本技术之一。接发球的具体方法是先判断对方发球的方向、旋转方式以及落点，然后采用推、拨、搓、攻、拉、削等技术来回接。接发球有规律可循，常用的回球方法主要有如下几种。

（一）接急球的方法

来球速度快、带有上旋，接左方急球，可侧身回接，常用反手推挡（横拍拨）或反手攻来回击；接右方急球，常用正手快带或快攻来回击。

（二）接下旋球的方法

来球下旋，球速较慢，常用搓球来回接，如用拉攻或弧圈球回接，一定要增加提拉。

（三）接左（右）侧下旋球的方法

来球速度稍慢，带侧下旋，常用搓或削来回接。

（四）接左（右）侧上旋球的方法

来球速度较快，带侧上旋，常用推或快攻回接。

五、推挡（拨）球技术

推挡球技术是直拍快攻的基本技术之一，是我国乒乓球直拍运动员克敌制胜，获取优异成绩的主要技术，包括：平挡、减力挡、快速推、加力推等，平挡是初学者学习推挡球的入门技术。拨球是横拍的反手技术。

（一）平挡

要领与方法：面对来球，上臂和肘关节内收，前臂外旋，使拍面稍前倾，在来球上升到高点期，前臂向前上小幅轻推，击球的中部偏上（图 2. 5. 11）。

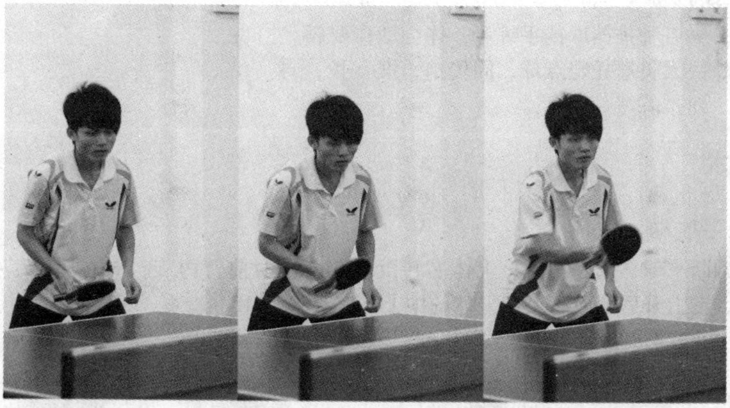

图 2. 5. 11

（二）直拍反手快推

要领与方法：将拍引致腹前，同时上臂和肘关节内收，前臂外旋，使拍面稍前倾，当来球反弹至上升期时，前臂迅速向前略向上推出，击球的中上部（图 2. 5. 12）。

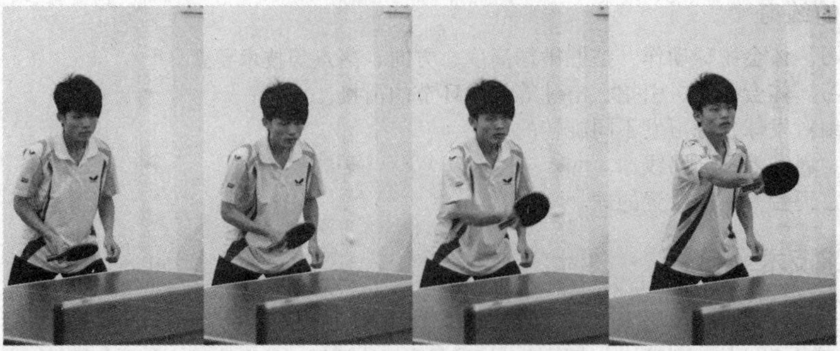

图 2. 5. 12

（三）横拍反手快拨

要领与方法：将拍引致左腹前，同时手臂外旋使拍面前倾，手腕内曲，当来球反弹至上升期时，前臂加速向右前方挥动，同时前臂外旋，手腕外展，使拍面稍前倾，弹击球的中上部（图 2. 5. 12）。

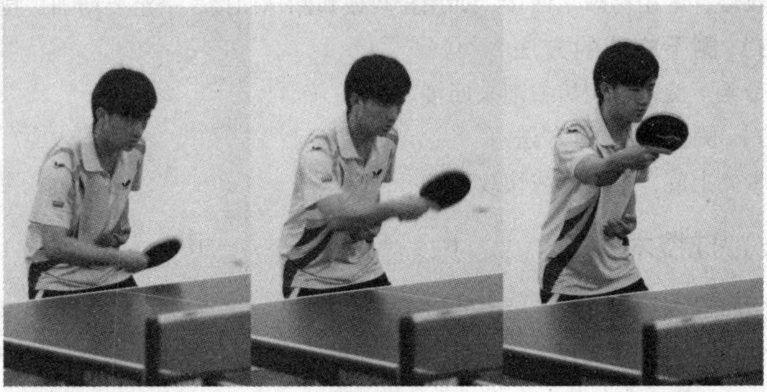

图 2. 5. 12

（四）推挡（拨）球

（1）无球练习：做各种推挡球徒手练习，体会动作要领。

（2）两人一组，一人将球托定点球，同伴挡、推（拨）球。

（3）两人一组，对推练习。

六、攻球技术

（一）直拍正手攻球

方法与要领：判断来球，选好站位；上体右转沉体臂，同时前臂内旋，向右后方引拍，然后，以腰为轴，带动手臂挥拍，在上升后期或高点期击球的中上部（图 2. 5. 13）。

图 2. 5. 13

（二）横拍正手攻球

方法与要领：判断来球，选好站位，右肩右转沉臂，同时前臂内旋，向右后下引拍，然后，腰向左转动，带动手臂挥拍，在上升后期或高点期击球的中上部（图 2.5.14）。

图 2.5.14

（三）攻球练习

（1）徒手练习，体会转身引拍、转腰挥拍的动作要领。

（2）两人一组，一人托定点球，同伴攻球。

（3）两人一组，一人将球推定点球，同伴攻球。

（4）两人一组，一人推球，一人攻球。

七、搓球技术

（一）正手搓球技术

1. 直拍正手搓球

方法与要领：判断来球，选好站位，稍向后上方引拍，球拍稍后仰，球拍向前下方挥动，然后，向斜下用力将球击向对方场区，拇指用力明显（图 2.5.15）。

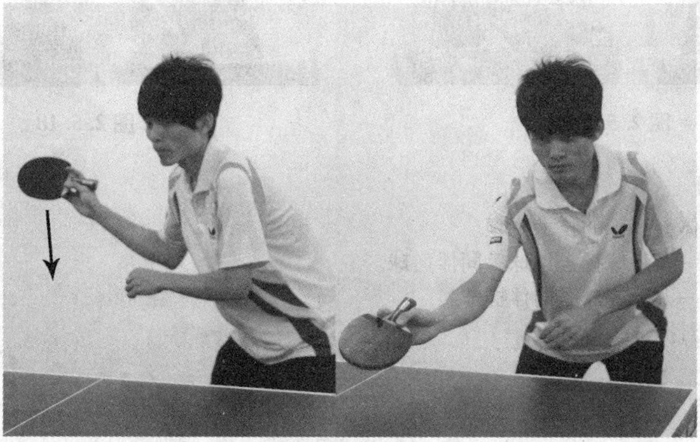

图 2.5.15

2. 横拍正手搓球

方法与要领：判断来球，选好站位，球拍向后上方稍引，拍面稍后仰，球拍向前下方挥动，用球拍的下半部摩擦球的中下部，触球时前臂手腕适当加力（图 2.5.16）。

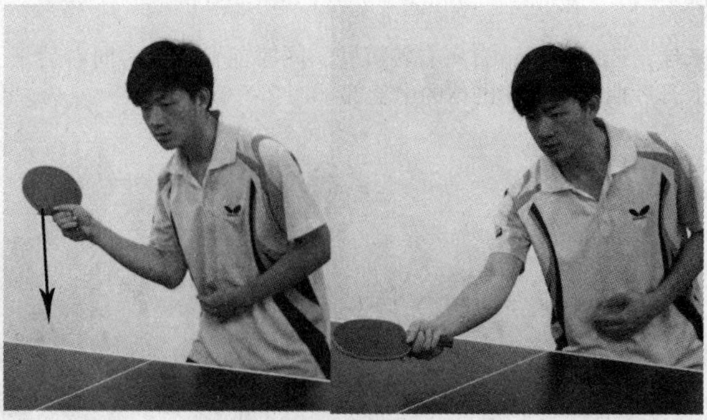

图 2.5.16

（二）反手搓球技术

1. 直拍反手搓球

方法与要领：判断来球，选好站位，引拍至腹前，挥拍时，拍面后仰，手腕发力，球拍向前下方搓球，击球的中下部（图 2.5.17）。

2. 横拍反手搓球

方法与要领：判断来球，选好站位，引拍至腹前，手腕适当放松，挥拍时，拍面后仰，手腕发力将球拍向前下方搓球，击球的中下部，拇指和食指略用力（图 2.5.18）。

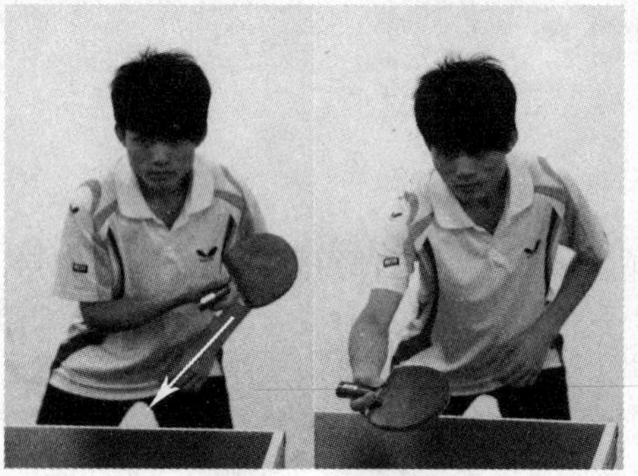

图 2.5.17

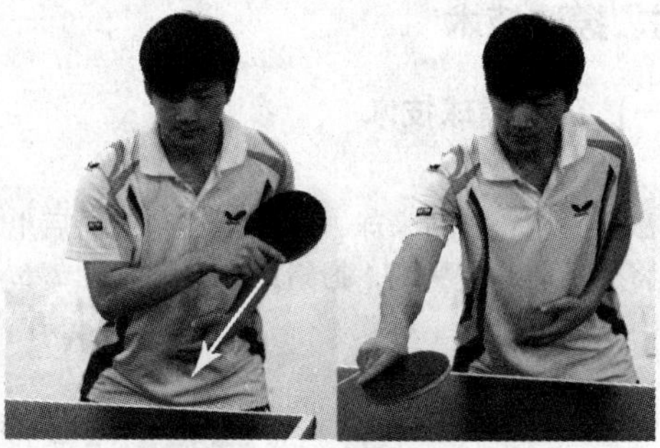

图 2.5.18

（三）搓球练习

（1）徒手练习，体会搓球的技术要领。

（2）两人一组，一人将球托定点球，同伴搓球。

（3）两人一组，一人下旋球，同伴搓球。

（4）两人一组，对搓球练习。

八、削球技术

（一）正手中台削球

方法与要领：判断来球，选好站位，身体稍右转，带动手臂向后上方引拍，球拍稍后仰，当来球反弹至高点期时，上臂带动前臂加速向前下方切削，击球的中部或中下部（图 2.5.19）。

图 2.5.19

（二）反手中台削球

方法与要领：判断来球，选好站位，身体稍左转，屈臂于胸前，前臂外伸引拍，球拍稍后仰，当来球反弹至高点期时，上臂带动前臂加速向前下方切削，击球的中部或中下部（图 2.5.20）。

图 2.5.20

（三）削球练习

（1）徒手无球练习，体会削球的动作要领。

（2）两人一组，一人抛定点球，同伴练习正、反手削球。

（3）两人一组，一人发定点平击球，同伴练习正、反手削球。

（4）两人一组，对削球练习。

第六章　羽 毛 球

第一节　羽毛球运动概述

一、从“浦那游戏”到“伯明顿”的产生

羽毛球运动的起源众说纷纭，相传14—15世纪时，在日本出现了用木制的球拍、用樱桃核插上羽毛制成的球来回对打的运动，这便是当今羽毛球运动的雏形。据有关资料记载，现代羽毛球运动起源于英国，它是由印度的“浦那游戏”逐步演变而成的。相传在19世纪中叶，印度的浦那城内，有一种类似今日羽毛球活动的游戏十分普及，它是以绒线编织成球形，上插羽毛，人们手持木拍，隔网将球在空中来回对击。19世纪60年代，一批退役的英国军官把这种称为“浦那游戏”（Poonagame）的活动带回英国，这种“浦那游戏”迅速传遍英国，“伯明顿”（Badminton）即成为羽毛球的英文名字，并逐步使它演变成一项竞技运动。

二、羽毛球运动的发展

1893年，在英国成立了世界上第一个羽毛球协会。1899年，该协会举办了第一届全英羽毛球锦标赛，此后每年举办一次，沿袭至今。1934年成立了国际羽毛球联合会，总部设在伦敦。

1981年5月国际羽联重新恢复了中国在国际羽联的合法席位，从此揭开了国际羽坛历史上新的一页，进入了中国羽毛球选手称雄国际羽坛的辉煌时期。1981年5月，国际羽联和世界羽联正式合并，中国羽坛健儿正式步入了世界比赛的最高舞台。1982年3月和5月，我国羽毛球健儿又在全英锦标赛和汤姆斯杯赛中再创辉煌，勇夺冠军。1986年、1988年我国连续两次获得汤姆斯杯和尤伯杯的双冠军。1987年的世界锦标赛和1988年的世界杯赛的5项冠军都被我国健儿囊括，创造了一个国家选手连续囊括世界级比赛5个单项冠军的最高纪录。在1988年汉城奥运会上，羽毛球被列为表演项目，1992年巴塞罗那奥运会列为正式比赛项目，从此羽毛球运动进入了一个新的发展时期。进入21世纪以来，中国羽毛球在世界羽坛上的实力越来越强大，在多项国际赛事中，如奥运会、世锦赛以及汤、尤杯等羽毛球顶级赛事，共获数十个世界冠军。近四年来，中国羽毛球在世界羽坛上称雄。中国羽毛球队2009年参加了近20项国际赛事，共夺得46个冠军。其中，中国选手于2009年3月在全英羽毛球公开赛上包揽了全部单项的金牌，成为这项赛事国际化后首个实现包揽的队伍。2010年，中国羽毛球队在汤姆斯杯上首次实现了四连冠，林丹成为在奥运会、世锦赛、亚运会、汤姆斯杯、苏迪曼杯和世界杯等所有羽毛球大赛中唯一一位均获得金牌的运动员，史上首创全满贯奇迹。

三、羽毛球运动场地与器材

羽毛球：羽毛球可采用天然材料或人造材料或两者混合制成。16根羽毛插在半球形的软木球托上。球重为4. 74 ~5. 50克。

球拍：球拍总长度不超过68厘米，宽不超过23厘米，球拍框为椭圆形，拍弦面长不超过28厘米，宽不超过22厘米。球拍不允许有附加物和突出部。不允许改变球拍的规定式样。球拍重在78 ~120克（不包括弦的重量）。拍框当中用羊肠线或化纤尼龙线穿织而成。球拍的一端有握把，把长39. 5 ~40厘米，直径不得超过2. 8厘米。

场地：羽毛球场地长为1 340厘米，双打场地宽为610厘米、单打场地宽为518厘米（图2. 6. 1）。

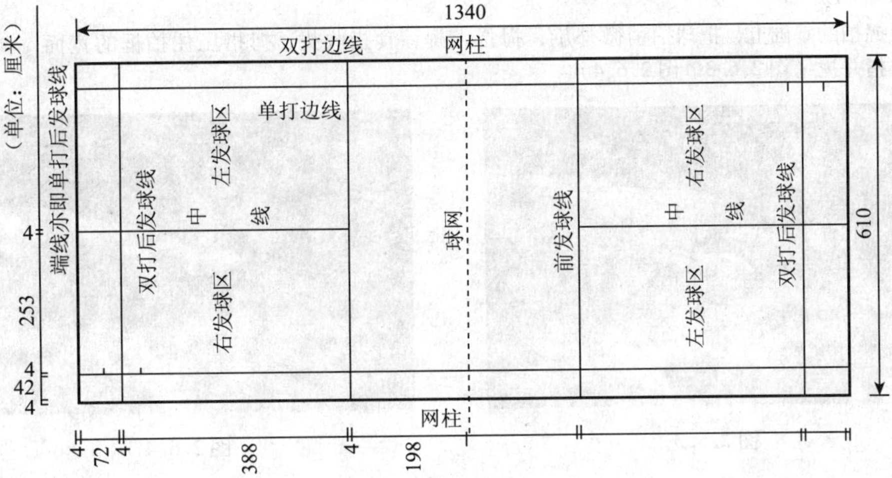

图 2.6.1

网柱及网高：从球场地面算起，网柱高 1.55 米，即网高为 1.55 米。网柱应放置在双打球场的边线上，球网中部上沿离地面高 1.524 米。如不能设置网柱，则必须采用其他办法标识出边线通过网下的位置。

四、世界重大羽毛球赛事

由国际羽联主办的世界重大羽毛球赛事有：汤姆斯杯赛（男子团体）、尤伯杯赛（女子团体）、羽毛球锦标赛、苏迪曼杯赛（世界羽毛球混合团体比赛）、国际系列大奖赛、世界杯羽毛球赛、全英羽毛球锦标赛、奥运会羽毛球比赛。

第二节　羽毛球的主要基本技术

羽毛球技术是指运动员在比赛中所采用的动作方法的总称。羽毛球的主要基本技术包括手法和步法两大类：手法有握拍法、发球法和击球法；步法有基本步法和前后左右移动的综合步法。

一、握拍

（一）一般握拍法

1. 正手握拍法

虎口对着拍柄窄面内侧的小棱边，拇指与食指自然地贴在拍柄两面的宽面上，中指、无名指和小指自然并拢握住拍柄（图 2.6.2）。

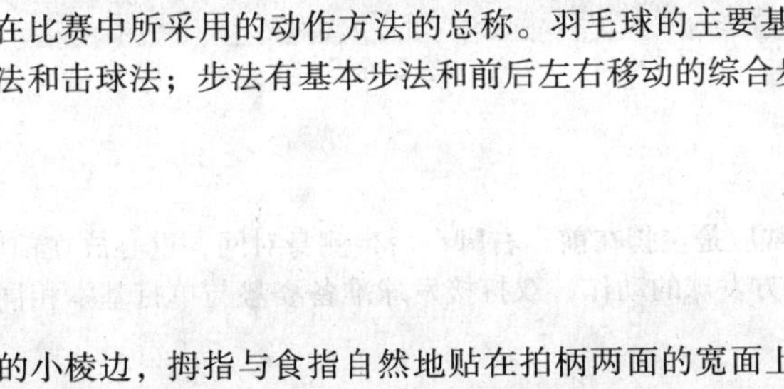

图 2.6.2

2. 反手握拍法

在正手握拍的基础上，把球拍稍微外旋，拇指上提，食指收拢，拇指压住拍框的宽面，食指、中指、无名指和小指并拢（图 2.6.3、图 2.6.4）。

图 2.6.3

图 2.6.4

（二）特殊握拍法

拍面与地面平行，虎口对准拍柄的宽面，其他手指与正常握拍法相同。多在网前的封网技术、被动放网球时采用（图 2.6.5）。

图 2.6.5

二、准备姿势

（以右手握拍为准）通常应是左脚在前，右脚在后，侧身对网，重心放在前脚上，膝关节微曲，后脚跟稍提起，收腹含胸，注视对方发球的动作；双打接发球准备姿势与单打基本相同，只是膝关节屈得多一些，以便能直接进行后蹬起跳。

三、发球技术

（一）正手发球

站位、预备：单打发球在中线附近，站在离前发球线约 1 米处；双打发球站位可靠近前发球线。左肩侧对网，两脚前后开立，重心在右脚上，右手持拍向右后侧举起，左手拇指、食指和中指夹住球，举在胸腹间。

1. 正手发高远球

引拍、挥拍：发球时，左手放球，右手大臂带动小臂，从右后方沿着身体向前并向左上方挥动。握紧球拍，并利用手腕的力量向前上方发力击球；击球、还原：击球后，右前臂继续内旋并随惯性向左肩上方挥动（图 2.6.6）。

图 2.6.6

2. 正手发平高球

引拍、挥拍：发球的动作过程大致同发高远球，只是在击球的一刹那，小臂加速带动手腕向前上方挥动，拍面要向前上方倾斜，以向前用力为主。发平高球时要注意发出球的弧线以对方接球时伸拍打不着球的高度为宜，并应发到对方场区底线（图 2.6.7）。

图 2.6.7

（二）反手网前球

站位、预备：面向球网，两脚前后站立（左脚或右脚在前均可），上体稍前倾，身体重心在前脚上。右手反手握拍，左手拇指、食指和中指捏住球的二三根羽毛，球托明显朝下，球体与拍面平行或球托对准拍面放在拍面前方。

引拍、挥拍：左手放球，右臂以肘为轴，主要以手腕、手指控制力量，以拍面斜切球托，将球发于对方前发球线内（图 2.6.8）。

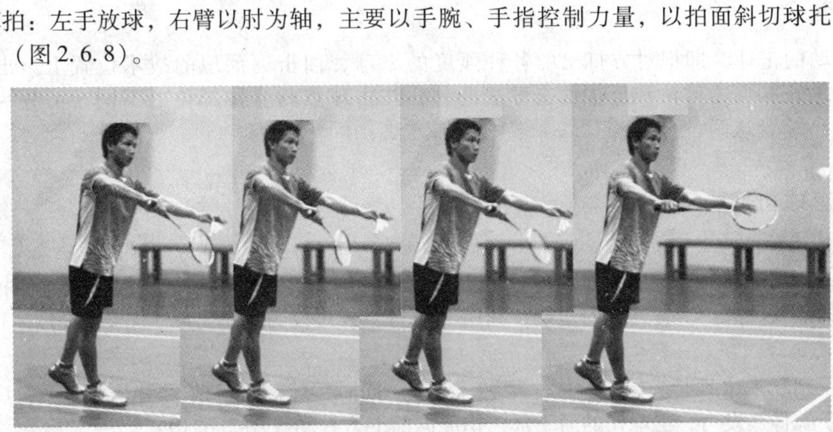

图 2.6.8

（三）发球的练习

（1）根据动作要领徒手挥拍，挥拍动作由慢逐渐过渡到正常发球速度。

（2）对墙进行发球练习。

（3）用多球在正规比赛场地上反复练习。

（4）击打目标练习。

四、接发球

接发球是羽毛球运动的一项重要基本技术。接发球质量往往直接影响一个回合开始的主动与被动，应充分重视接发球技术的训练。

（一）接发球的准备姿势

1. 单打接发球准备姿势

左脚在前，右脚在后，侧身对网，重心放在前脚，膝关节微屈，后脚跟稍提起，收腹含胸，注视对方发球的动作。

2. 双打接发球准备姿势

与单打基本相同，膝关节屈的程度更大一些，以便能直接进行后蹬起跳。也有个别人接发球的准备姿势是以右脚在前、左脚在后。

（二）接发球的站位

接发球站位很重要，如有错误，会出现明显的漏洞，有可能给发球方以运用发球抢攻战术的好时机，因此，应予重视。

1. 单打接发球站位

站在离前发球线约1.5米处，在右区时应站在靠近中线的位置，以防发球方以平射球攻击头顶区域；在左区时则站在中线与边线的中间的位置上。

2. 双打接发球站位

双打接发球站位比单打更有讲究，有一般站位法、抢攻站位法、稳妥站位法和特殊站位法4种。

（1）一般站位法：站在离中线和前发球线适当的距离处。在右区时，注意不要把右区的后场靠中线区暴露出来；在左区时，注意保护头顶区。这种站位，女队员和一般不是抢攻打法的男队员采用者居多。

（2）抢攻站位法：站得离前发球线很近，前脚紧靠前发球线，且身体倾斜度较大，球拍高举。这种站法，进攻型打法的男队员采用者居多。

（3）稳妥站位法：站在离前发球线有一定距离处，身体类似单打站法。这种站法是在无法适应对方发球情况下采用的过渡站位法，一般业余选手双打时多采用。

（4）特殊站位法：此种站法是以右脚在前，站位和一般站位法类似，接网前球时右脚蹬一步上网击球。

五、击球

羽毛球运动的击球，即把对方打出的各种弧度的来球，回击到预想的战术位置上。击球法按拍面的不同，可分为正拍面击球法和反拍面击球法两种；按击球点与身体部位的不同，可分为上手、体侧和下手击球法。综合这两种分法，有以下多种击球方法。

（一）高远球击球法

1. 正手击高远球

动作要领：判断来球的方向和落点，球拍上提并后引，同时，左转上体，右肘上提，使拍框在身后下摆，形成引拍的最长距离。上臂迅速向上摆，利用“鞭打”式爆发力挥拍击球（图2.6.9）。

2. 反手击高远球

动作要领：判断来球落点，左转体，右脚左后跨步。同时，球拍由身前经左上方引至右后下方前臂外旋，击球瞬间手腕伸展发力，击球托的后下部，拍面向前上方挥动（图2.6.10）。

图 2.6.9

图 2.6.10

3. 头顶击高远球

动作要领：击球前的准备姿势以及击球动作同正手击高远球基本一致。不同的是头顶击高远球的击球点在左肩上方（因为球是飞向左后角的）。准备击球时，侧身（左肩对网）稍左后仰。击球时，大臂带动小臂使球绕过头顶，从左上方向前加速挥动击球（图 2.6.11）。

图 2.6.11

（二）平高球击球法

平高球可分为上手正手击平高球、上手反手击平高球和上手头顶击平高球 3 种。

动作要领：准备，引拍、随前的动作要领与高远球击球动作基本一致，只是在击球瞬间拍面与地面几乎成垂直，并击球托的后下部，使球飞行速度快，抛物线平（图 2. 6. 12）。

图 2. 6. 12

（三）平射球击球法

平射球可分为上手正手击平射球、上手反手击平射球和上手头顶击平射球。

动作要领：准备、引拍、击球、随前动作的要领与击高远球基本一致，不同的是在击球瞬间拍面与地面成垂直，并击中球托的后中下部，使球的飞行弧度比平高球更平，速度更快（图 2. 6. 13）。

图 2. 6. 13

（四）吊球击球法

1. 正手吊球

动作要领：与击高远球的动作要领基本一致，只是在击球一瞬间改变拍面的运行角度，如快吊对角网前，则使拍面向对角的方向减速挥动，并切击球托的右侧后下部，使球向对角网前直线快速飞行；如快吊直线，则使拍面由右上方向左上方（弧形）减速挥动，并轻切击球托的正面后下部，使球向网前直线快速飞行（图2.6.14）。

2. 反手吊球

动作要领：与反手击高远球动作基本相同。前臂快速由左肩下往右上稍有外旋地挥动，手腕内收闪动，并切击球托的右下部，在击球瞬间拍面与水平面的夹角应稍大于90°，并有前推的动作，以免吊球落网（图2.6.15）。

图2.6.14

图2.6.15

（五）杀球击球法

动作要领：准备姿势和击球动作与头顶击高球一样。当球落至肩前上方的击球点时，前臂内旋，腕部在内收的状态下前屈闪腕发力。与此同时，手指突然握紧拍柄，使手腕的发力集中到击球点上。此时，球拍和水平面的夹角应小于90°，拍面正面击球托的后部，使球快速向下直线飞行（图2.6.16）。

图2.6.16

（六）网前击球法

网前击球技术有搓球、放网前球、推球、勾球和扑球等，搓、推、勾、扑均属于主动进攻技术，威胁性大，常能直接得分或创造下一拍进攻的机会，是关键性技术。

1. 搓球击球法

（1）正手搓球。动作要领：采用后交叉步加蹬跨步至右网前区，前臂随步法移动伸向右前上方，并有外旋，手腕稍后伸，完成引拍动作，击球瞬间，前臂外旋，手腕由后伸至稍向前内收闪动，搓切来球的右下底部，使球旋转翻滚过网（图 2. 6. 17）。

（2）反手搓球。动作要领：用前交叉步加蹬跨步至网前左区，随步法移动改为反手握拍，前臂上举，手腕前屈，以反拍拍面迎球。击球瞬间，前臂前伸并外旋，手腕由内收至外展，搓切球托的右侧后底部，拍面应有一定的斜度（图 2. 6. 18）。

图 2. 6. 17

图 2. 6. 18

2. 放网前球击球法

放网前球可分为正手和反手两种。

动作要领：击球点在腰际以下，击球瞬间，不是用搓切的动作，而是轻轻向上提，碰击球托后底部，使球过网后垂直下落（图 2. 6. 19）。

图 2. 6. 19

3. 推球击球法

推球可分为正手推直线、推对角线与反手推直线、推对角线 4 种。

（1）正手推直线球。动作要领：右脚在前，左脚在后，两脚间距离比肩略宽，右手握拍自然地举在胸前，身体微微前倾并含胸收腹，用后交叉步加蹬跨步至网前右区，前臂随步法移动伸向右前上方，并外旋，手腕稍后伸，球拍随着往右下后摆，使拍面正对来球，击球瞬间，前臂内旋，带动手腕由后伸到屈腕闪动，并特别注意运用食指的推压力量。球过网飞行弧度的高低，取决于击球瞬间击球点的高低和拍面角度的大小。击球后，球拍回收至胸前，右脚回蹬回位（图 2. 6. 20）。

（2）反手推直线球。动作要领：用前交叉步加蹬跨步至网前左区，前臂随步法移动伸向左前上方，并向左胸前收引。此时，肘关节微屈，手腕外展，手心朝下。击球瞬间，前臂稍外旋，手腕由外展到伸直闪腕，中指、无名指、小指突然紧握拍柄，拇指顶压拍柄。击球点在左侧前，推击球托的后部，使球沿直线较低抛物线飞向对方后底线（图 2.6.21）。

图 2.6.20

图 2.6.21

4. 勾球击球法

勾球可分为正手主动勾球、正手被动勾球及反手主动勾球、反手被动勾球。

（1）正手勾球。动作要领：击球瞬间，前臂稍有内旋，并向左拉收，手腕由后伸至内收闪腕，挥拍拨击球托的右侧下部，使球朝对角线网前方向飞行（图 2.6.22）。

（2）反手勾球。动作要领：采用前交叉步加蹬跨步上左网前，前臂随步法的移动前伸至离网顶 20 厘米处。握拍手的虎口要有空隙，以便击球时能灵活运转。击球瞬间，前臂外旋，手腕由稍屈至后伸闪腕，拇指内侧和中指往右侧拉收拍柄，其他手指突然握紧，击球托的左侧后部，使飞向对角网前（图 2.6.23）。

图 2.6.22

图 2.6.23

5. 扑球击球法

扑球可分为正手扑球和反手扑球。

（1）正手扑球。动作要领：左脚先蹬离地面，然后右脚向右网前蹬跃起。在蹬跃的过程中，前臂稍上伸并略有外旋，在腕后伸的同时，握拍略有变化，虎口对准拍柄的宽面，小指和无名指稍松开，使拍柄离开鱼际肌。击球瞬间，手腕由后伸略内收闪动至外展，使球拍从右侧向左侧挥动发力。如球离网顶较近，则应采用自右至左的“滑动式”挥拍扑球（或称“拨球”），以免球拍触网犯规（图 2.6.24）。

（2）反手扑球。动作要领：左脚先蹬离地面，然后右脚向左网前蹬跃起，在蹬跃过程中，前臂前伸将球拍上举，手腕外展，拇指顶压在拍柄的宽面上，食指和其他三指并拢。击球瞬间，手臂伸直，手腕由外展至内收闪动，手指紧握拍柄，拇指顶压发力，自左至右加速挥拍击球（图 2.6.25）。

图 2. 6. 24

图 2. 6. 25

6. 抽球击球法

(1) 正手抽球。动作要领：右脚稍向右侧迈出一小步，上体稍向右侧倾斜，右臂向右侧上摆，球拍随着上举，左脚跟提起。前臂稍后摆而带有外旋，手腕从稍外展至后伸，将球拍引至后下方，以增长向前挥拍的工作距离。前臂急速向右侧前方挥动，由外旋转为内旋，手腕由后伸至伸直闪腕，手指握紧拍柄，发力挥拍击球（图 2. 6. 26）。

图 2. 6. 26

(2) 反手抽球。动作要领：左脚向左前方跨一步，身体稍向左转，前臂往身前收，肘部稍上抬，前臂内旋，手腕外展，将球拍引向左侧。击球瞬间，前臂往前挥拍的同时外旋，手腕由外展到伸直至内收闪腕。此时，手指突然握紧拍柄，拇指前顶，使球拍迎击球托的后底部（图 2. 6. 27）。

图 2. 6. 27

（七）步法

羽毛球步法由垫步、交叉步、蹬步、跨步、跳步 5 种组成，每一步法一般都是从场地中心位置开始。这些步法的结构可分为起动、移动、到位击球和回动 4 个部分。

1. 上网步法

上网步法分上右网前和上左网前。

上右网前，可用两步交叉、三步交叉、三步垫步上网（图 2. 6. 28、图 2. 6. 29、图 2. 6. 30），上左网前步法与上右网前步法基本方法相同，但方向相反。

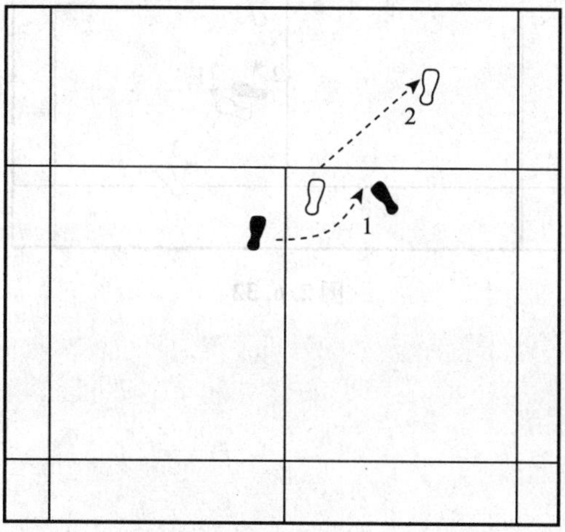

图 2. 6. 28

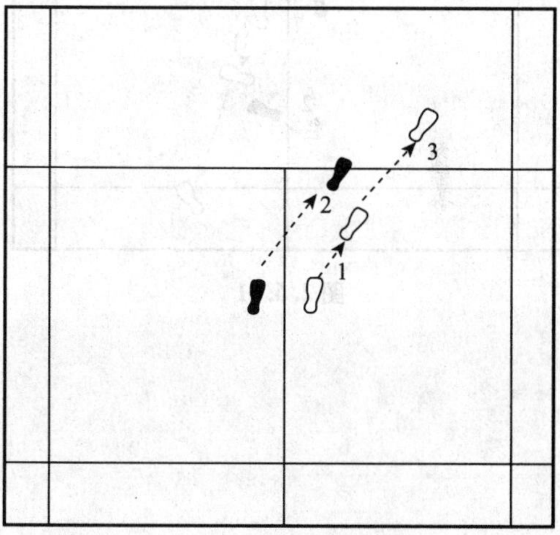

图 2. 6. 29

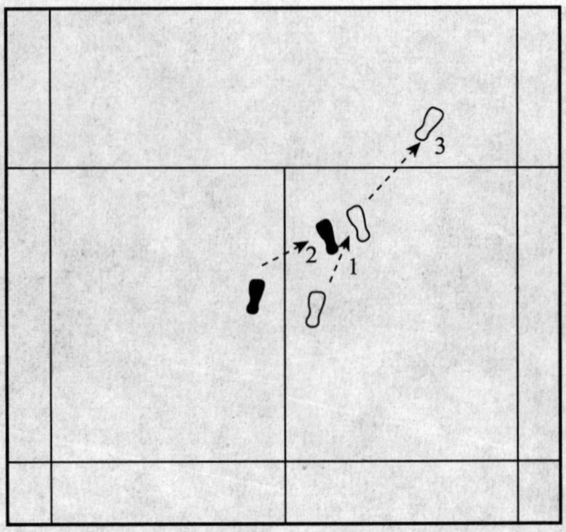

图 2. 6. 30

2. 后退步法

可用交叉步后退或三步并步后退（图 2. 6. 31、图 2. 6. 32）。

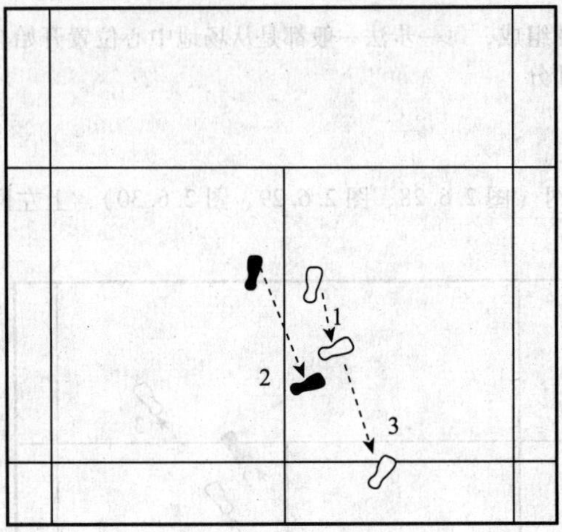

图 2. 6. 31

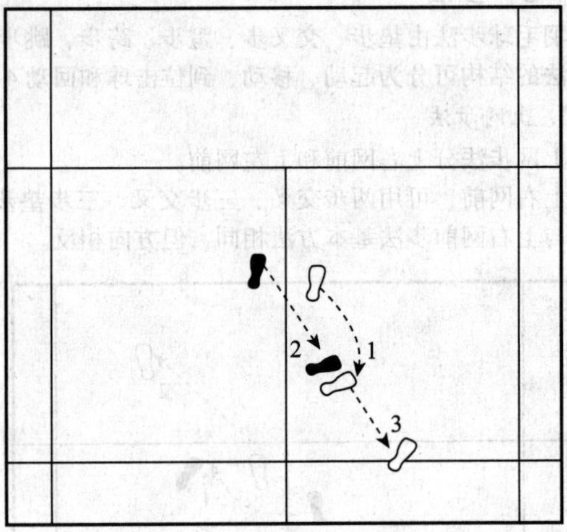

图 2. 6. 32

第七章　轮　滑

第一节　轮滑运动介绍

轮滑运动，又称滚轴溜冰、滑旱冰，是集健身、休闲、竞技和艺术于一体的体育运动项目，具有明显的周期性动作特征。现代轮滑运动分为速度轮滑、花样轮滑和轮滑球等3大项。轮滑运动的特点：动态平衡维持能力，重心转移技术，其趣味性强、技术简单易学、容易普及。轮滑运动具有锻炼意志品质、增强心肺功能、改善神经系统和强身健体功能。

轮滑运动的器材和设备。轮滑鞋依据其功能和项目主要分为：单排轮滑鞋、双排轮滑鞋和轮滑球鞋。其结构基本都包括鞋带、鞋腰、鞋舌、鞋盖、鞋底、前紧固螺母、后紧固螺母、轮子、轴承和轴。护具包括头盔、护肘、护腕、护膝、手套和眼镜。

第二节　基础技术动作

一、原地坐姿滑动鞋子

（1）前后滑动，采取合理坐姿，平行两脚分开，相距约一脚左右的距离，两脚做前后滑动，体会轮滑鞋滚动时脚的感觉（图2.7.1）。

图2.7.1

（2）左右滑动，采取合理坐姿，平行两脚分开，相距约一脚左右的距离，用轮滑鞋内外刃在原地做两脚交替左右推动，体会轮子左右滑动的摩擦力（图2.7.2）。

图 2. 7. 2

二、站立姿势

（1）“V”形站立姿势，两脚尖外展 40°～50°成 V 形，脚跟靠紧，上体微前倾，重心落在两脚中间（图 2. 7. 3）。

（2）“T”形站立姿势，两脚成“T”形靠住站立。前脚跟靠住后脚弓，上体微前倾，重心略偏于后脚（图 2. 7. 4）。

（3）平行站立，两脚平行分开稍窄于肩，脚尖稍内扣，膝部微屈，重心落在两脚中间（图 2. 7. 5）。

图 2. 7. 3

图 2. 7. 4

图 2. 7. 5

三、站立姿势滑动鞋子

(1) 站立前后推鞋，手扶栏杆、墙体或在同学帮助下，相距约一脚左右的距离平行开立，两脚原地做交替前后推动（图 2.7.6）。

(2) 站立左右推鞋，手扶栏杆、墙体或在同学帮助下，相距约一脚左右的距离平行开立，用轮滑鞋内外刃在原地做两脚交替左右推动，体会轮子左右滑动的摩擦力（图 2.7.7）。

图 2.7.6

图 2.7.7

四、控制重心转移

（一）原地蹲起练习

由平行站立姿势开始，重心控制在两脚间，慢慢弯曲膝、踝关节（图 2.7.8）。

（二）原地左右移动重心练习

由平行站立姿势开始，慢慢将重心移至一脚，另一脚帮助维持平衡（图 2.7.9）。

图 2.7.8

图 2.7.9

（三）原地抬腿

由平行站立姿势开始，慢慢将重心移至一脚，另一只腿抬至大腿与地面平行，同时，保持鞋底始终与地面平行（图 2. 7. 10）。

（四）左右跨步移动

由平行站立姿势开始，一脚侧出，另一脚内靠并步。反复左右练习（图 2. 7. 11）。

图 2. 7. 10

图 2. 7. 11

（五）向前踏步移动

由平行站立姿势开始，左、右脚交替向前走步（图 2. 7. 12）。

（六）向后踏步移动

由平行站立姿势开始，左、右脚交替向前撤步（图 2. 7. 13）。

图 2. 7. 12

图 2. 7. 13

五、借助外力滑行训练

(一) 双脚向前、后滑行

平行站立姿势，拉练习者的双手或推其髋部，使其向前、后滑行，体会滑行时的感觉和重心转移（图2.7.14）。

(二) 单脚向前、后滑行

平行站立姿势，在保护与帮助下，练习者两脚交替向前、后走步滑行（图2.7.15）。

图2.7.14

图2.7.15

第三节 基本滑行技术动作

一、双脚滑行基本技术

(一) 双脚向前滑行

由平行站立姿势开始，两脚交替平推蹬地、提膝抬脚落地前滑。双脚向后滑行动作方法同，方向向后（图2.7.16）。

图2.7.16

图 2.7.16（续）

（二）向后葫芦滑行

向后滑行开始，用两脚内刃向前蹬地，同时两脚跟向两边分开，向后外滑至最大弧线（两脚稍宽于肩）时，两脚跟收拢，两膝用力伸直，如此反复动作（图 2.7.17）。

图 2.7.17

图 2.7.17（续）

（三）蛇形向后滑行

向后滑行开始，用右脚内刃蹬地，重心左移，成左脚向左后弧线滑行，右腿在体前伸直；随即右脚在左脚内侧着地，然后左脚蹬地，重心右移，成右脚向右后弧线滑行，左腿在体前伸直（图 2.7.18）。

图 2.7.18

图 2.7.18（续）

二、转弯

（一）向前惯性转弯

向前滑行达一定速度，右脚伸直略前，左脚稍曲靠后，身体重心向左倾斜，向左转滑行。向右转弯，动作方法相同方向相反（图 2.7.19）。

图 2.7.19

图 2.7.19（续）

（二）向后惯性转弯

向后滑行达一定速度，左脚稍屈略靠前，右脚伸直，身体重心向左倾斜，向左转滑行。向右转弯，向动作方法相同方向相反（图 2.7.20）。

图 2.7.20

图 2.7.20（续）

（三）向前交叉压步转弯

上体左倾，重心左移，右脚蹬地并向前迈步，身体重心随之跟上；在右脚短暂滑行之后，左脚以大腿带动小腿迅速从右脚后方收回，脚尖外转落地，同时右脚向右后方蹬地，左脚向左前方滑进。如此反复进行。如向右转弯，则方向为向右，两脚滑行的部位相反，但动作方法相同（图 2.7.21）。

图 2. 7. 21

（四）向后交叉压步转弯

在圆弧上以双脚平行向后滑行开始，当左脚支撑时，身体重心向左倾倒并超出左脚支撑点，右脚向右后方蹬地后迅速收回，并以大腿带动小腿向左脚的左侧前方迈出 15 厘米左右，身体重心随之跟上；在右脚短暂滑行之后，左脚以大腿带动小腿迅速从右脚后方收回，脚尖内扣落地，同时右脚向右前方蹬地，左脚向左后方滑进。如此反复进行。如向右转弯，则方向为向右，两脚滑行的部位相反，但动作方法相同（图 2. 7. 22）。

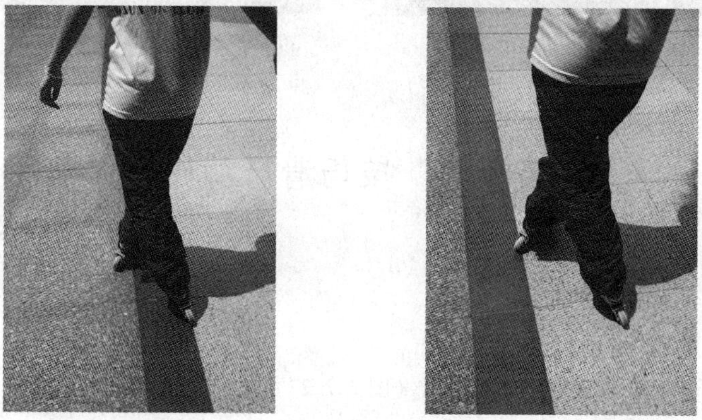

图 2. 7. 22

三、制动

（一）制动器制动

前滑中，重心下降，将装有制动器的滑行脚向前伸脚尖抬起，以制动器与地面接触摩擦地面制动；后滑时，重心下降，将装有制动器的滑行脚向前伸，脚尖抬起，使制动器与地面接触摩擦地面，减速制动。

（二）“A”形制动

前滑制动时，重心下降，两脚尖内扣，脚跟外张，成“A”形（图 2. 7. 23）；后滑行制动时，重心下降，两脚尖外张，脚跟向内，成“V”形（图 2. 7. 24）。

图 2. 7. 23

图 2. 7. 24

（三）“T”形制动

前滑中，提右脚，脚尖外转，横放在左脚后成“T”形，减速制动；后滑中，提起右脚，同时，左脚尖外转，右脚横放在左脚后成“T”形，减速制动（图2.7.25）。

（四）平行脚制动

前滑制动时，重心下降，转体90°并带动双脚迅速转动90°，两脚平行分开，利用外侧脚支撑，使滑行减速制动；后滑制动时，身体迅速向一侧转体90°并带动双脚迅速转动90°，两脚平行分开，外侧脚撑地，减速制动（图2.7.26）。

图2.7.25

图2.7.26

第四节　技巧滑行动作

一、平行“S”形滑行

（一）向前平行“S”形滑行

由双脚平行站立开始，两脚交替双曲线前滑（图2.7.27）。

图2.7.27

图 2. 7. 27（续）

（二）向后平行"S"形滑行

由双脚平行站立开始，两脚交替双曲线后滑（图 2. 7. 28）。

图 2. 7. 28

二、双"S"形滑行

（一）向前双"S"形滑行

双脚平行站立，起滑时身体稍前倾，两膝弯曲用力，两脚尖外展以内刃蹬地，两臂左右伸开会置于体侧帮助维持身体平衡。双脚向前外滑出至最大弧线（两脚距离稍宽于肩）后，两脚尖内收靠拢，还原至两脚相距一脚左右，再继续进行下一次的双脚分开与靠拢的滑行，不断向前滑进（图 2.7.29）。

图 2.7.29

（二）向后双“S”形滑行

双脚平行站立，起滑时身体稍后仰，两膝弯曲用力，两脚尖内扣，脚跟外站以内刃蹬地，两臂左右伸开或置于体侧帮助维持身体平衡。双脚向后外滑出至最大弧线（两脚距离稍宽于肩）后，两脚跟内收靠拢，还原至两脚相距一脚左右，再继续进行下一次的双脚分开与靠拢的滑行，不断向后滑进（图 2.7.30）。

图 2.7.30

图 2.7.30（续）

三、双“S”形交叉滑行

（一）向前双“S”形交叉滑行

双脚尖外展“V”字形站立，起滑时身体稍前倾，两膝弯曲用力，两脚尖外展以内刃蹬地，两臂左右伸开或置于体侧帮助维持身体平衡。双脚向前外滑出至最大弧线（两脚距离稍宽于肩）后，两脚尖内收靠拢，当两脚靠近相距一脚左右时，一脚在前，一脚在后，重心落在两脚之间，两脚继续向对侧腿“挤推”，成两腿交叉向前滑行。同时，两脚迅速由内刃向前滑行变为外刃向前滑行，直至两腿交叉的最大幅度。然后两脚尖外展，两脚以外刃“V”字形向后外侧蹬地还原成两脚平行状态。当两脚还原平行后迅速由两脚外刃分开和靠拢、交叉和还原的滑行，不断向前滑进（图 2.7.31）。

图 2.7.31

（二）向后双“S”形交叉滑行

双脚尖内扣、脚跟外展成“A”字形站立，起滑时身体稍后仰，两膝弯曲用力，两脚尖外展以内刃蹬地，两臂左右伸开或置于体侧帮助维持身体平衡。双脚向后外滑出至最大弧线（两脚距离稍宽于肩）后，两脚尖内收靠拢，当两脚靠近相距一脚左右时，一脚在前，一脚在后，重心落在两脚之间，两脚继续向对侧腿“挤推”，成两腿交叉向前滑行。同时，两脚迅速由内刃向后滑行变为外刃向后滑行，直至两腿交叉的最大幅度。然后两脚尖外展，两脚以外刃“A”字形向前外侧蹬地还原成两脚平行状态。当两脚还原平行后迅速由两脚外刃“V”形蹬地变为内刃“A”形向侧前方蹬地，继续进行下一次的双脚分开和靠拢、交叉和还原的滑行，不断向前滑进（图 2. 7. 32）。

图 2. 7. 32

四、大“一”形滑行

大一字滑行时将两腿侧向分开沿一定方向成直线或弧线的双足滑行动作，分为：左前外—右后外、右前外—左后外、左前内—右后内、右前内—左后内。当进行外刃大一字滑行时，身体应向后倾倒，重心的垂直投影点落在体后地面；而当进行内刃大一字滑行时，身体要向前倾倒，重心的垂直投影点落在前地面。各种大一字滑行都要注意足尖向外分开，足跟相对并保持适当距离，成弧线滑行（图 2. 7. 33）。

图 2. 7. 33

第八章　瑜　伽

第一节　瑜伽概述

瑜伽（Yoga）一词来自梵语词根 yuj，意为联合、加入、结合和束缚。《薄伽梵歌》中给瑜伽做这样的解释："工作本身就是你的特权，成果则不是。永远不要让行动的成果作为你的目的；永远不要停止工作。抛弃所有的私心，不要被成功或者失败所困扰，这种心态的平衡就叫瑜伽。"瑜伽也被描述为在纷繁事务中所具有的工作智慧或生活艺术，一种和谐相处、适可而止的智慧。

瑜伽并非只是柔韧性练习，并非只有减肥功效，并非只是解压工具，并非只是冥想与放松，并非只是呼吸控制，并非只是心灵的修炼，也并非只是休息术的练习，它是所有这些意义的综合体现。"瑜伽不是为那些暴食的人所准备，也不是为那些禁食的人所准备。它不是为那些贪睡的人准备的，也不是为那些总是熬夜的人准备的。通过适度的饮食和休息，有规律地工作，协调地起居，瑜伽能消除一切痛苦和悲伤。"

第二节　舒缓瑜伽

根据大学生的身心特点，以放松身心为主的体位练习，练习内容以引导身体放松舒缓为主，针对有疼痛、失眠、抑郁等高压力人群。

一、缓解肩背颈腰疼痛的体位练习

（一）组合一

1. 球滚式

坐在垫子前端，吸气，抱膝团身低头拱背成球形，后倒滚动臀抬起，肩颈支撑。呼气，再返滚回去，反复滚动（图 2. 8. 1、图 2. 8. 2）。

图 2. 8. 1

图 2. 8. 2

2. 犁式

平躺，两腿伸直，吸气，收腹举腿至 90°，呼气，双手托背，继续将腿伸至头顶的地板，臀背部离地，以肩颈肘支撑。保持姿势，均匀地呼吸。返回时吸气，用腹部控制双腿，从肩、背、腰、臀一节一节缓缓放下躯干和下肢（图 2. 8. 3）。

3. 变犁式

在犁式的基础上，将双膝弯曲放至两肩和两耳旁，两膝、两小腿和两脚面放至地面。保持姿势，缓慢呼吸4~6次。放松双腿，放松背部，伸展脊柱和背部（图2.8.4）。

图2.8.3

图2.8.4

4. 益处

促进血液循环，滋养脊柱神经，消除疲劳，缓解背痛、腰痛、肩痛和颈痛。对内脏各器官十分有益。

5. 瘦身部位

小腹、腰、背、臀、大腿、小腿、肩、颈、脸。

（二）组合二

1. 猫伸展式

双膝跪地，两手支撑成动物行走姿势，吸气，低头拱背含胸收腹，背部向上拱起，使脊柱成一级弯曲，眼睛看腹部。呼气，抬头挺胸塌腰撅臀，使脊柱成二级弯曲。反复练习8~10次（图2.8.5、图2.8.6）。

图2.8.5

图2.8.6

2. 猫扭转式

双膝跪地，两手支撑成动物行走姿势，呼气，头左转，左肩和左臀尽量靠近，收紧左腰，伸展右腰。吸气还原，回到开始姿势，呼气，向反方向练习。反复练习8~10次（图2.8.7）。

3. 躯干扭转式

膝弯曲并拢跪坐，臀部坐在脚跟上，腰背挺直，双手放在大腿上。重心移到右腿外侧，两小腿屈膝放置左侧，吸气两手前平举，呼气，保持直腰立背右转体，左手扶住右膝外侧，右手放在臀部后方，右转头，眼睛看后方，保持姿势，腹式呼吸4~5次。然后倒序返回，换重心及方向重复以上动作（图2.8.8）。

4. 益处

伸展脊柱、背部及手臂，改善背痛、腰痛、肩痛、颈部僵硬及坐骨神经痛。

5. 瘦身部位

腰、腹、背、颈、小腿、脚跟。

图 2.8.7

图 2.8.8

二、减掉腰腹脂肪的体位练习

（一）站立后展式

两脚并拢直立，脊柱伸直头向上，挺胸收腹，双肩放松，双手合十于胸前，吸气，手臂向上举起过头顶，呼气时，髋向前送，躯干后展，抬头后仰，收紧臀部，腰背紧张。保持姿势，呼吸 2 ~ 3 次。吸气时腰背用力还原上体，呼气，收臂合十回到起始姿势。调整呼吸 2 次（图 2.8.9、图 2.8.10）。

图 2.8.9

图 2.8.10

（二）体前屈式

站立后展式返回后，可直接双臂伸直，臀部向后，身体缓缓地向前、向下体前屈。双膝尽可能伸直，如果困难也可微屈膝。双手放在地面或脚面上，低头放松颈椎。轻柔地呼吸 3 ~ 5 次，眼睛看着腹部。吸气，双手合十，伸直双臂抬头，利用背部和腰部的力量慢慢抬起上体，回到起始姿势。深呼吸调整疲劳的身体（图 2.8.11、图 2.8.12）。

图 2.8.11

图 2.8.12

(三) 直角转腰式

直立，双脚分开，握拳。吸气，将手臂举起过头，收腹伸直腰背，呼气，臀部向后身体向前，手臂向远伸，保持背部伸直，使双腿和背部成直角，手臂、背部、腰和臀成一直线。吸气不动，呼气时，以髋为轴，慢慢向右转体到极限位置，保持姿势，均匀呼吸 2 ~ 3 次。呼气时返回，反方向转动。反复练习 4 ~ 6 次。呼气，回到正中，吸气，抬起上体呈直立，呼气，双臂放松（图 2. 8. 13、图 2. 8. 14）。

图 2. 8. 13

图 2. 8. 14

(四) 上犬式

俯卧，脸朝下，双肘屈曲置于两肋，双臂前伸掌心贴地。双膝伸直，脚尖绷紧，臀部紧收。吸气，头、下巴、胸、腹依次慢慢抬起，逐渐伸直手臂。保持姿势，均匀呼吸 4 ~ 5 次。呼气时，腹、胸、下巴、头依次返回到俯卧姿势。反复练习 5 ~ 8 次（图 2. 8. 15、图 2. 8. 16）。

图 2. 8. 15

图 2. 8. 16

(五) 下犬式

成俯卧撑姿势，吸气，收腹举臂，尾骨向上，低头，手臂伸直。臀部在最高点，臀、腰、背和手臂成一直线，两腿、两膝和臀成另一直线，呈三角形。眼睛看着腹部，深呼吸 5 次。吸气时重心前移，回到俯卧撑姿势，反复练习 5 次（图 2. 8. 17）。

图 2. 8. 17

（六）益处

矫正驼背，强化背部肌肉力量，伸展脊柱和背部，舒缓疲劳的脊柱，放松肩、颈和背部。达到舒经活络，消除腰围的脂肪，达到塑身的效果。

（七）瘦身部位

肩、背、手臂、腰、臀、大腿、小腿、脚跟。

三、塑臀美腿的体位练习

（一）骆驼式

跪坐，小腿平放，脚面压地，双膝打开与髋宽。吸气，双手前平举，臀部离开脚后跟上体立直，大腿及上体成一直线与地面垂直。呼气，髋前推，身体后仰，抬头，先右手抓住右脚跟，再左手抓住左脚跟。保持腹股沟、小腹与大腿成一垂直线。保持姿势，缓慢地呼吸 5 ~6 次。吸气时，双手收回放在腰处，慢慢抬起上体，回到起始姿势。闭上双眼，轻柔地呼吸，调整休息（图 2. 8. 18、图 2. 8. 19）。

图 2. 8. 18

图 2. 8. 19

（二）蝗虫式

俯卧，下巴触地，双臂前伸，双腿伸直，臀部收紧，脚尖绷紧。吸气，上体、双臂和双腿向上抬起，抬头，眼睛看眉心。使整个背部、腿、手绷紧。保持姿势均匀地呼吸 3 ~6 次。呼气时缓慢地放下双臂和双腿。附在地上放松休息（图 2. 8. 20）。

图 2. 8. 20

（三）新月式

成俯卧撑式，背、臀、腿成一斜线。吸气，右腿向前迈一大步成弓步，呼气，抬起上体，双手合十直臂向前、向上、向后画圈，抬头后仰，眼睛看眉心，收紧背部、腰部和左臀，伸展右腹股沟、腹部、胸部、喉和下巴。保持姿势，均匀地呼吸3～5次。吸气，慢慢的收腹，双臂从后向上、向前、向下返回到初始姿势，呼气放松。反方向练习（图2.8.21）。

图2.8.21

（四）鱼式

仰卧，双腿并拢脚尖绷紧，双臂放在大腿两侧。吸气，挺胸拱背，背部、腰部离地，屈肘撑起上体。呼气，抬头后仰下巴仰起，用头顶支撑，使胸部、喉咙和下巴伸直。吸气，慢慢地抬起双臂。保持姿势，均匀呼吸3～5次。吸气时，屈肘支撑，呼气，慢慢地放下背部、腰部、头，回到初始姿势。闭上双眼，深呼吸，放松休息（图2.8.22、图2.8.23）。

图2.8.22

图2.8.23

（五）益处

矫正驼背，预防乳房下垂，缓解背部、颈椎、腰部、肩部的疼痛。收紧臀肌，增强背部、腰部和颈部的力量，修长双腿和躯干，美化颈部和下巴，改善呼吸功能。

（六）瘦身部位

脸、下巴 、颈、锁骨、肩、小腹、大腿、腰、背。

四、瑜伽的呼吸

（一）腹式呼吸

吸气舒张腹部，呼气收紧腹部，是瑜伽最基础的呼吸方法，它帮助练习者在整个瑜伽练习过程中感到平静、舒适、清爽、愉悦。

（二）胸式呼吸

吸气胸腔肋骨扩张向上，呼气胸腔肋骨收小内收。

（三）完全自然式呼吸

是把腹式呼吸和胸式呼吸结合起来完成的，吸气先打开胸腔再过渡到腹腔，呼气时先收小腹腔再过渡到胸腔。

第九章　太 极 拳

第一节　太极拳概述

一、太极拳的起源

太极拳，早期曾称为“长拳”“棉拳”“十三势”“软手”。“太极”一词源出《周易·系词》，含有至高、至极、绝对、唯一的意思。太极是武术运动的精髓，蕴涵中国传统文化和传统哲学思想 。

天地之间，世界之上，万物与机缘，无时无刻不在变化。太极拳就是要把种种变化，在拳中演练出来。动静开合，刚柔快慢，上下左右，顺逆缠绕，忽隐忽现，虚虚实实，绵绵不断，周身一家，一动无有不动，显时气势充沛，隐时烟消云散，以意带力，到点融化于全身，做到劲断意不断，然后再轻轻启动，挥洒自如。一意一念，一举一动，随心所欲，都在自我控制之中，以达到养生防身的效果，这就是太极拳。同时，太极拳运动也是对立统一的矛盾运动，在太极拳中存在着刚柔、虚实、动静、快慢、开合、曲伸等诸对既对立统一，又可相互转化的矛盾。

关于太极拳的起源，众说纷纭，目前据中国武术史学家唐豪先生考证，太极拳为明末清初河南省温县陈家沟陈王廷所创。大约在17世纪90年代，山西人王宗岳写了一篇《太极拳论》。“太极者，无极而生。动静之机，阴阳之母也。动之则分，静之则合。无过不及，随曲就伸。人刚我柔谓之走，我顺人背谓之黏。动急则急应，动缓则缓随，虽变化万端，而理为一贯。由着熟而渐悟懂劲，由懂劲而阶近神明。”把太极哲理与陈氏太极拳结合起来，从而确立了太极拳的理论基础。

二、内容丰富、形式多样的太极拳运动

太极拳主要有陈式、杨式、吴式、武式、孙式、武当、赵堡太极拳等流派，不同流派太极拳风格各异。目前，武术界比较统一的观点是将我国太极拳分为五大流派。

（一）陈式太极拳

陈式太极拳主要流传于河南焦作，温县陈家沟太极拳闻名天下。据考究为陈王廷所创，陈式太极拳意蕴深刻，内涵丰富，其他几大太极流派的创立都与陈式太极拳有关。它的特点是刚柔相济，有发劲动作且着重缠丝劲和弹性劲的锻炼，具有较强的技击性。

（二）杨式太极拳

杨式太极拳主要流传于河北，据历史考证，河北永年人杨露禅从师于河南焦作陈家沟陈长兴（陈式太极拳传人），习练陈式太极拳，后返乡传授拳术，并与其子杨健侯、其孙杨澄甫等人在陈式太极拳的基础上，创编发展了“杨式太极拳”，它的特点是拳架舒展简洁，结构严谨，身法中正，动作和顺，轻灵沉着，练法上由松入柔，刚柔相济。

（三）吴式太极拳

吴式太极拳主要流传于北京。满族人全佑，师从杨露禅、杨健侯父子，其子改汉姓吴，名鉴泉，吴鉴泉后在杨式太极拳基础上，创立了吴式太极拳。它的主要特征是以柔化著称，动作轻松自然，连续不断，拳势小巧灵活细腻，拳架由开展到紧凑，紧凑中不显拘谨。

（四）武式太极拳

主要流传于河北，清末河北永年人武禹襄师从杨露禅学习太极拳，后创立武式太极拳。武式太极拳的特点是姿势紧凑，动作舒缓，步法严格，分清虚实。胸、腹部的进退转换始终保持中正，完全是用内劲的

虚实转换和“内气潜移”来支配外形。左右手各管半个身体，不相逾越，出手不过足尖。

（五）孙式太极拳

孙式太极拳主要流传于河北保定，清末河北完县人孙禄堂，酷爱武术，先学形意拳，后学八卦掌，后师从郝为真学武式太极拳，遂创孙式太极拳。孙式太极拳的主要特点是并进退相随，迈步必跟，退步必撤，动作舒展圆活，敏捷自然，练时双足虚实分明。全趟练起如行云流水，绵绵不断，每转身时以“开”“合”相接，故称开合活步太极拳。

三、太极拳的呼吸方法

太极拳是练意、练气、练身的运动。动作轻松柔和，沉着灵活，要求用深、长、细、匀的腹式呼吸与之自然配合。同时，要求气沉丹田，即“意注丹田”，用意识引导呼吸，将气徐徐送到腹部脐下，这样才能达到太极拳要求的“身动、心静、气敛、神舒”的境地。拳论说：“能呼吸然后能灵活。”故应循序渐进，分阶段进行练习。

（一）自然呼吸阶段

“自然呼吸”即人的本能呼吸方式。初学者应采取此种呼吸方法。练习时，按自己平时的习惯，自然呼吸，不必受动作约束。这一阶段的技术特点是“重形不重意”“练形不练气”。本阶段，应注重把握好动作规格，把动作学准确，打好外形基础，这是学好拳的关键一步。

（二）意识介入呼吸阶段

意识介入呼吸阶段是指在自然呼吸习拳的基础上，意识适当介入呼吸与动作配合。本阶段，拳架应比较熟练，动作连贯圆活，和谐流畅不“断劲”。这一阶段的技术特点是“以意导体”“以体导气”。这时，意识能够主导整体动作的部分要素，大脑皮层可以兼顾呼吸运动，在意识的引导下，对一些简单和开合、起落明显的动作以呼吸配合。即做到“开吸合呼”“起吸落呼”的要求。但这一阶段仍不要太注重呼吸配合动作，切记“全身意在精神，不在气，在气则滞”。

（三）拳势呼吸阶段

“拳势呼吸”是指呼吸与动作（肢体的展收、劲力的蓄发、攻防意识的表现等）紧密配合的呼吸运动，是习拳达到一定程度自然形成的一种呼吸方法。这一阶段的技术特点是“以意御气”“以气运身”。在意识支配导引下，形成呼吸配合动作，动作导引呼吸的有机结合。但拳势呼吸不是绝对的，要从实际出发，量力而行。只要求在一些主要动作和胸肩开合明显的动作上做到“拳势呼吸”，在一般过渡动作和复杂动作仍以自然呼吸为主。总之，练太极拳要因人制宜，保持呼吸的自然，不要生硬勉强，违背呼吸的自然规律，以免有伤身体。

第二节　太极拳基本技术

一、太极拳的手型与手法

（一）手型

1. 拳

五指卷屈自然握拢，拇指按压于食指、中指第二关节，拳心略含空（图2.9.1）。

2. 掌

五指自然舒展，掌心微含，虎口呈弧形（图2.9.2）。

3. 勾

五指指尖自然捏拢，扣腕（图2.9.3）。

图 2.9.1

图 2.9.2

图 2.9.3

（二）手法

1. 掤

前臂由下向上、向外张架，横于体前，掌心向内，高与肩平，后手可随之下按，两手臂成弧形（图 2.9.4）。

图 2.9.4

2. 捋

双臂微屈，两掌心斜对，前手掌心向下，后手掌心向上，随腰旋转，两手向后下方划弧为捋（图2.9.5）。

图 2.9.5

3. 挤

前臂横于体前，后手贴近前手的手腕内侧，双手向前方挤出，两臂圆撑，高不过肩，低不过胸（图2.9.6）。

图 2.9.6

4. 按

两手屈肘回按至胸前，手心朝下，然后两手向下经腹前向上弧线按出（图2.9.7）。

图2.9.7

5. 冲拳

拳从腰际旋转向前打出，拳眼向上成立拳（图2.9.8）。

图2.9.8

6. 推掌

掌从肩上或胸前推出，掌心向前，掌指向上，指高不过眉、低不过肩、臂微屈（图2.9.9）。

图 2.9.9

二、步型、步法与腿法

（一）步型

弓步：前弓后挺，后腿自然伸直（图 2.9.10）。
仆步：一腿全蹲，另一腿向体侧自然伸直，接近地面，脚内扣，两脚全脚掌着地（图 2.9.11）。
虚步：后腿屈膝下蹲，重心在后脚上，后腿用前脚掌或后脚跟虚点地面（图 2.9.12）。
独立步：一腿自然直立，另一腿屈膝提起，脚尖自然下垂，大腿高于水平（图 2.9.13）。

图 2.9.10

图 2.9.11

图 2.9.12

图 2.9.13

（二）步法

1. 进步

两腿开立，膝微屈，两手背于身后。右脚外撇，左脚经右脚内侧向前迈出，脚跟先着地，重心前移，左脚踏实，成左弓步。重心后移，左脚尖外撇，重心再向前移，右脚再向前迈重心前移成弓步，连续前行（图2.9.14）。

图2.9.14

2. 退步

动作：两腿开立，膝微屈，重心移到左腿，右脚提脚经左脚内侧向右后退步，由前脚掌先落地，随重心慢慢后移过渡到全脚掌着地，重心移至右脚上，成左虚步，再左脚提起经右脚内侧向左后退，连续后退

(图 2. 9. 15)。

图 2. 9. 15

3. 横移步

动作：开步站立，两膝微屈，重心移至右脚上，左脚向左横移一步，然后，重心左移至左脚上，右脚向左脚并步，前脚掌先着地，然后过渡到全脚掌着地，连续侧移（图 2. 9. 16）。

图 2. 9. 16

图 2.9.16（续）

（三）腿法

1. 蹬脚

一腿支撑，腿微屈，另一腿屈膝提腿，脚尖回勾，脚跟外蹬（图 2.9.17）。

图 2.9.17

2. 分脚

一腿支撑，腿微屈，另一腿屈膝提腿，脚面纵平，脚尖向前踢出（图 2.9.18）。

图 2.9.18

三、太极功法

（一）无极桩

两脚侧立，与肩同宽，双膝微屈，重心落于两脚中间，两臂屈抱于胸前，手指微屈自然展开，指尖相对（相距约 20 厘米），掌心向里，如抱球状，目视前方（图 2.9.19）。

（二）开合桩

在无极桩姿势的基础上，两臂随呼气做向内收合动作，随吸气做向外掤开的动作（图 2.9.20）。

（三）升降桩

两脚侧立，与肩同宽，双膝微屈，重心落于两脚中间，双臂自然下垂，手贴大腿外侧，双眼平视；双臂缓缓在体前平举至肩高，掌心向下，掌指向前，然后，再缓慢下按至腹前，双臂下按过程中双膝屈膝下蹬（图 2.9.21）。

图 2.9.19

图 2.9.20

图 2.9.21

第三节　太极拳套路

一、八式太极拳

动作名称：

起势

① 卷肱势	② 搂膝拗步
③ 野马分鬃	④ 云手
⑤ 金鸡独立	⑥ 蹬脚
⑦ 揽雀尾	⑧ 十字手

收势

二、二十四式简化太极拳

动作名称：

① 起势	② 左右野马分鬃
③ 白鹤亮翅	④ 左右搂膝拗步
⑤ 手挥琵琶	⑥ 左右倒卷肱
⑦ 左揽雀尾	⑧ 右揽雀尾
⑨ 单鞭	⑩ 云手
⑪ 单鞭	⑫ 高探马
⑬ 右蹬脚	⑭ 双峰贯耳
⑮ 转身左蹬脚	⑯ 左下势独立
⑰ 右下势独立	⑱ 左右穿梭
⑲ 海底针	⑳ 闪通背
㉑ 转身搬拦捶	㉒ 如封似闭
㉓ 十字手	㉔ 收势

第十章 搏 击

第一节 搏击运动概述

搏击也叫技击，是世界各种武技的本质属性。是指充分利用人体的手、肘、肩、足、膝、胯、头等部位的伸、屈、旋、扭、滚、翻等生理原理，结合踢、打、摔、拿、靠、撞等技击原理，在实战中克敌制胜的技术和技能。“搏击”一词是外国格斗的中文常用译语。所以说搏击其实就是格斗。搏击的表现形式分为徒手搏击、器械搏击和徒手与器械搏击三种，当今世界上，目前影响最大、实用性最强、最为流行的搏击术有散打、擒拿、短兵、截拳道、拳击、空手道、剑道、合气道、跆拳道、泰拳、摔跤等项目。本书主要介绍的是徒手搏击术中的散打搏击。

在冷兵器时代，为了自身的生存和民族的繁衍壮大——保卫家园、扩大疆土，人们以各自的方式，研究、改进、发展着本民族的搏击术。这时的搏击术水平的高低，直接影响着军队的战斗力。除了语言、肤色和民族生活习惯等因素有差别外，世界各地的人体构成和机能是相同的。因此可以说搏击技术是没有地区和国界的，各民族的技击术都是通用的，都可以防身御敌。

在我国，从春秋战国时期，“相搏”已较普遍。到了秦汉三国时期，“相搏”分化为“角抵”和“手搏”。“角抵”以摔为主，“手搏”以打为主。汉代，徒手搏击有了进一步的发展，在汉画汉砖中多有体现。如《汉书·艺文志》中有关于手搏的专著《手搏六篇》。到了隋、唐时期，角抵、手搏比较盛行。尤其是唐代，社会经济、文化高度发展，中国封建社会进入空前繁荣的历史阶段，为手搏的发展创造了良好社会条件。唐代的“武举制”，促进了武术向精练化、规范化发展，同时也促进了武术在民间的推广。在两宋时期的手搏，已是肘、拳、脚并用。也出现了比赛规则。到了明代是中国武术承上启下的重要发展时期，也是我国民间武术进入全面成熟的时期，此时的手搏多称“白打”或“搏击”，被列为当时的“十八般武艺”之中。正规的比赛，民间称“打擂”。到了清朝前期，伴随着农民运动和秘密结社组织的发展，出现不少习武的“社”和“馆”，民间武术蓬勃发展。清朝后期，人们开始重视武术的健身、防身、修身养性等作用。到了民国时期，受西洋文化的影响，武术已趋于现代体育。新中国成立后，武术作为中华民族文化遗产正式被列为推广项目，散打搏击运动深受群众尤其是广大青少年的喜爱。

散打搏击是武术的重要组成部分，它吸取了中国传统武术的精华，突破了传统武术的局限，充分运用四肢和躯干的力量，结合拳法、腿法、摔法等多种搏击技术，对抗性强、攻防严密，实战价值高的运动项目。

1979 年，随着中国武术热的再度兴起，中国体委按照竞技体育模式，首先在浙江省体委、北京体育学院和武汉体育学院进行了武术对抗性项目的试点训练，并于同年 5 月在广西南宁举行的全国武术观摩交流大会上做了首次汇报表演。同年，又进行了几次比赛。1982 年制定了《散打比赛规则》，1987 年，散打被国家体委批准为正式比赛项目，并设“团体锦标赛”和“个人锦标赛”赛制。

1989 年，散打被批准为正式比赛项目，同年 10 月在江西宜春市举行了第一届全国武术散打擂台赛。1993 年，第七届全国运动会上，散打首次被列为正式比赛项目。1998 年，散打比赛被列为泰国曼谷举行的第十二届亚运会竞赛项目。2000 年，由国家武术运动管理中心组织举办了中国武术散打王争霸赛。散打王争霸赛的成功举办标志着中国武术散打向职业化道路迈进。目前，我国散打比赛有常规赛和商业赛两种：常规赛包括全运会散打比赛、全国散打锦标赛、全国散打冠军赛、全国青少年散打锦标赛、全国武术学校散打比赛、全国城市运动会散打比赛、全国体育院校散打比赛等。商业赛包括散打王比赛、武术散打俱乐部赛、散打水上擂台赛等。

现代散打比赛始于 20 世纪 70 年代末，是在 80 厘米高，8 米见方的擂台上进行比赛。散打比赛允许使用踢、打、摔等各种武术流派中的技法，不允许使用擒拿，头、肘和膝进攻对方，不许攻击喉、后脑、裆等要害部位；运动员分体重、穿护具在相同的条件下平等竞争。竞赛种类：分为团体赛和个人赛。竞赛办法：有循环赛、淘汰赛、复活赛，每场比赛采用三局两胜制，每局净打 2 分钟，局间休息 1 分钟。得分部位：头、躯干和大腿。得分分值：2 分和 1 分。比赛的输赢有两种情况：一是优势胜利，二是分数获胜。

第二节　散打搏击的基本技术

散打搏击的技术十分丰富，包换基本姿势、基本步法、基本拳法、基本腿法、基本摔法和基本组合技法等。

一、实战姿势

动作要领（正架为例）：两脚前后开立，比肩稍宽，前脚掌略内扣，后脚跟抬起，脚掌撑地。两腿膝关节略屈，身体重心在两腿之间，身体侧向前方，低头、含胸收腹。两手握拳，两臂弯屈，左前右后。左臂大小臂夹角 90°~110°，右臂大小臂夹角小于 90°（图 2.10.1）。

图 2.10.1

二、步法

1. 前、后滑步（动作开始均由实战姿势开始）

动作要领：后脚蹬地，前脚向前进半步，后脚紧接跟进半步。

2. 左、右滑步

动作要领：右脚掌蹬地，左脚向左横向擦地滑动，右脚迅速向左横滑，同实战姿势。

3. 上步

动作要领：后脚经前脚前上一步，同时两臂前后交换，成反架姿势。

4. 退步

动作要领：前脚向后退一步，同时两臂前后交换，成反架姿势。

三、拳法

拳法是散打搏击中威慑力较强的技法之一，它具有速度快、灵活多变的特点。在实战中常用的拳法有直拳、摆拳、勾拳、鞭拳等。

1. 直拳

动作要领（以左直拳为例）：右脚微蹬地面，上体微右转，左臂由屈到伸，力达拳面（图 2.10.2）。

图 2.10.2

2. 摆拳

动作要领：上体微向右转，同时左拳向外约45°、向前、向内成平面弧形横击，臂微屈，拳心朝下。同时转腰发力，力达拳面或偏于拳眼侧（图2.10.3）。

图2.10.3

3. 勾拳

动作要领：上体微转，重心略下沉，腰迅速向右转，发力于腰，左拳由下向前上方勾击，上臂和前臂夹角在90°~110°，拳心朝里，力达拳面（图2.10.4）。

图2.10.4

4. 鞭拳

动作要领（以左鞭拳为例）：右脚上步落于左脚前并稍内扣，身体左后转约180°，随即左脚经右脚后插步，身体继续左后转，同时以腰带动左臂向左侧横向鞭击，拳心向下，力达拳轮。右拳自然收护于颌前（图2.10.5）。

图2.10.5

四、腿法

腿法是散打搏击中不可缺少的技术，一般在中、远距离使用，具有攻击幅度大、动作迅猛等特点。腿法包括蹬腿、踹腿、鞭腿、摆腿、勾踢腿等。

1. 蹬腿

左蹬腿动作要领：由正架开始，左腿提膝抬起，勾脚，当膝高于髋时，以脚跟领先向前蹬出，力达脚跟（图 2. 10. 6）。

图 2. 10. 6

2. 踹腿

左踹腿动作要领：身体重心移向右腿，右腿微屈支撑，左腿屈膝抬起与髋同高，小腿外翻，脚尖勾起，由屈到伸展髋、挺膝向前踹出，上体微侧倾，力达脚底（图 2. 10. 7）。

图 2. 10. 7

3. 鞭腿

主要用来攻击对方上、中、下盘三个部位。分为左右鞭腿。

左鞭腿动作要领：右腿微屈支撑，上体稍向右侧倾，左腿屈膝向左侧摆起，扣膝，绷脚背，随即向前挺膝鞭甩小腿，力达脚背至小腿前下端（图 2. 10. 8）。

图 2. 10. 8

五、摔法

摔法是散打搏击技术中不可缺少的一部分，过硬的摔法不仅是防守的关键，也是进攻的一种手段。

1. 抱腿前顶

动作要领：双方由实战姿势开始，上左步，身体下潜闪躲，然后两手抱对方双腿膝窝下部，两手用力回拉。同时用左肩前顶对方大腿根部或腹部，将对方摔倒（图 2. 10. 9）。

图 2. 10. 9

2. 抱腿旋压

动作要领：右脚蹬地，上左步，身体下潜，重心移至左腿。同时左手抄抱对方大腿内侧，右手抱住对方小腿后，以左脚掌为轴，身体向右后方旋转，以右手提、左肩压的合力，将对方摔倒（图 2. 10. 10）。

图 2. 10. 10

3. 接腿下压

动作要领：当对方用左鞭腿进攻时，立即以里抄抱其腿后，右腿立即向后撤步，上体右转，左手回拉。同时躯干前屈，用肩胸下压对方左腿内侧，将对方摔倒（图 2. 10. 11）。

图 2. 10. 11

4. 接腿挂腿

动作要领：当对方用右腿进攻肋部时，立即以左腿抢先进步，用左手外抄抱其右小腿，右腿抬起前伸，以小腿由前向后搂挂其支撑腿。同时右手用力向前，向下推压其右肩，将其摔倒（图 2. 10. 12）。

图 2. 10. 12

六、基本组合技法

单一的进攻动作一般难以有效击中对方，若将各种进攻动作合理地组合起来，则较容易攻破对方的防线。各种拳法、腿法和摔法可以组成无数进攻组合技法。

（1）左直拳（虚）—左直拳—右直拳。

（2）左直拳（虚）—左摆拳—右直拳。

（3）左直拳（虚）—左蹬腿—左直拳。

（4）左直拳（虚）—左蹬腿—右侧踹。

（5）左摆拳（虚）—右直拳—左摆拳。

第十一章　武　术

第一节　中华武术概述及发展

一、武术概述

武术是我国传统体育项目之一，是我国劳动人民的智慧结晶。中华武术历史悠久，意蕴深刻，历经数千年的文化洗礼，成为中华民族传统文化中的奇葩。它是以攻防技击为主要技术内容、以套路和搏斗为两大运动形式，注重内外兼修的中华民族传统体育项目。

二、我国武术的发展状况

（一）先秦时期的格斗技能

早在商周时期，古代“六艺”中的射、御被列入先秦时期的教育内容，射、御是战车的基本作战技能，说明当时的统治者非常重视对格斗技能的训练。这一时期特别重视射术与礼仪的结合，并形成了射礼。

（二）春秋战国时期的武术

我们认为，武术是被赋予了中国传统文化并形成了自身文化体系的格斗技能，春秋战国时期以前的格斗技能不能称为武术。普遍认为，春秋战国时期是我国传统文化的轴心时期，是武术理论体系发展的重要时期。这一时期社会、文化的发展为武术的发展创造了条件，一方面，社会生产力提高，经济得到了发展，战争的频发，金属也广泛使用；另一方面，诸子百家兴盛，文化大繁荣，武术理论体系得以发展，《庄子》中有专叙斗剑的篇章，说明了当时斗剑的风气。

（三）秦、汉时期武术

秦是我国历史上第一个统一的多民族、封建中央集权国家，一方面，为统一全国，严格训练士兵，提高士兵战斗力，武器装备也得以改进，军队中广泛使用不同战阵的兵器，武术活动中军队中得到了发展。另一方面，秦王朝为巩固统治，“收天下之兵器，聚之咸阳，销以为钟鐻，金人十二”，严禁民间习武，民间习武活动受到影响。

汉与匈奴的战事，对当时武术活动的影响比较深刻。汉武帝实施“胡服骑射”的政策，汉军由主要的车骑阵法向骑兵为主变化，武术内容也由此发生了重要变化。如剑逐渐被环柄长刀、长矛等适宜骑兵使用的兵器替代，射艺在军队中的地位得以加强。

（四）两晋、南北朝时期武术

这一时期，社会相对比较动荡、地方割据成风、民族战争、阶级战争比较频繁，战事成为社会活动的重要内容之一。各民族、各阶级都非常重视武术的训练，同时，民族的迁徙与融合，促进武术的发展与流传。

（五）唐、宋、元时期武术

唐、宋、元时期，虽然有朝代更迭，但是，这一时期整个社会稳定，人民安居乐业，特别是唐代，中国封建社会进入了空前繁荣时期，为武术的蓬勃发展创造了条件。唐代始设武举制，开创了“以武入仕”的道路，利用武考选拔军事人才。

宋、元时期民间习武比较盛行，主要以民间结社组织进行练武活动，武术表演得到相当的发展，还出现了以习武卖艺的民间艺人。

（六）明、清时期武术

明、清时期是中国武术发展的一个重要时期，学术界认为明、清时期是我国武术集大成时期，主要体现在：不同的武术派系大量出现，流派林立，一些优秀拳种发端于此时期；技术体系得以完善，在技法、战术、训练等方面形成了较为系统的理论，出现了一批优秀的武学大家。

（七）民国时期武术

1840 年鸦片战争，西方的坚船利炮，轰开了自以为是的清王朝国门，此后的一百年间，中国沦为半殖民地半封建社会，西方炮火不仅震撼了近代中国政治，也震撼了几千年来的传统文化。几千年以来用于军阵厮杀的武术带着战败的耻辱，无奈地逐渐退出了战争舞台，1901 年武举制废除，武术彻底结束了军旅历史。民间武术却“风生水起”，出现了许多拳社组织，在此之前已经有红花会、白莲教、义和团、神拳会等民间团体，之后，1910 年在上海成立的“精武会”和 1911 年在天津的“中华武士会”较有影响力，一些拳社、会社还发展到东南亚国家。1927 年国民党政府成立了“中央国术馆”，1936 年民国政府派出了有 11 名队员的武术代表团参加在德国柏林举行的第十一届奥运会，为武术走出国门发挥了积极作用。

（八）新中国武术的发展

新中国成立后，党和政府就十分重视武术运动的发展。1953 年在天津举行新中国成立后的第一个大型体育赛事——民族形式的体育表演与竞赛大会，武术是这届体育赛事的主要内容。1958 年我国颁布第一部《武术竞赛规则》，从此，几乎每年都举行全国性的武术比赛。

“文化大革命”的十年，武术受到了冲击，武术活动基本被中止。1977 年后，才继续举办全国性的武术比赛。1990 年第十一届亚运会起，武术成为亚运会的正式比赛项目。1991 年在北京举行了第一届世界武术锦标赛，以后每四年举行一次。1997 年第八届全运会开始，武术成为全运会的唯一非奥运项目。2008 年北京第二十八届奥运会上，武术被列入表演项目。

1989 年举行了第一次全国散手擂台赛，同时实施了《武术散手竞赛规则》。自 20 世纪 90 年代开始，我国散打运动对外交流频繁，曾进行了中美、中日、中俄、中泰武术对抗赛，在社会上产生了巨大影响。近年来，在一些地区出现了武术散打商业赛事。

三、武术谚语

（一）文以评心，武以观德
（二）一寸长，一寸强
（三）花拳绣腿，好看无用
（四）出手不见手，拳打人不知
（五）有意莫带形，带行必不赢
（六）刀如猛虎，剑似飞凤
（七）上虚下实中间灵
（八）剑走青，刀走黑
（九）不怕千招会，就怕一招精
（十）枪如游龙，棍似旋风
（十一）枪扎一条线，棍打一大片
（十二）武术讲八法，拳脚要踢打
（十三）手是两扇门，全凭腿打人
（十四）内练一口气，外练筋骨皮
（十五）内外合一，形神兼备
（十六）打拳不练功，到老一场空
（十七）拳如流星，眼似电
（十八）冬练三九，夏练三伏
（十九）打拳不遛腿，必是冒失鬼
（二十）未习打，先练桩

第二节 武术技法

一、武术手型与拳法

（一）手型

1. 拳

指食、中、无名、小指向内卷曲，握紧，拇指扣在食指和中指的第二指节处（图 2. 11. 1）。

2. 掌

四指并拢伸直，拇指伸直紧扣于虎口处（图 2. 11. 2）。

3. 勾手

五指内屈，并拢一起，腕部内屈，使其爪连腕内屈呈勾型。五指第一指节捏拢在一起，屈腕收紧（图 2.11.3）。

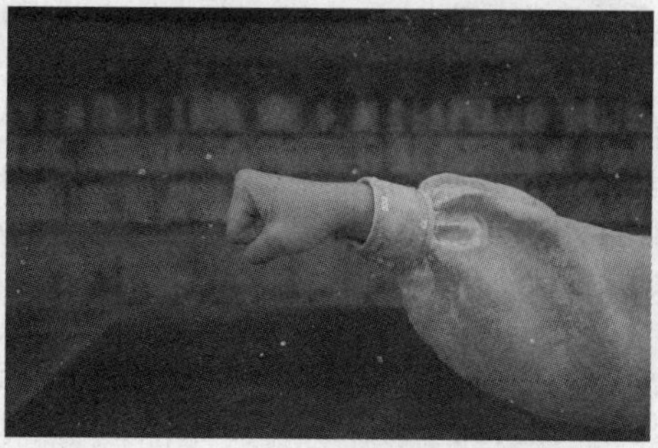

图 2.11.1

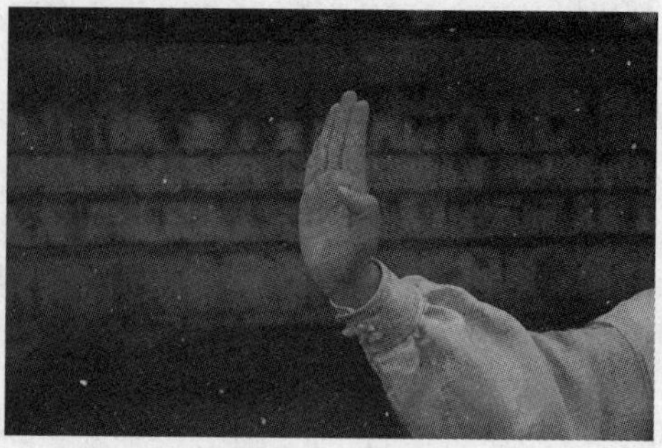

图 2.11.2

图 2.11.3

（二）手法

1. 冲拳

动作要领：并步抱拳，拧腰、顺肩，前臂内旋，拳从腰间向前冲出，力达拳面，拳心向下为平拳，拳眼向上为立拳（图 2.11.4）。

2. 架拳

动作要领：拳向下经腹前向左、向上、向右前上方旋臂屈架拳上撑（图 2.11.5）。

3. 砸拳

动作要领：右手握拳上举；左臂收至腹前，掌心向上。右臂屈肘，以拳背为力点砸至左掌心，同时两腿屈蹲（图 2.11.6）。

图 2.11.4

图 2.11.5

图 2. 11. 6

4. 亮掌

动作要领：并步抱拳，右拳变掌，经体侧向右、向上划弧，至头右侧上方时抖腕亮掌，臂微屈，掌心斜向上，同时头向左转，目视左侧（图 2. 11. 7）。

5. 推掌

动作要领：并步抱拳，右拳变掌前推，小指一侧向前。拧腰、顺肩，力达掌根（图 2. 11. 8）。

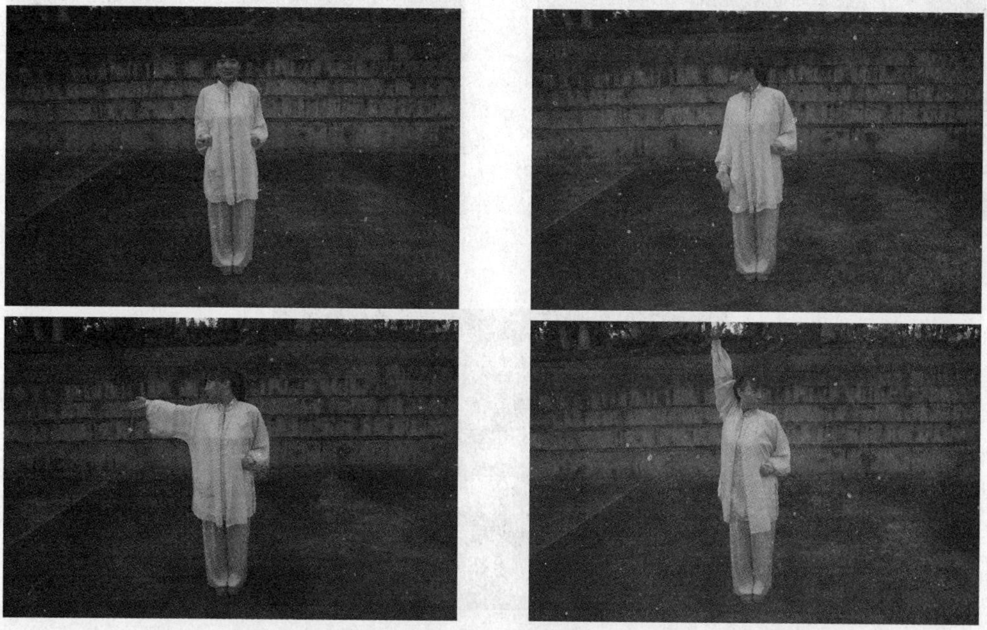

图 2. 11. 7

图 2. 11. 8

二、武术的步型与腿法

(一) 步型

1. 弓步

动作要领：前腿弓，后腿绷，前脚尖微内扣，后脚内扣，上体正直，两手抱拳于腰间，左脚在前为左弓步，右脚在前为右弓步（图 2. 11. 9）。

2. 马步

动作要领：“三平垂平正”，“三”即两脚开立三个脚掌宽，“平”两脚平行，“垂”即膝关节垂线与脚尖重合，“平”即两腿屈膝半蹲，大腿水平，“正”上体正直，两拳屈肘抱于腰间（图 2. 11. 10）。

3. 仆步

动作要领：一腿挺直平仆，脚尖内扣，全脚掌着地，另一腿屈膝全蹲，臀部尽量下落，接近小腿，脚和膝关节外展，左腿仆地为左仆步，右腿仆地为右仆步（图 2. 11. 11）。

图 2. 11. 9

图 2. 11. 10

图 2. 11. 11

4. 虚步

动作要领：一脚尖外展 45°，屈膝半蹲；另一腿膝微屈前伸用前掌虚点地面，脚面绷直并稍内扣。左腿前伸为左虚步，右腿前伸为右虚步（图 2. 11. 12）。

5. 歇步

动作要领：右脚向左脚后插步，前脚掌着地，两腿交叉，然后屈膝全蹲，臀部坐于右小腿脚跟上（图 2. 11. 13）。

6. 并步

动作要领：直立，两腿内侧贴紧伸直，两脚并拢，挺胸立腰，目前平视（图 2. 11. 14）。

图 2. 11. 12

图 2. 11. 13

图 2. 11. 14

（二）腿法

1. 正踢腿

动作要领：并步直立，双臂侧平举立掌，一脚向前迈半步，伸直撑地，另一腿伸直踢摆，勾脚尖，踢腿过腰时迅猛加速（图 2. 11. 15）。

图 2. 11. 15

2. 外摆腿

动作要领：并步直立，双臂侧平举立掌，一脚上半步支撑，另一脚脚尖绷直经体前由内向外直腿摆踢（图 2. 11. 16）。

图 2. 11. 16

3. 里合腿

动作要领：并步直立，双臂侧平举立掌，一脚向前半步支撑，另一脚脚尖勾起，由外向内经体前直腿摆动，形如扇形（图 2. 11. 17）。

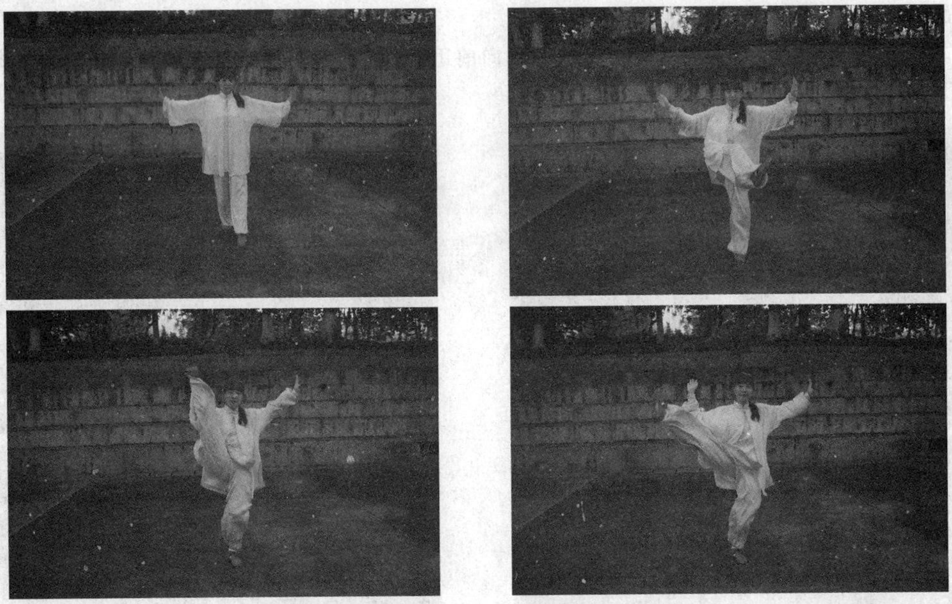

图 2. 11. 17

4. 单拍脚

动作要领：并步站立，两臂侧平举，目视前方。左脚向前上步，左腿支撑，右腿向上踢摆，右脚面绷平，同时，右掌在额前击拍右脚面，左手变勾手或成掌至左肩上方（图 2. 11. 18）。

图 2. 11. 18

5. 弹腿

动作要领：并步抱拳，一脚上半步直腿支撑，另一腿提膝屈收高与腰平，并迅速伸膝，脚面绷平弹击，力达脚尖（图 2. 11. 19）。

图 2. 11. 19

6. 蹬腿

动作要领：并步抱拳，一脚上半步直腿支撑，另一腿提膝屈收高与腰平，并迅速勾脚尖伸膝，力达脚跟（图 2. 11. 20）。

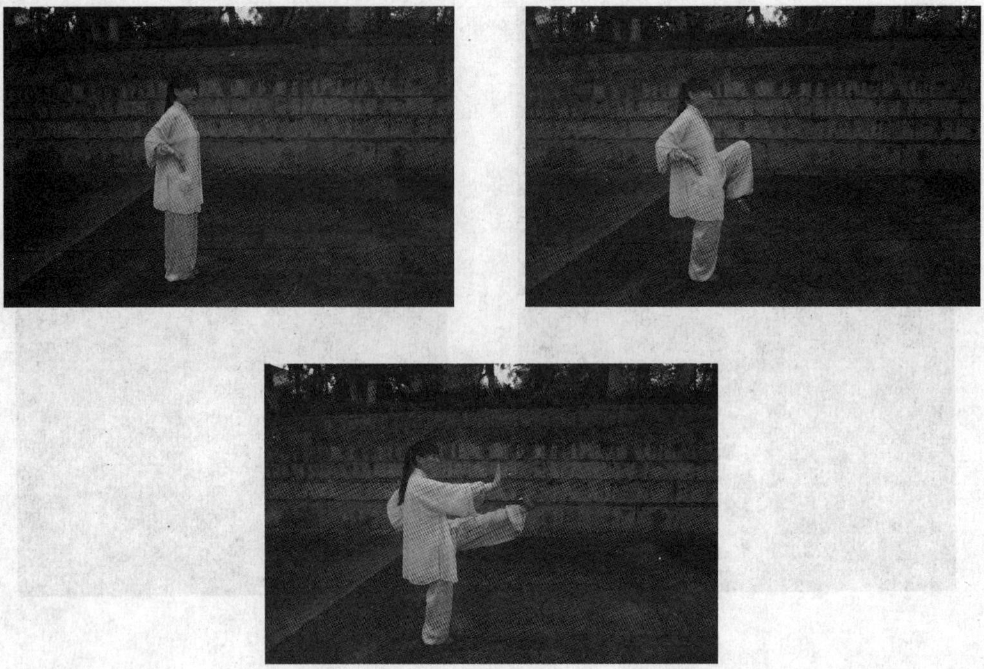

图 2.11.20

三、基本功与基本动作练习

（1）原地练习各种步型，体会动作要求。
（2）原地手法练习。
（3）行进间外摆腿练习。
（4）行进间里合腿练习。
（5）马步冲拳练习。
（6）行进间马步练习。
（7）行进间弓步练习。
（8）行进间弓步冲拳练习。
（9）行进间弹腿冲拳练习。
（10）行进间正踢腿练习。
（11）马步弹腿冲拳练习（图 2.11.21）。

图 2.11.21

图 2.11.21（续）

（12）并步抱拳——冲拳——亮掌——勾手练习（图 2.11.22）。

图 2.11.22

（13）并步抱拳——马步双劈拳——左弓步冲拳——马步冲拳——并步抱拳（图 2. 11. 23）。左右练习。

图 2. 11. 23

（14）并步抱拳——弓步冲拳——弹腿冲拳——弓步冲拳——并步抱拳（图 2. 11. 24）。

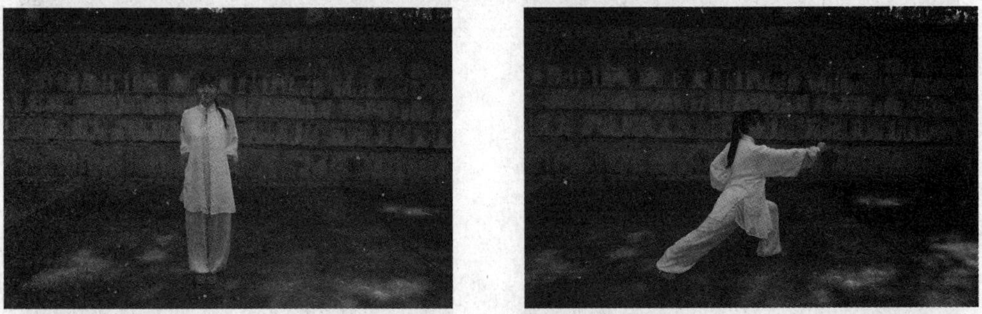

图 2. 11. 24

图 2. 11. 24（续）

（15）三步拳（图 2. 11. 25）。

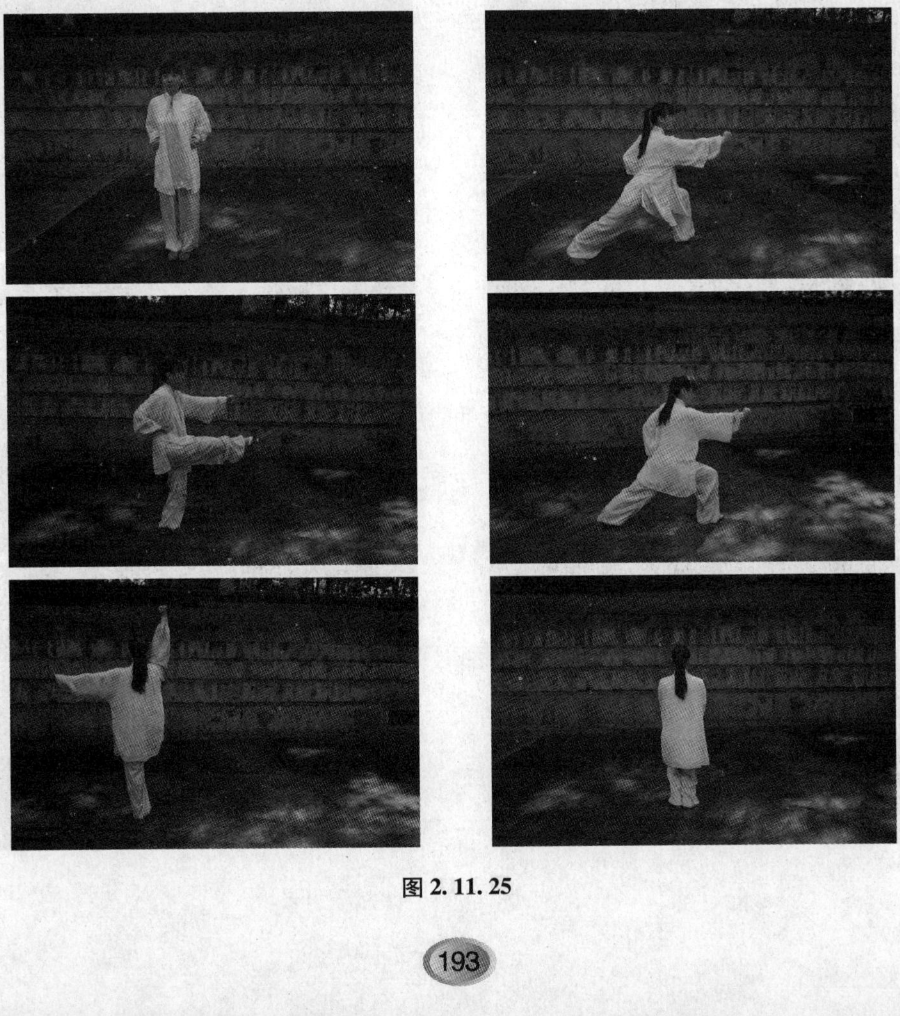

图 2. 11. 25

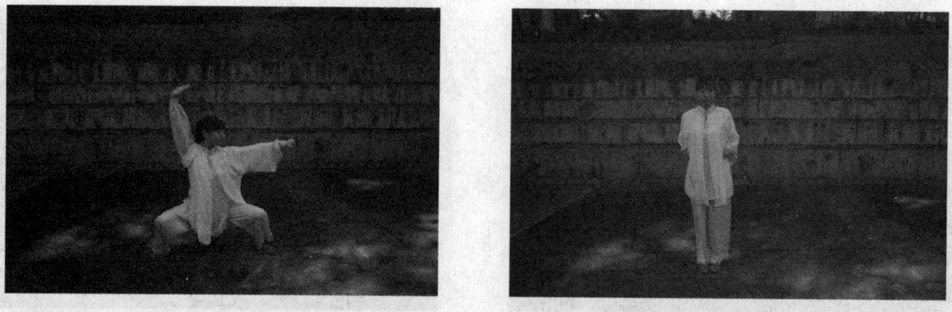

图 2. 11. 25（续）

（16）五步拳（图 2. 11. 26）。

图 2. 11. 26

图 2.11.26（续）

第十二章　健美操

第一节　健美操概述

一、健美操运动的起源与发展

（一）健美操运动的起源

健美操是一项新兴的体育运动项目，最早在美国太空总署为太空人所设计的体能训练内容。医学博士库伯尔设计了一些动作并逐渐加上音乐伴奏和服装，形成了具有独特体系的运动，并很快风靡全球。

健美操作为一项独立的体育运动项目兴起的时间是20世纪70年代末，其明显的标志是："简·方达健美操"的出现。作为现代健美操运动的发起人之一，简·方达根据自己的体会和实践编写了《简·方达健美操》一书及录像带，自1981年首次在美国出版以来，一直畅销不衰，并被译成20多种文字，在世界30多个国家出售，对健美操运动在世界范围内的流行与发展起了巨大的推动作用，也使简·方达成为80年代风靡世界的健美操杰出代表人物。健美操运动自70年代末80年代初兴起以来，以它强大的生命力迅速在全世界流行起来。

（二）健美操运动的发展

1. 国外健美操运动的发展

国际健美操联合会（LAF）：成立于1983年，总部设在日本，目前会员国20多个，每年举办健美操世界杯赛。

国际健美操与健身联合会（FLSAF）：成立于20世纪80年代中期，总部设在澳大利亚，有会员国10多个。除每年举办健美操专业比赛外，还组织各种健美操培训班，并颁发国际健身指导员证书。

国际健美操冠军联合会（ANAC）：成立于1990年，总部设在美国，每年举办ANAC世界健美操冠军赛。

国际体操联合会健美操委员会（FIG）：国际体操联合会成立于1981年，原有体操、艺术体操等项目。于1994年接受健美操为其所属的委员会，并从1995年开始每年举办FIG健美操世界锦标赛。

每年国际上举办的活动有：健美操世界锦标赛、健美操世界杯赛、健美操世界冠军赛、健美操世界巡回赛。

2. 竞技健美操的产生与发展

竞技健美操作为一项群众性体育运动，只有比赛才能使其成为一个真正的竞技体育项目。健美操的首次国际比赛是由LAF在1983年举办的第一届国际健美操比赛。因而竞技健美操的发展历史只有几十年时间。

到目前为止，LAF已举办过11届健美操世界杯赛，每年有近百名运动员参加比赛。另外，比较著名的比赛还有由ANAC举办的世界健美操冠军赛，2001年的健美操比赛，增加了34个国家参加，运动员人数达200多人。FIG从1995年开始，每年举办FIG健美操世界锦标赛，到目前已举办过4届，每届均有40多个国家百名以上的运动员参赛。

3. 健美操在中国的发展

世界性的健美操热传到中国，是在1983年至1984年。在健美操传入我国初期，不少高校教师陆续在报纸杂志上发表了一些健美操知识和探讨美育教育的文章，并编排了一些健美操整套动作，如"女青年健美操""哑铃健美操""形体健美操"等。从此，追求人体健与美的"健美操"一词迅速被广大教育工作者所接受。

1984年，原北京体育学院成立了健美操教研组，率先在高校开展健美操运动，由其编排并推出的“青年韵律操”传遍全国各大专院校。1987年我国第一家健美操健身中心“利生健康城”面向社会开放，首次将健美操这项新的体育运动介绍给广大人民群众。

1992年，中国健美操协会成立。中国健美操协会是中国奥委会承认的全国性运动协会，协会的成立使我国健美操运动进入一个有组织有计划发展的新时期。

随着我国经济与体育制度改革的不断深入，1997年年初，中国健美操协会由社会体育中心并入国家体育总局体操运动管理中心。这一改革理顺了我国与国际上的关系和我国内部管理体制。中国健美操协会先后制定了《健美操活动管理办法》，《全国健美操指导员专业技术等级实施办法》（试行）、《全国健美操大众锻炼标准实施办法》，这些举措对我国健美操运动的普及与提高具有重大意义，必将推动我国健美操运动的快速发展。

第二节　健美操运动的基本动作

一、上肢动作训练

（一）手形及训练规范

手形的变化不仅可以使手臂的动作更加丰富，生动活泼，表现出美感；而且有助于加强动作的力度。健美操中手形有多种，它是从爵士舞、芭蕾舞、西班牙舞、迪斯科、武术等手形中吸收和发展起来的，常用健美操手形有以下几种。

1. 掌

（1）并掌：大拇指指关节弯曲内扣，其余四指并拢伸直。手腕伸直，使手臂成一条直线（图2.12.1）。

（2）开掌：五指用力分开，并伸直（图2.12.2）。

（3）立掌：手掌用力上屈，五指自然弯曲（图2.12.3）。

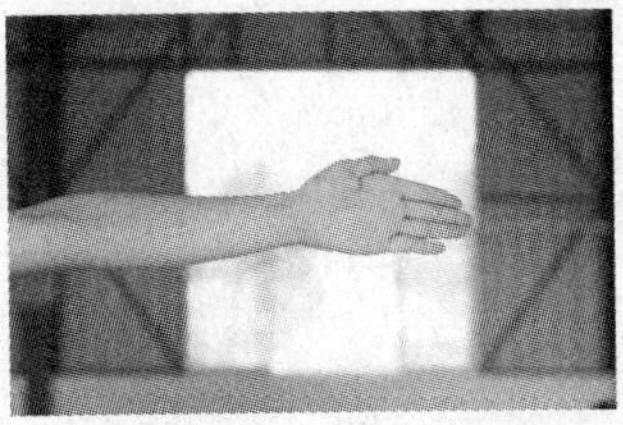

图2.12.1

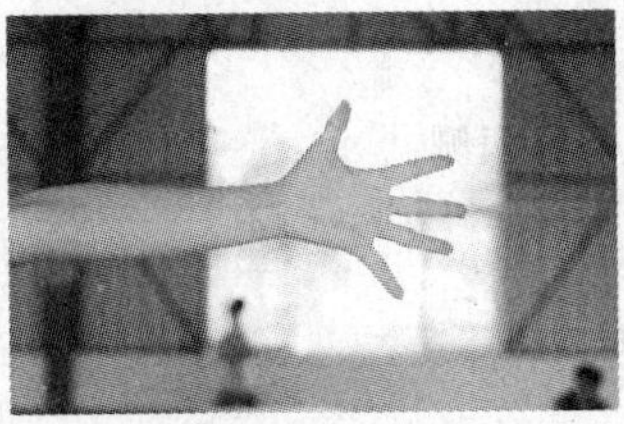

图2.12.2

图2.12.3

2. 拳

（1）实心拳：四指卷握，大拇指末关节压住食指、中指的第二关节（图2.12.4）。

（2）空心拳：四指卷屈，大拇指末关节压住食指、中指的末关节，拳成空心状（图2.12.5）。

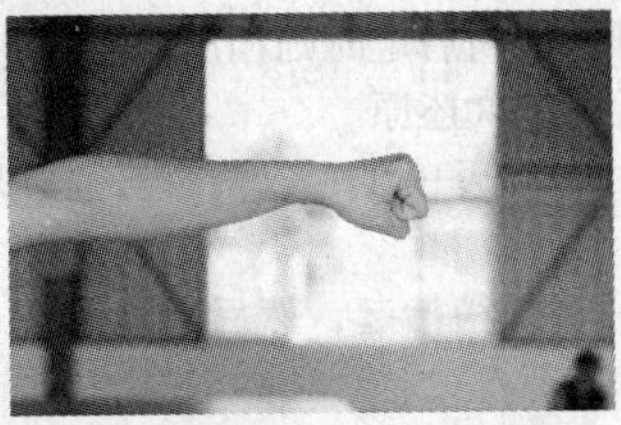

图2.12.4

图2.12.5

3. 其他手形

（1）西班牙舞手形：五指分开，小指内旋，拇指稍内收（图2.12.6）。

（2）剑指：食指和中指并拢伸直，拇指、无名指、小指内收（图2.12.7）。

(3) V指：拇指与小指、无名指弯曲，食指与中指伸直并尽力分开（图2.12.8）。

(4) 响指：无名指与小指屈握，拇指与中指、食指摩擦后，中指击打大鱼际处产生响声（图2.12.9）。

图2.12.6

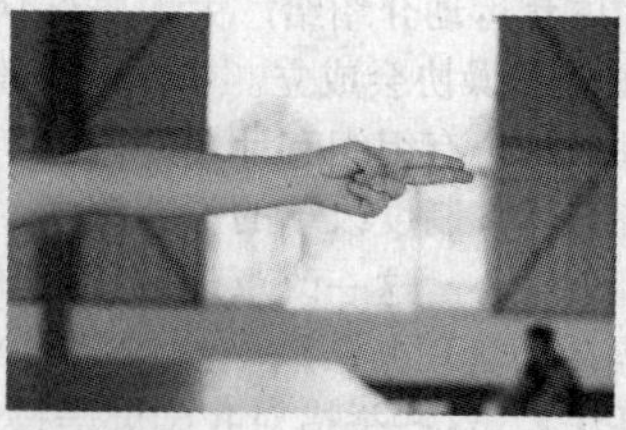

图2.12.7

图2.12.8

图2.12.9

(二) 手臂动作及训练规范

(1) 举：臂伸直向某方向抬起。

(2) 摆动：以肩关节为轴，手臂在180°以内的运动。

(3) 绕和绕环：以肩关节为轴，手臂在180°~360°的运动为绕；大于360°以上的圆周运动为绕环。

(4) 屈臂：前臂与上臂角度不断减小。

(5) 伸臂：前臂与上臂角度不断增大。

(6) 屈臂摆动：屈肘在体侧自然地摆动。

(7) 上提：直臂或屈臂由下至上抬起。

(8) 下拉：臂由上举或侧上举拉至身体两侧。

(9) 胸前推：立掌，臂由肩部向前推。

(10) 肩上推：立掌，屈臂由肩部向上推。

(11) 冲拳：屈臂握拳，由腰间猛力向前冲拳。

(12) 交叉：两臂重叠成X形。

二、基本步伐训练

健美操基本步伐是体现健美操练习者下肢动作基本姿态的主要练习手段，弹动是健美操基本步伐的基础动作，是体现健美操的最基本特征。

(1) 踏步（原始动作）：两腿原地依次抬起，依次落地。

(2) 走步：迈步向前走时，脚跟先落地，过渡到全脚掌；向后走时则相反。

(3) 一字步：一脚向前一步，另一脚并于前脚，然后再依次还原。

(4) V字步：一脚向前侧方迈一步，另一脚随之向另一方迈一步，成两脚开立，屈膝，然后再依次退回原位。

(5) 漫步：一脚向前迈出，屈膝，重心随之前移，另一脚稍抬起，然后原地落下；或向后撤一步，重心后移，另一脚稍抬起，然后原地落下。

(6) 跑步：两腿经过腾空，依次落地缓冲，两臂屈肘摆臂。

(一) 迈步类

一条腿先迈出一步，重心移到这条腿上，另一条腿用脚跟、脚尖点地或吸腿、屈腿、踢腿等，然后向另一个方向迈步的动作。

(1) 并步：一脚迈出，另一脚随之并拢屈膝点地；再向反方向迈步。

（2）迈步点地：一脚向侧迈一步，两脚经屈膝移重心，另一腿在前、侧或后用脚尖或脚跟点地。轨迹呈弧形；上体不要扭转。

（3）迈步吸腿：一脚迈出一步，另一腿屈膝抬起，然后向反方向迈步。

（4）迈步后屈腿：一脚迈出一步，另一腿后屈，然后向相反方向迈步。

（5）侧交叉步：一脚向侧迈一步，另一脚在其后交叉，随之再向侧迈一步，另一脚并拢，屈膝点地。

（二）点地类

一腿屈膝站立，另一腿伸出，用脚尖或脚跟点地后还原到并腿位置的动作。

（1）脚尖点地：一腿稍屈膝站立，另一腿伸出，脚尖点地，然后还原到并腿姿势。

（2）脚跟点地：一腿稍屈膝站立，另一腿伸出，脚跟点地，然后还原到并腿姿势。只可做向前和向侧的脚跟点地。

（三）抬腿类

一腿站立，另一腿抬起的动作。

（1）吸腿：一腿屈膝抬起，落下还原。

（2）摆腿：一腿稍屈膝站立，另一腿做摆动。

（3）踢腿：一腿稍屈膝站立，另一腿抬起，然后还原。

（4）弹踢腿（跳）：一腿站立（跳起），另一腿先向后屈，再向前下方弹踢，还原。

（5）后屈腿（跳）：一腿站立（跳起），另一腿向后屈膝，放下腿还原。

（四）双腿类

双腿站立，身体重心在两腿之间的动作。

（1）并腿跳：两腿并拢跳起。

（2）分腿跳：分腿站立屈膝半蹲，向上跳起，分腿落地屈膝缓冲。

（3）开合跳：由并腿跳起，分腿落地，再由分腿跳起，并腿落地。

（4）半蹲：两腿有控制地屈和伸。可分为并腿半蹲和分腿半蹲。

（5）弓步：两脚前后分开，平行站立，蹲下、起来。

（6）提踵：两腿脚跟抬起，落下脚跟稍屈膝。

三、健美操套路练习

第三套全国健美操大众锻炼标准二级操和三级操。

第十三章　游　泳

第一节　游泳运动概述

一、游泳运动的起源

早在远古时代，人类在布满江、河、湖、海的环境中生活，不可避免地要和水发生关系。在生产劳动和同大自然作斗争的过程中，就产生了游泳，并不断创造和发展了游泳的多种技能和方法。这就是游泳运动的起源。

二、游泳运动的发展

游泳是人类在与大自然斗争中产生和发展而来的。在5 000年前远古时代陶器的雕绘图案上，就可以看到我们的祖先潜在水中猎取水鸟的泳姿。随着社会的发展，游泳逐渐成为人们增强体质以及生产、生活、军事的需要，并逐渐发展成为体育运动的比赛项目。直到1896年雅典第一届奥运会上，男子游泳被列为9个比赛项目之一（包括100米、500米和1 200米自由泳）。在1908年伦敦第四届奥运会上，成立了国际业余游泳联合会，并审定了当时的世界纪录，制定了国际游泳规则。在1912年的第五届奥运会上，正式设立了女子比赛项目。第二次世界大战后，游泳在全世界有了飞速的发展。1952年，国际规则正式将蛙泳和蝶泳分成两个姿势进行比赛。从此，竞技游泳形成了蝶泳、仰泳、蛙泳和自由泳4种姿势。现游泳已成为奥运会上令人瞩目的大项之一。国际泳联每四年举行一次世界游泳锦标赛，每两年举行一次世界杯。

第二节　基本技术动作

一、蛙泳

蛙泳是一种模仿青蛙游泳动作的一种游泳姿势，也是一种最古老的泳姿。蛙泳时，游泳者可以方便观察前方是否有障碍物，避免撞上障碍物。18世纪中期，在欧洲，蛙泳被称为“青蛙泳”。由于蛙泳的速度比较慢，在20世纪初期的自由泳比赛中（不规定姿势的自由游泳），蛙泳不如其他姿势快，使得蛙泳技术受到排挤。随后国际泳联规定了泳姿，蛙泳技术才得以发展。

（一）蛙泳基本技术

蛙泳的技术环节分：蛙泳身体姿势、蛙泳腿部技术、蛙泳手臂技术、蛙泳配合技术。

1. 蛙泳身体姿势

蛙泳在游进之中，身体不是固定在一个位置上，而是随着手、腿的动作在不断地变化。当一个动作周期结束后，身体应展胸、稍收腹、微塌腰，两腿并拢，两臂尽量伸直，颈部稍紧张，头置于两臂之间，眼睛注视前下方。整个身体应以身体的横轴为轴做上下起伏的动作。

2. 蛙泳腿部技术

蛙泳的腿部动作是推动身体前进的主要动力之一。它的主要动作环节可分为收腿、翻脚、蹬夹水和滑行四个环节，这四个环节是紧密相连的完整动作。

（1）收腿。收腿是为了翻脚、蹬水创造有利的位置，同时既要减少阻力，又要考虑到手腿配合因素的需要。开始收腿时，两腿随着吸气的动作，自然放下，同时两膝自然逐渐分开，小腿向前回收，回收时两脚放松，脚跟向臀部靠拢，边收边分。收腿时力量要小，两脚和小腿回收时要收在大腿的投影截面内，以减少回收时的阻力。

收腿结束后，大腿与躯干约成120°~140°角，两膝内侧大约与髋关节同宽。大腿与小腿之间的角度为40°~45°，并使小腿尽量成垂直姿势，这样能为翻脚、蹬水做好有利的准备。

（2）翻脚。在蛙泳腿的技术中，翻脚动作很重要，它直接影响到蹬水的效果。收腿即将结束时，脚仍向臀部靠近，这时膝关节向内扣，同时两脚向外侧翻开，使脚和小腿内侧对好蹬水方向，这样能使对水面加大，并为大腿发挥更大力量做好积极准备。

收腿与翻脚、蹬水是一个连续的完整动作过程。正确的反脚动作，是在收腿未结束前就已开始，在蹬水开始完成。如果翻脚后，腿稍有停滞，则会破坏动作的连贯性并增大阻力。

（3）蹬夹水。蛙泳腿部动作效果的好坏，完全取决于蹬夹水技术的正确与否。蹬水应由大腿发力，先伸髋关节，这样使小腿保持尽量垂直对水的有利部位，向后做蹬夹水的动作，其次是伸膝关节和踝关节。

蹬夹水的动作实际是一个连续的完整动作，只是蹬水在先，夹水在后。实际上在翻脚的动作中，两膝向内，两脚向外已经为蹬夹水固定住唯一的方向。

蹬夹水效果的好坏不但取决于腿部关节移动的路线和方向，以及蹬夹水是对水面积的大小，最主要的是取决于两腿蹬夹水的速度和力量的变化，蹬夹水的速度是从慢到快，力量是从小到大的。

（4）滑行。蹬夹水结束后，脚处于水平面的最低点，这时身体随着蹬水的动力向前滑行，腰部下压，双脚接近水面，准备做下一个循环动作。

3. 蛙泳手臂技术

蛙泳手臂划水动作可以产生很大的推动力，掌握合理的手臂划水技术，并且使之与腿和呼吸动作协调配合，能有效地提高游进速度。它的主要动作可分为开始姿势、滑下（也可叫作“抱水”或“抓水”）、划水、收手和向前伸臂几个阶段。这几个阶段也是紧密相连的完整动作（图2.13.1）。

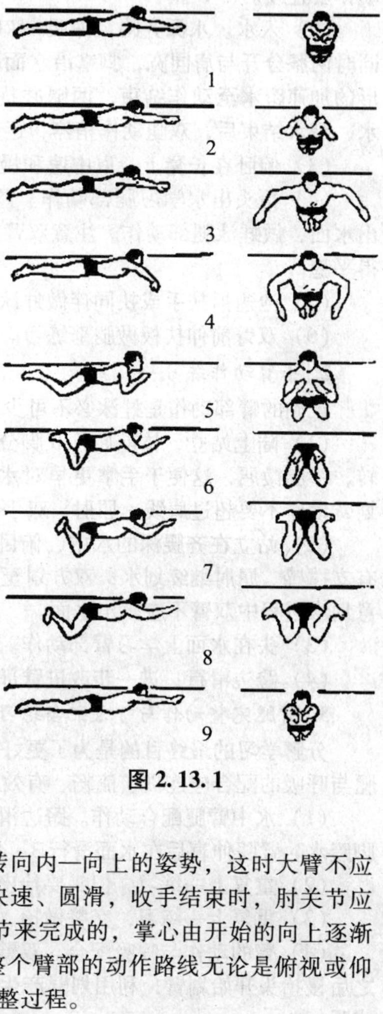

图2.13.1

（1）开始姿势。当蹬水动作结束时，两臂应保持一定的紧张，自然向前伸直，并与水面平行，掌心向下，手指自然并拢，使身体成一条直线，形成较好的流线型。滑下（抓水）从开始姿势起，手臂先前伸，并使重心向前，同时肩关节略内旋，两手掌心略转向外斜下方，并稍屈手腕，两手分开向侧斜下方压水，当手掌和前臂感到有压力时，就开始划水。抓水动作一方面能给划水创造有利条件，另一方面还能产生使身体上浮和前进的作用。抓水的速度，根据个人的水平不同而不同，水平较高者抓水较快，反之则慢。

（2）划水是当两手做好抓水动作、两臂分制成40°~45°角时，手腕开始逐渐弯曲，这时两臂两手逐渐积极地做向侧、下、后方的屈臂划水动作。划水时，手的运动应该分为两个部分，前一部分：手向外—向下—向后运动，水流从大拇指流向小拇指一边。后一部分：手向内—向下—向后运动，水流从小拇指流向大拇指一边。在划水中，前臂和上臂弯曲的角度是在不断变化的，其标准是以能发挥出最好的力量为准则。在整个划水过程中肘关节的位置都比手高。手运动的路线，不应到肩的下后方，而应在肩的前下方。其速度是从慢到快，至收手时应达到最快速度。

（3）收手是划水阶段的继续。收手时，收的运动方向为向内、向上、向前。手的蛙泳手臂姿势是迎角大致为45°角。由于前臂外旋，掌心逐渐转向内。收手动作应有利于做快速向前的伸手动作，并且肘关节要有意识地向内夹。当手收至头前下方时，两手掌心是由后转向内—向上的姿势，这时大臂不应超过两肩的横向延长线。在整个收手动作过程中，手的动作应积极、快速、圆滑，收手结束时，肘关节应低于手，大、小臂的角度小于90°角。向前伸臂是由伸直肘关节、肩关节来完成的，掌心由开始的向上逐渐转向内，双掌合在一起向前伸出，在最后结束前逐渐转向下方。蛙泳整个臂部的动作路线无论是俯视或仰视都是椭圆形的，并且是一个连贯、力量从小到大、速度从慢到快的完整过程。

4. 蛙泳配合技术

手臂滑下（抓水）的同时，开始逐渐抬头，这时腿保持自然放松、伸直的姿势。手臂划水时，头抬至眼睛出水面，腿还是不动。只有收手时才开始收腿，并稍向前挺髋，这时头抬至口出水面，并进行快速、有力的吸气。伸手臂的同时低头，用鼻或口鼻进行呼气，并且在手臂伸至将近二分之一处时，进行蹬夹水的动作，之后，让身体伸展滑行一段距离，蹬速度降低时进行第二个周期的动作。

在蛙泳的游进过程中，一般都是一个周期一次呼吸，这样有利于肌体的有氧供应，从而降低疲劳速度。需要注意：在抬头吸气前，必须要将体内的废气全部吐完，这样才能吸进新鲜氧气（图 2.13.2）。

图 2.13.2

（二）蛙泳练习的方法

1. 腿部动作练习

腿部动作是蛙泳技术中最重要的部分，学习蛙泳需要从陆上腿部动作做起。具体方法为：

（1）坐在地上或凳上，躯干后仰，双手撑地（凳）。双腿并拢抻直，稍抬起双腿，深吸一口气，屏息。将双腿慢慢收回，膝关节同时外分，收腿开始时脚掌稍外翻。屈髋、屈膝，双腿收紧靠近臀部，接着不停顿地向后方蹬腿、并拢，同时口、鼻呼气，蹬水时用力点落在分开的双脚脚掌上。蹬水前半部脚掌与身体纵轴垂直，结束时两脚掌像鞭打一样快速伸直，双腿伸直后间歇一下。呼气要快，动作要连续。

（2）入水。水深齐腰，深吸一口气，俯卧于水中，脸入水，臂前伸。收腿同时两膝分开与肩同宽，脚掌沿水面回收。接着双脚应对称有力向后下方做半圆形的加速蹬水至动作结束，两腿并拢。做这个动作时，脚掌和脚内侧向后蹬夹水，蹬水结束后，双腿动作稍停，运动员靠加速度在水面滑行。

（3）俯卧在长凳上，以中速和慢速模仿蛙泳腿部动作。

（4）抬头出水学习腿部动作。蹬池壁或池底滑行，双臂前伸，抬头使口露出水面，做蛙泳腿部动作。注意双臂前伸不要过深，腿部动作除并拢时外，要做得平稳。

（5）池边抓扶手或扶同伴做蛙泳腿部动作。

（6）双臂前伸扶板做腿部练习。

2. 手臂动作练习

正确的臂部动作是蛙泳必不可少的组成部分。可采用学习方法如下：

（1）陆上站立，体前屈，双脚分开与肩同宽，抬头，双臂前伸。两臂对称外分，稍向下划水，手掌外转，手腕微屈，这便于手掌更早对水。双臂一开始划水，头顺势抬出水面。深吸气。抬头动作不要过猛，划臂动作不要超过肩线。屈肘，双手做一圆形经胸下前伸，呈预备姿势，伸手同时用口、鼻做深呼气。

（2）站立在齐腰深的水中，俯卧，臂前伸。吸气后屏气。稍屈腕，手掌向外、向下用力划水，应对水有支撑感。屈肘继续划水，双方划至胸前逐渐接近，手掌转向躯干，然后双臂前伸，呈划水开始姿势。注意划水过程中双臂不应露出水面。

（3）头在水面上学习臂部动作。蹬边滑行，屏息抬头前视。连续做几次划臂动作，注意不要屈腿。

（4）蹬边滑行，进一步改进臂部动作。

3. 臂腿完整动作与呼吸配合练习

分解学习的最终目的是为了更好地配合，只有把各部分动作有机结合起来才能达到最佳效果。蛙泳臂腿与呼吸的配合应连贯、流畅、有效。练习方法可采用：

（1）水中臂腿配合动作。蹬边滑行，脸入水，屏息，臂划水，开始划水是收腿，然后双臂前伸、并拢、脚蹬水。臂腿伸直后在水面滑行 3 ~ 4 秒后再重复上述动作。做 2 ~ 3 次后，休息片刻，继续练习。

（2）重复上一练习，但头要抬出水面。

（3）重复上一练习，交替做抬、低头动作。划水时头抬出水面，收手、蹬腿时头入水。

（4）臂的动作与呼吸配合。双臂前伸滑行，头略抬出水面。臂前伸时脸入水，口、鼻均匀、用力吐气，之后慢抬头开始划臂，利用划臂产生的作用力抬头，大张嘴，快吸气。注意吸气不要太晚，在划臂阶段完成吸气。

（5）蛙泳完整动作配合游。滑行，双腿伸直，双臂前伸，呼气入水之后开始向后下方划水，抬头快吸气，双臂接近肩线时开始收腿。臂前伸，蹬水时屏息，双臂结束前伸，腿并拢时呼气入水。连续练习，尽量远游。

二、自由泳

自由泳是竞技游泳比赛项目之一。自由泳严格地来说不是一种游泳姿势，它的竞赛规则几乎没有任何的限制，大多数游泳运动员在自由泳比赛时选择使用这种泳姿，这种姿势结构合理，阻力小，速度均匀、快速，是最省力的一种游泳姿势。1896 年第一届奥运会自由泳被列为正式的比赛项目。

（一）自由泳基本技术

自由泳的技术环节分：自由泳身体姿势，自由泳腿部技术，自由泳手臂技术，自由泳臂，腿和呼吸及配合技术。

1. 自由泳身体姿势

自由泳时身体俯卧在水面成流线型，背部和臀部的肌肉保持适当的紧张度，在游进中保持头部平稳，躯干围绕身体纵轴有节奏地自然转动 35°～45°（图 2. 13. 3）。

2. 自由泳腿部技术

自由泳腿部动作虽有一定的推进力，但主要起平衡作用，保持身体的稳定和协调双臂做有力的划水。要求两腿自然并拢，脚稍内旋，踝关节放松，以髋关节为轴，由大腿带动小腿和脚掌，两腿交替做鞭打动作，两脚尖上下最大幅度 30～40 厘米，膝关节最大屈度约 160°。

3. 自由泳手臂技术

自由泳的臂部动作是推动身体前进的主要动力。以一个周期分为入水、抱水、划水、出水和空中移臂几个不可分割的阶段（图 2. 13. 4）。

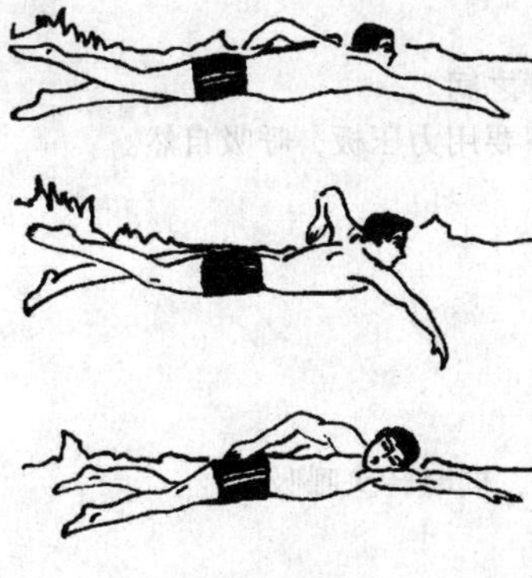

图 2. 13. 3

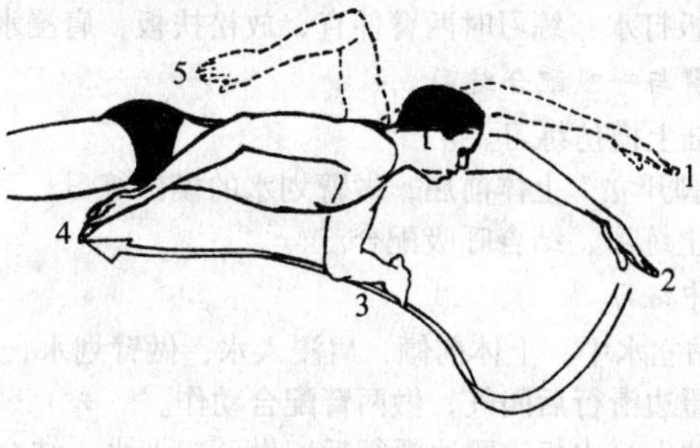

图 2. 13. 4

（1）入水：完成空中移臂后，手自然放松入水。手的入水点一般在身体纵轴和肩关节的前后延长线之间。入水时手指自然伸直并拢，臂内旋使肘关节抬高处于最高点，手掌斜向外下方，手指、小臂、大臂依次自然入水。

（2）抱水：臂入水后，在积极向下方插入的过程中，手掌从向斜外下方转向斜内后方并开始屈腕、屈肘，肘高于手，以便能迅速过渡到较好的划水位置。抱水结束，手掌已经接近对水，肘关节屈至 150°左右，整个手臂像抱着一个大圆球似的为划水做准备。

（3）划水：划水是发挥最大推进作用的主要阶段，其动作过程可分为拉水和推水两个部分。紧接抱水阶段进入拉水，这时要保持抬肘，并使大臂内旋。同时继续屈肘，使手的动作迅速赶上身体的前进速度，能使划水动作造成合理的动作方向和路线，同时，也使主要肌肉群在良好的工作条件下进入推水动作，拉水至肩的垂直平面后，即进入推水部分，这时肘的屈度约 100°。大臂在保持内旋姿势，带动小臂，用力向后推水。同时，使肩部后移，以加长有效的划水路线。向后推水有一个从屈臂到伸臂的加速过程，手掌从内向上，从下向上的动作路线加速划至大腿旁。整个划水动作，手的轨迹始于肩前，继之到腹下，最后到大腿旁，呈 S 形。

（4）出水：划水结束时，掌心转向大腿，出水时小指向上，手臂放松，微屈肘。由上臂带动，肘部向外上方提拉带前臂和手出水面，掌心转向后上方。出水动作必须迅速而不停顿，同时应该柔和、放松。

(5) 空中移臂：紧接出水不停顿地进入空中移臂，移臂时，肘高于手。

(6) 两臂配合：自由泳时两臂划水发生的交叉位置有前交叉、中交叉和后交叉。前交叉是指一臂入水时，另一臂已前摆至肩前方与平面成30°左右。前交叉有利于初学者掌握自由泳动作和呼吸。中交叉是指一臂入水时，另一臂处在向内划水阶段与水平面成90°。后交叉是指一臂入水时，另一臂划至腹下，手与水平面成150°左右。

4. 自由泳臂、腿和呼吸及配合技术

自由泳时，一般是在两臂各划水一次的过程中进行一次呼吸，以向右边吸气为例：右手入水后，嘴和鼻开始慢慢呼气。右臂划水至肩下，开始向右侧转头和增大呼气量。右臂推水即将结束，则用力呼气。右臂出水时，张嘴吸气，至空中移臂的前半部为止，并开始转头还原。然后，直至臂入水结束，有一个短暂的闭气过程，脸部转向前下。头部稳定时，右臂入水，再开始下一慢慢呼气的过程。

自由泳的呼吸与臂、腿配合，初学者一般者采 6:2:1 的方法，即呼吸一次、臂划两次、腿打六次，这种配合方法易保持平衡和协调掌握自由泳技术。

(二) 自由泳练习的方法

1. 腿部动作练习

(1) 陆地模仿练习。

① 坐姿打水：坐在池边或地上，两手后撑，两腿伸直，腿内旋使脚尖相对，脚跟分开成八字，两腿放松，以髋为轴，大腿带动小腿，上下交替打水。

② 卧姿打水：俯卧在凳上，做两腿上下交替打水，要求同上。

(2) 水中练习。

① 俯卧打水：手握池槽，或由同伴托其腹部，成水平姿势，两腿伸直，做打水动作。

② 仰卧打水：仰卧姿势，手握池槽，或由同伴帮助托其背部，做两腿交替打水，注意膝盖不要露出水面。

③ 滑行打水：练习时要求闭气，两臂伸直并拢，头夹于两臂之间。

④ 扶板打水：练习时两臂伸直，放松扶板，肩浸水中，手不要用力压板，呼吸自然。

2. 手臂与呼吸配合练习

(1) 陆上模仿练习。

① 两脚开立，上体前屈，做臂划水的模仿练习。

② 同上练习，结合呼吸配合。

3. 水中练习

(1) 站立水中，上体前倾，肩浸入水，做臂划水，边做边走，同时转头呼吸。

(2) 蹬边滑行后闭气，做两臂配合动作。

(3) 腿夹打水板，蹬边滑行后，做两臂划水，结合转头呼吸。

4. 手臂、腿和呼吸的配合练习

(1) 站立水中，上体前倾做划臂与呼吸配合的练习，借助用力划水向前移动，然后蹬离池底，两腿打水形成完整配合。

(2) 蹬边滑行打水漂浮 5 ~ 10 米，做自由泳臂划水与呼吸配合练习。

第十四章　导引经络养生

“导引经络养生功”是北京体育学院张广德教授在继承古代养生学和祖传功法的基础上，以人体各系统发病的病因、病理为依据，以祖国医学的整体观念，辨证施治，经络学说和现代医学的有关理论为指导创编而成。导引养生功的最大特点是把“导引”和“养生”、肢体锻炼和精神修养融会一体，巧妙结合。它不仅包括中医学、西医学、生理学、解剖学，还包括心理学、教育系、哲学和美学等。它是一门具有较高学术水平的综合性的新学科。它功理科学，功法合理。针对性强，疗效显著，动作连贯，姿势优美，音乐动听，无任何副作用。

第一节　舒心平血功的特点

第一套：《舒心平血功》动作简介（全套练功时间 11 分 17 秒）

第一式　闻鸡起舞；第二式　白猿献果；第三式　金象卷鼻；第四式　黄莺叠膀；第五式　上工揉耳；第六式　捶臂叩腿；第七式　枯树盘根；第八式　平步连环。

一、意形结合　重点在意

练习“舒心平血功”，要求意念与姿势紧密结合，当动作熟练后，应把重点转移到意念上。练习“舒心平血功”除了“上工揉耳”意守被揉之穴位（如心穴、交感穴、降压沟等），“捶臂叩腿”意守捶叩穴位（命门、委中、承筋、承山、跗阳等）和“平步连环”两手在背部上下摩运时意守命门，两掌相叠在身前按摩时意守丹田外，其他五个姿势都是意守少冲、关冲、中冲、劳宫四个穴位。

意守的程度和方法要求做到：“不可用心守，不可无意求，用心着想，无意落空，绵绵若存，似守非守。”这也是“导引养生功”全套功法的意守特点，学习时要特别注意。

二、动息结合　着重于息

“动”是指动作，“息”是指呼吸。一吸一呼为一“息”。练习“舒心平血功”强调动作与深长的腹式呼吸紧密配合。配合的原则是：起吸落呼、开吸合呼、先吸后呼、鼻吸口呼（或鼻吸鼻呼），吸气时舌抵上腭，呼气时舌抵下腭，口中产生的唾液，应随时咽下。

“着重于息”，主要是指加长柔缓的呼气，练习“舒心平血功”时，要求呼气比吸气稍长且柔。

三、循经取动　强调臂旋

练习“舒心平血功”时，两臂沿纵轴内旋、外旋和两腕、两肘沿横轴旋转缠绕的幅度宜大，做到逢动必旋、逢作必绕，使身体远端的小肌肉群、小关节充分活动开，解除身体远端小动脉痉挛，从而畅通经络，消积化瘀，理气和血，温煦肌肤，内安五脏。

四、循经取穴　以指代针

主要是循手少阴心经脉，手厥阴心包经脉，足厥阴肝经脉，足太阳膀胱经脉和任督两脉选取穴位进行自我摩运和点按，如“白猿献果”“枯树盘根”的手抠劳宫穴，“平步连环”中的按摩璇玑、华盖、玉堂、膻中、鸠尾等胸前部穴位和白环俞、膀胱俞、小肠俞、大肠俞、肾俞等骶腰部穴位，均属循经取穴，以指代针。这是根据中医针灸学“经络所过，主治所及，肺腑所属，主治所为”的治病选穴原则。“上工揉耳”一式，也是“以指代针”的典型动作。

五、松紧结合 松贯始末

练习“舒心平血功”，要求高级神经系统和四肢百骸高度放松，思想上排除一切杂念，做到飘然轻爽，肢体上毫不紧张，舒适自然。但在完成以指代针的动作时（如手抠劳宫、摩面揉耳、捶臂叩腿等），需有短暂用力的过程，即所谓“紧”。但就“舒心平血功”的总体来说，一定要做到松紧结合，松贯始末，松是根本，紧是一瞬，松而不懈，紧而不僵。

六、运动周身 缓寓其中

练习“舒心平血功”时，从头到脚，从里到外，四肢百骸，五脏六腑，筋脉肉皮骨等身体各部均能得到锻炼，占体重一半以上的骨骼肌在柔缓轻盈的状态下，进行着较长时间的、有规律的收缩和舒张，可对凝血产生良好的影响，减少冠状动脉血栓的形成。

第二节 和胃健脾功的特点

第二套：《和胃健脾功》简介（全套练功时间10分41秒）

第一式 叩齿咽津；第二式 摘星换斗；第三式 霸王举鼎；第四式 大鹏压嗉；第五式 金刚揉球；第六式 捶叩三里；第七式 迎风摆捶；第八式 白鹤亮翅。

一、意守丹田，心静神安

心静神安，顾名思义就是心情平静，精神安然。意守丹田，就是练习“和胃健脾功”时意念集中于丹田部位。丹田在脐下1.5寸的气海穴附近。中医认为：气海穴是生气之源，也就是人身真气从此而生的意思。心静神安地意守丹田，不仅可促进腹腔血液循环，加强胃肠蠕动，帮助消化吸收，起到壮中气，补元气的作用；还可便散乱的异常情绪、不良的刺激得到消除，使大脑皮层的兴奋灶趋于单一化，从而使中枢神经系统得到调整，有益于防病、治病，促进健康。

二、动息结合 动缓息长

练习“和胃健脾功”要求细、匀、深、长的腹式呼吸与动作紧密结合。配合的原则是：起吸落呼，开吸合呼，摆（指拳、臂的摆动）吸叩（指拳叩或掌拍）呼，先吸后呼，口中产生的津液应随时咽下。

细、匀、深、长的腹式呼吸可以加强对胃、脾、肠等脏器的按摩，增强其蠕动力，有助于胃肠内的容物向肛门方向推进和消化液的分泌，起到助消化、湿润干结粪便，增强腹腔各器官韧带力量，清除肝脏淤血和加速胆汁排泄的作用。

三、强调叩齿 尤重咽津

叩齿，就是上下排牙齿互相叩撞。咽津，就是口中增生的唾液随时咽下。叩齿可改善牙周膜内的血液循环，坚固牙齿。呼气时叩齿，同时舌抵下腭，吸气时开齿，同时舌抵上腭，可使津液增多。古人把口中的津液誉为“华池之水”“琼浆甘露”“金津玉液”。古时造“活字即舌与水之合”，汁舌等于“活”，可见我们在很早以前就已经认识到唾液与人的生命活动密切相关。

现代医学研究证明，唾液中含有黏液蛋白、淀粉酶、溶菌酶、免疫球蛋白和少量的无机盐等物质，这些物质具有溶解食物，帮助消化，解毒和提高免疫功能的作用。

四、提肛调裆 吸提呼松

“和胃健脾功”把“提肛调裆、吸提呼松”作为功法特点提出来，表明了它在防治消化系统疾病上的重要性。

“提肛调裆，吸提呼松”的具体做法是：如果练功者采用腹式呼吸法（吸气时腹部凸起，呼气时腹部下凹），应在空气吸足之后的一瞬间将肛门、会阴部、臀部和大腿根部紧缩上提，即先吸气后提肛。然后随着呼气，同时将肛门、会阴部、臀部和大腿根部松弛下垂。

"提肛调裆，吸提呼松"可使肛门周围的肌肉组织、横膈肌和腹肌得到锻炼，加强其力量。从而可防治痔疮、脱肛、消化不良、胃脘痛、胃下垂等消化系统疾病。

五、动其稍节　行于指趾

"动其稍节，行于指趾"，就是指"和胃健脾功"特别重视肘、膝以下部位有规律的活动。动者，行也；稍节者，指趾也。如两手有规律地握拳、组掌、成勾、拍击、叩打、揉按、点压和两脚有节奏地抓地、跷起、提踵、落足等就是"动其稍节，行于指趾"的主要动作。肘、膝、指、趾有规律的活动，有助于手三阴经和手三阳经、足三阴经和足三阳经等十二经脉的畅通无阻，有助于消积化淤，防治各种消化系统疾病。

六、摩运于腹　捶叩于腰

对腹部的摩运，如"大鹏压嗉"动作，由于可以对足阳明胃经脉的太乙（脐上 2 寸，下脘旁开 2 寸处），滑肉门（脐上 1 寸，水分旁开 2 寸处）、天枢（脐旁开 2 寸处），足太阴脾经脉的大横（脐旁开 4 寸处），任脉的关元（前正中线，脐下 3 寸处）、气海（前正中线，脐下 1.5 寸处）、神阙（脐窝正中）、下脘（前正中线，脐上 2 寸处），中脘（前正中线，脐上 4 寸处）、上脘（前正中线，脐上 5 寸处）等穴位加强刺激，因此，可防治肠胃炎、呕吐、便秘、腹痛、腹胀、肠麻痹、月事不调、赤白带下、溃疡病、消化不良等疾病。对腰部的捶叩，如"迎风摆捶"动作，由于可以加强对足太阳膀胱经的胃俞（第 12 胸椎棘突下旁开 1.5 寸处），肾俞（第二腰椎棘突下旁开 1.5 寸处）和督脉的腰俞（当骶骨裂孔中）的刺激，故分别有防治胃炎、胃下垂、溃疡病、胰腺炎、肾炎、糖尿病和痔疮的作用。

第十五章　脚 斗 士

第一节　脚斗士运动概述

脚斗士是一项角力搏击类运动，竞赛是以单脚支撑跳跃，以手握非支撑腿小腿及以下部位，以非支撑腿的膝关节、大腿部、小腿部和腰臀部攻击对方，以将对方击出规定场外，或非支撑脚着地，或支撑脚踝关节以上部位着地，或两腿不成交叉，为取胜目的。脚斗士运动源于一种以单脚支撑跳跃，屈膝对撞的中国传统儿童经典游戏，俗称“斗鸡”或“斗拐”。2005 年 4 月，北京德道传媒有限公司总裁吴彦达先生以传媒结合体育的力量，重新挖掘和定义了这项传统的民俗体育运动项目，以“用脚进行竞技搏斗的勇士”来为之命名，简称为“脚斗士”以期将之发扬光大。脚斗士从此成了一项新兴的社会体育运动项目。

脚斗士的比赛分为个人赛和团队赛两种，比赛在边长 6 米的正方形内进行，此区域为各单元比赛的主战场。主战场左右两侧距离边线一米处画有两个直径为 60 厘米的圈，为双方队员开始比赛的站位点。个人赛采取 3 局 2 胜制，通过赢得选择权来决定攻守方，每局比赛时间为 1 分钟，在比赛时间内进攻方将对方击出规定场外，或非支撑脚着地，或支撑脚踝关节以上部位着地，或两腿不成交叉即为获胜，未能达成则判定守方获胜。团队比赛由兵卒对抗赛、兵（卒）挑战将（帅）赛和将（帅）挑战赛三个单元组成。全场比赛进行“之”字形的复式竞赛法。每队 5 +1（替补）名运动员，分别由 3 名兵（卒）、1 名副将（帅）、1 名主将（帅）和 1 名替补队员组成。挑战原则：

① 比赛双方级别低者为挑战方。

② 同级对抗中，先接受挑战者，为挑战方。

③ 挑战方须在一分钟的时间内战胜对手，否则判败。

第二节　基本技术动作

脚斗士是以单脚支撑，跳跃行进，以另外一条腿屈膝架于体前对撞竞技的运动。所以基本的技术动作中主要包含支撑腿的移动技术动作和盘曲腿的攻守技术动作，以及上半身的平衡动作。一般以主动有力的腿作为支撑脚，另一边腿盘曲作为进攻部位。所以根据左右脚不同的支撑方式，脚斗士的步法一般分为“右攻守势”和“左攻守势”两种，练习者可以根据自己的习惯、爱好和实战需要选择适合自己的姿势，亦可在不同的比赛局中使用左右两种步法，以使支撑腿获得休息恢复。其动作要领是：首先立正站好，右腿弯曲体前抬起，与左支撑腿成交叉状态，左手握住右腿小腿及以下部位，右手握住膝关节以下部位，右手握住膝关节以上部位或置于体侧，上体正立，含胸、收腹、敛臀，下颌微收，目视前方。左攻守势与之相反。脚斗士的基本姿势的区分是看弯曲腿，右腿弯曲时，为“右攻守势”，左腿弯曲时，为“左攻守势”。

一、移动技术

分为进攻移动和防守移动两类，通过两类步法的灵活应用来争取比赛中的主动权。两类移动技术主要包括以下步法（以右攻守势为例）。

（一）前移步（图 2.15.1）

动作要领：从基本姿势开始，左前脚掌向后蹬地，同时上体前倾，向前跳跃移动，跳跃幅度不要过大，落地时由脚前掌过渡到脚后跟。

（二）后移步（图 2.15.2）

动作要领：从基本姿势开始，左前脚掌向前蹬地，同时上体后仰，向后跳跃移动，落地时由脚前掌过渡到脚后跟，上体向前保持平衡。

图 2.15.1

图 2.15.2

（三）侧移步（图 2.15.3）

动作要领：从基本姿势开始，左前脚掌向两侧蹬地，带动上体向两侧移动，落地时由脚前掌过渡到脚后跟。

（四）转动步（图 2.15.4）

动作要领：从基本姿势开始，上体转向移动方向，以脚前掌（后跟）为轴，脚前掌蹬地转动身体，边转动边注意观察对手动作。

图 2.15.3

图 2.15.4

（五）制动步（图 2.15.5）

动作要领：在跳跃行进中，支撑脚突然停止移动，膝部弯曲缓冲，上体向移动的反方向倾斜控制平衡，使身体迅速停止移动。

（六）前跃步（图 2.15.6）

动作要领：在前移步的速度基础上，加快跳跃节奏和力量，脚掌迅速有力蹬地，使整个身体腾空，跃出较远距离，落地时由脚前掌落地，同时屈膝缓冲，保持身体平衡。

图 2.15.5

图 2.15.6

（七）后跃步（图 2. 15. 7）

图 2. 15. 7

动作要领：在后移步的速度基础上，加快跳跃节奏和力量，脚掌迅速有力蹬地，使整个身体腾空，跃出较远距离，落地时由脚前掌落地，同时屈膝缓冲，保持身体平衡。

（八）跳转步

动作要领：在前（后）跃步时，身体跃起腾空后，转肩带动身体转动，在空中完成方向转换的动作，落地时由脚前掌落地，同时屈膝缓冲，注意保持身体平衡。

二、攻守技术

（一）进攻技术

1. 上挑（图 2. 15. 8）

图 2. 15. 8

动作要领：在进攻中，支撑腿屈膝微蹲，攻击腿下压，上体微含收，立腰，当攻击腿接触到对手时，支撑腿快速蹬地，上身后仰，双手配合攻击腿以膝部由下向上挑击对手。

2. 下压（图 2. 15. 9）

图 2. 15. 9

动作要领：在进攻中，支撑腿蹬地，上体直立，攻击腿膝部抬起，当靠近对手时，双手配合攻击腿由上向下压制撞击对手。

3. 套膝（图 2. 15. 10）

动作要领：在进攻中，支撑腿蹬地，上体稍后仰，当靠近对手时，双手向外伸展攻击腿，套住对手膝部由上向下拉拽。

4. 顶撞（图 2. 15. 11）

动作要领：在进攻中，支撑腿快速蹬地跃起，上体前倾，双手固紧攻击腿，向对手撞击；接触对手时，挺髋发力，上体展开，以攻击腿膝部加速顶撞对手。

图 2. 15. 10

图 2. 15. 11

5. 摆膝（图 2. 15. 12）

图 2. 15. 12

动作要领：在进攻中，以支撑腿前脚掌为轴，上体带动攻击腿左右摆动，以攻击腿膝部撞击拨带对手。

6. 弹推（图 2. 15. 13）

图 2. 15. 13

动作要领：在进攻中，当与对手相距较近时，支撑腿前脚掌蹬地，上体微含，以双手抓握攻击腿的脚踝处，配合攻击腿向外弹推，以小腿推击对手。

（二）防守技术

1. 抬膝（图 2. 15. 14）

动作要领：在对抗中，以异侧手抓握进攻腿脚踝，同侧手提托膝部，将进攻腿膝部抬起，上体直立，以便抗击对方的下压进攻。同时减小身体受力部位，减小对方上挑进攻的着力点。

2. 靠肩（图 2. 15. 15）

动作要领：在近身对抗中，将上体前倾，以头肩部靠住对方，缩短两人之间的距离，使对方无法发力进攻。

图 2. 15. 14

图 2. 15. 15

3. 侧移（图 2. 15. 16）

图 2. 15. 16

动作要领：面对对方冲撞进攻时，迅速侧向移动身体，避开对手冲击，同时转身攻击对手侧方。

4. 旋转

动作要领：在靠近边线不易大范围移动的地方，面对对手进攻时，采用侧移快速旋转身体，避让对方进攻。

第三节　基本战术

一、进攻战术

进攻战术主要是通过在比赛时间内积极进攻，掌握主动权，以将对方击出规定场外，或非支撑脚着地，或支撑脚踝关节以上部位着地，或两腿不成交叉，为取胜目的战术。主要通过先试探观察对手的技术特点，制订好进攻方案。对身高高于自己的对手，可采用上挑进攻；对身高矮于自己的对手可采用下压进攻；对移动能力差的对手可采用快速移动侧向进攻；对移动迅速的对手可采用强力冲撞的方式进攻。

二、防守战术

防守战术是通过运用各种防守技术，以抑制攻方的进攻，达到在比赛时间内不出现被攻方击出规定场外，或非支撑脚着地，或支撑脚踝关节以上部位着地，或两腿不成交叉的情况，造成攻方无法在规定时间内获胜，被判失败的战术。通过观察对手的技术特点，针对对手的进攻，采用适当的防守技术，伺机反攻。主要战术有：通过连续大范围移动消耗对手的体能，降低其进攻能力；通过多方向灵活移动来闪避对手的强力进攻，造成对手失去平衡或冲出场地；相持时紧靠对手，缩短相互之间的距离，使对方无法发力进攻；利用正确的身体姿势，缓冲、对抗对手的进攻动作，同时抓住对手松懈或失去平衡的时机进行反击。

第四节　教学步骤与方法

一、教学步骤

由于脚斗士运动采用单脚支撑跳跃运动，对支撑腿的弹跳力和耐力有很高要求，在教学时，先进行单脚跳跃行进和变化方向的练习，然后学习进攻腿的技术动作，最后根据自身特点练习各项进攻和防守战术，同时在教学训练过程中兼顾身体素质的练习。

二、教学方法

脚斗士是角力搏击类运动，实战技能是主要的学习内容，在教学过程中，可以采用学会一种技术或战术，就进行专门技、战术的教学比赛，通过逐步积累实战应用能力的方法，达到掌握各种基本技、战术动作，并具备灵活加以运用的能力。

第十六章　空　竹

第一节　空竹概述

抖空竹又名“抖地铃”“扯铃”“抖空铃”等，广泛流行于我国各地，尤其以北方地区为甚。抖空竹就是用一条线绳抖动发声的竹木玩具，现在流行玻璃钢空竹、塑料空竹、尼龙空竹、橡塑空竹，但用硬塑材料制作的空竹最为常见。

关于空竹的起源问题，我国史书均无记载，因此，无法考究。但是，关于空竹的两个传说，或许能“道出”一些空竹社会文化内涵。

据民间传说，4 000 多年前的远古时代，在我国黄河、长江流域一带生活着许多原始部落，黄帝、炎帝、蚩尤部落是当时比较大的部落。蚩尤兄弟众多，全是猛兽身体，凶猛无比，经常侵扰其他部落。黄帝与蚩尤部落为了争夺有限的资源而不断交战（翟文明，于海娣．中华上下五千年、世界上下五千年大全集［M］．北京:中国华侨出版社，2010.）。但是，黄帝却在与蚩尤的交战中经常吃败仗。玉帝得知后，即派九天玄女率天兵天将下凡，以助黄帝一臂之力。蚩尤善于迷雾阵，九天玄女布下能自由旋转的“乾坤八门旋转阵”，打破了蚩尤的迷雾阵，助黄帝战胜了蚩尤。黄帝大喜，便命丞相风后按乾坤八门旋转阵的式样改造为一种游戏之物，进行娱乐游戏，久而久之，相袭成俗，后来，逐渐演变成空竹这项游艺活动。

目前，空竹运动在我国得到了较大的发展，特别在是北方地区，如北京、西安、东北等地，抖空竹已经成为人们娱乐休闲主要选择的项目之一，抖空竹的招式、玩法得到了日新月异的发展，一些“发烧友”的玩法技巧已达到相当水准，能做出许多高难动作，堪称民间绝技，也因此走上电视屏幕展示绝技。一些地方还成立了空竹协会，为空竹运动的发展发挥了积极的作用。2003 年，德国总理默多克访问我国期间，曾到公园饶有兴趣地玩了一把空竹。

空竹分单轮和双轮，有可发音的，也有不可发音的。单轮空竹由一条抖轴和一个轮组成，抖轴上两个绳槽，靠轮边的绳槽称为主绳槽或抖槽，远离轮的绳槽称为副绳槽或辅槽。双轮空竹与单轮空竹构造基本相似，顾名思义，双轮空竹有两个轮，只有一个主绳槽。轮为中空并开了发音孔的则可发音，轮为碗状则不可发音。

第二节　双轮空竹技法

一、持杆

虎口向前，四指握竿，掌心左右相对，拇指按压抖竿（图 2. 16. 1）。

二、绕绳

（1）交叉绕绳。空竹立于体前，抖绳由外贴近空竹绳槽，一手持杆绳绕绳槽一圈，用脚将空竹向外拔倒，使空竹轮轴与人的面向的方向一致（图 2. 16. 2）。

（2）开口绕绳。空竹立于体前，抖绳由内贴近空竹绳槽，用脚将空竹向内拔倒，使空竹轮轴与人的面向的方向一致（图 2. 16. 3）。

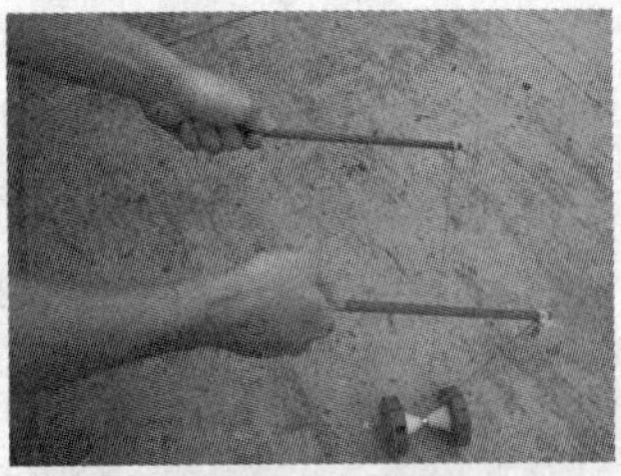

图 2. 16. 1

图 2. 16. 2

图 2. 16. 3

三、起动

（1）滚动起动法。绕绳后，调整空竹位置，两个发音轮的面分别朝向内外，拉动抖绳，使空竹在体前左右来回滚动，当空竹滚至右侧时，右臂前臂带动手腕向上抖动，使空竹在空中旋转（图 2. 16. 4）。

（2）直接起运法。交叉绕绳，两个发音轮的面分别朝向内外，空竹置于体前，右臂突然上挑，使空竹旋转，抖动空竹（图 2. 16. 5）。

图 2. 16. 4

图 2. 16. 5

四、抖动（图 2. 16. 6）

方法与要点：两臂屈肘，上臂与前臂保持基本垂直，前臂基本水平；右手持杆有节律地上、下抖动，使空竹保持旋转。

图 2. 16. 6

五、花样编创

（一）“金鸡上架”

方法与要点：绕绳起动空竹后，上下抖动，两臂平伸，扯直抖绳，一手上举，一手下举，使抖绳竖直，空竹由下往上爬。空竹可左、右上架（图 2. 16. 7）。

图 2. 16. 7

（二）“海底捞月”

方法与要点：绕绳上下抖动空竹，以右绳在外为例，双手稍高抬空竹，左手顺时针迅速划弧解绳，右手同时顺时针迅速划弧缠绳。也可逆时针绕（图 2. 16. 8）。

图 2. 16. 8

图 2.16.8（续）

（三）抛接

方法与要点：开绳起动空竹后，上下抖动，双臂快速平展，使空竹向上弹起，然后，绳对准空竹轮接住空竹，可重复练习（图 2.16.9）。

图 2.16.9

（四）大回环

方法与要点：绕绳起动空竹后，上下抖动，双臂同时顺时针或逆时针划弧，使空竹在体前运行一周（图 2.16.10）。

图 2.16.10

（五）空竹跳绳

方法与要点：绕绳起动空竹后，上下抖动，双手持杆向后顺摇，同时，双脚跳起，使抖绳带动空竹，从体前经下、后、上绕人体一周，当空竹绕至体前时，抖动抖绳，使空竹继续旋转（图 2.16.11）。

图 2.16.11

第三节　空竹器材

一、抖竿

大多用聚氨酯塑料制作，也有用竹竿或不锈钢等材料制作而成。一般选择弹性好、重量轻的材质。抖竿长一般 40 ~ 50 厘米，但也有很长的抖竿长达数米。

二、抖绳

有由多种材质制作的抖绳，如纯棉线绳、尼龙线绳、渔线绳、浆棉线绳等类型抖绳，实践中大多采用棉线。抖绳长度一般以 1.5 ~ 1.8 米为宜，也就是说以个人的身高为宜，抖绳短，动作施展不开。粗细以一般水性笔笔头粗细为宜（图 2.16.12）。

三、空竹

空竹种类繁多，给人目不暇接之感，单轮双轮、单轴双轴、木质塑料，数不胜数。对在学校体育教学，面向的是初学者，一般选择定向性好、重量稍大、外形稍小的双轮空竹（图 2.16.13）。

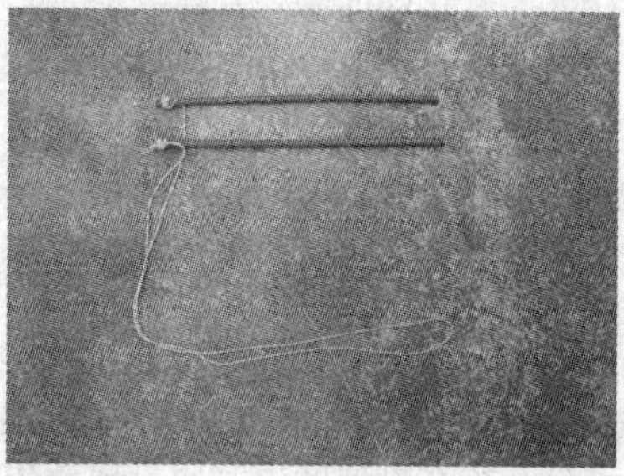

图 2.16.12

图 2.16.13

第十七章　抛绣球

第一节　抛绣球概述

抛绣球是壮族人民传统的体育项目，绣球作为人们表达友谊和传情达意的信物，在每年的春节、三月三、中秋节等传统佳节歌圩中，壮族青年男女相邀聚集在一起，随着娓娓歌声，姑娘们将亲手缝制的精美绣球抛给自己的意中人，以表达爱慕之情，小伙子在接到绣球后，在绣球上附上礼物，抛回反赠女方，经过几个来回的绣球“传情”，心心相印的青年男女会确立恋情，成为眷属。今天，虽然表达爱情的方式多种多样，不再需要用抛绣球的方式来表达，但是，抛绣球这一富含民族文化的民族传统体育项目，仍受到广大人民群众的喜爱。抛绣球运动可分为高杆抛绣球和背篓抛绣球。

高杆抛绣球比赛是在 26 米 × 14 米的场地内进行，在中线的中点，立一根高 9 米的杆，杆顶安装一个直径 1 米的圆圈，为投球圈，比赛中要将绣球从投球圈中投过，在中线两侧 7 米的位置各有一条与中线平行的投球控制线，投球控制线到端线之间的区域为投球区，运动员必须在投球区内完成投球动作。抛绣球比赛分团体赛和男、女个人赛，团体赛分两段进行，第一段，为 5 名女队员上场，第二段为 5 名男队员上场。每段 10 分钟，个人赛也分为两段进行，每段 5 分钟，比赛中，运动员将绣球投向投球圈，并飞快捡起自己的球反向投圈，中圈得 1 分，不中圈不得分，投球时踩控制线或拾别人的球投，要扣 1 分。在比赛时间内各队员所投中的圈的个数为该队员的得分，团体赛则为 10 人得分相加，高者列前，如成绩相等则再投 1 分钟直至决出胜负。

背篓抛绣球比赛则是 1 名队员背篓，另 4 名队员各持 6 只绣球相距 15 米，投球区和接球区均为宽 2 米，投球区、接球区各向后无限延伸的场地，投球队员须在投球区内投球，接球队员在接球区内接中有效投球计 1 分，在 3 分钟内投球队员必须将所有的球投出，以得分多者名次列前，如果得分相等，则以投球用时少的队为胜。

第二节　抛绣球技术

一、高杆抛绣球的基本技术

（一）抛绣球的技术分析

比赛中将绣球从投球圈投过才可得分。因此投绣球的准确性是技术中的重要环节，投球中绣球运动轨迹是弧形。通过对抛绣球力学的分析，出手角度选择 45° ~ 50°较为合适。

（二）持绣球

正对投球方向，两脚前后开立，左脚在前，重心落在右脚上，左手向前上方伸直，掌心向上，四指托球，右手握住绣球提绳的尾部，平屈于右侧，准备投球（图 2. 17. 1）。

（三）抛绣球

动作要领：左手稍用力将绣球上抛，同时右手向后拉绳，开臂，绣球以提绳为半径，右手握绳处为圆心，绣球在身体右侧，按顺时针方向运动，同时蹬腿，送髋，伸臂送腕，重心前移，当绣球绕至前上方时，顺着球的惯性将球以合适的角度抛出。左臂自然平屈于胸前（图 2. 17. 2）。

图 2. 17. 1

图 2. 17. 2

（四）练习

两人一组相距数米，进行投、接绣球练习，注意抛绣球弧形和准确性，随着抛绣球准确性的提高，逐渐拉大投、接球距离。

在投球线上取左、右、中各位置进行投球练习。练习不同位置投球。

二、背篓抛绣球的基本技术

（一）技术分析

背篓抛绣球的技术与高竿抛绣球的技术比较相似。但是高杆抛绣球，绣球运动轨迹的最高点达9米高，因此，绣球运动的弧度较大；背篓抛绣球中，绣球运动轨迹的弧度则要小得多。所以，背篓抛绣球的出手角度相对小。

（二）持绣球

背篓抛绣球的持绣球技术与高杆抛绣球的持绣球相同。

（三）投球技术

背篓抛绣球的投球技术与高杆抛绣球技术较为相似，在上面的“技术分析”中已经分析过，背篓抛绣球的出手角度相对要小。如用工艺绣球比赛，则用单手肩上投球技术。

（四）背篓接球技术

（1）接球手背篓面对投球手站立于接球区内，面对投球手投来的绣球，判断来球落点，或侧或前或后移动，或蹲或半跪将来球接入篓中（图 2. 17. 3）。

（2）左右两侧侧身接球（图 2. 17. 4）。面对来球判断落点，侧身背向外侧接球。

图 2. 17. 3

图 2. 17. 4

（3）正面跳起接球（图 2. 17. 5）。面对来球，向后移动后跳起接球。

图 2. 17. 5

（五）器材

1. 绣球

用棉布或花布制成，直径5~6厘米，内装细沙或竹豆，重150克，球心穿系一条长90厘米，尾端系3片长4厘米，宽2厘米的布条绳子，即为比赛用绣球，比赛时需备5种不同颜色的绣球各3只（图2.17.6）。

2. 背篓

用竹或塑料制，篓上径直径30厘米，下径20厘米，高40厘米（图2.17.7）。

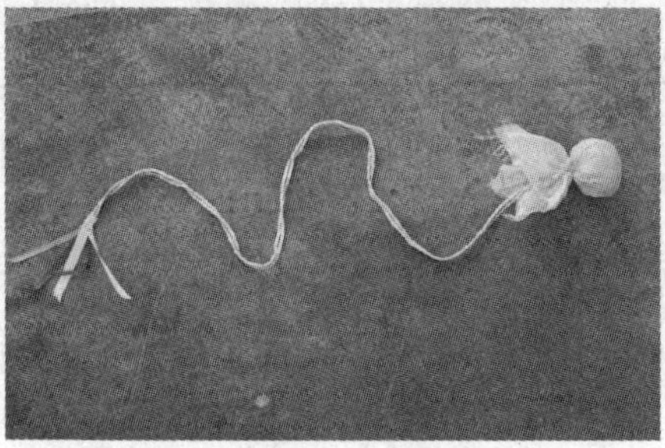

图2.17.6

（六）抛绣球比赛场地

1. 高杆投绣球的场地

场地长26米，宽14米，长边的界线叫边线，短边的界线叫端线，在中线两侧各7米的地方，各画一条与中线平行与边线相连接的投球控制线，投球控制线到端线之间的区域为投球区，在中线的中点立一根高9米的杆，杆顶安一个直径1米的圆圈，为投球圈（图2.17.8）。

图2.17.7

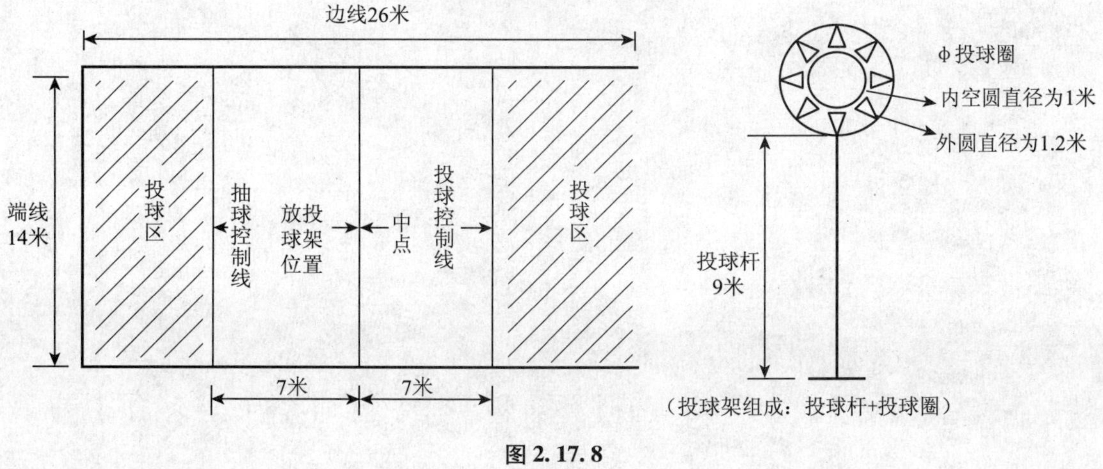

图2.17.8

2. 背篓投绣球场地

在球场或空地相距 15 米处分别划投球限制线和接球限制线外分别设宽 2 米的投球区和接球区（图 2.17.9）。

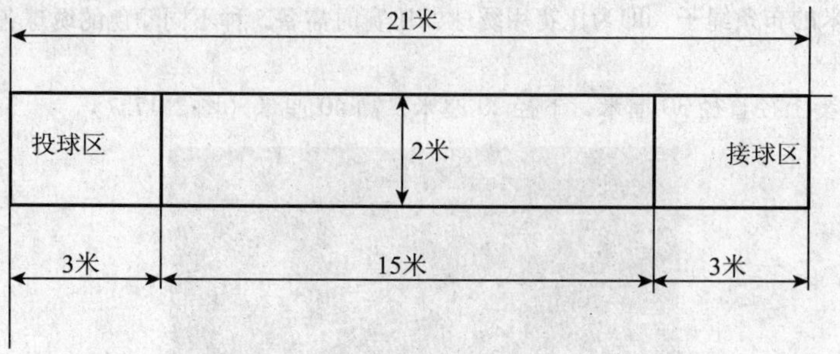

图 2.17.9

第十八章　毽　球

第一节　毽球概述

毽球是一项简单有趣的运动项目，它可以作为正规性的比赛，亦可不受场地限制，在室内或室外空旷地方随意游戏。毽球运动的历史悠久，特点是踢法容易上手，体力消耗则可大可小，适合男女老少，体质强弱的人均可参加。常踢毽球的人，身体柔韧性好，动作灵活。反应敏捷，有助于培养机智、果断的优良品质。毽球的踢法，分花毽和比赛毽球。一个参加正式比赛的运动员，应该要善攻能守，全面掌握各种球路，熟习各种踢球方法，正确判断来球，给对方以恰当还击；团体项目还要掌握好战术打法，配合好。

毽球比赛场地为羽毛场双打发球场地，长 11. 88 米，宽 6. 1 米。设有发球区，毽球由毽毛、毽垫等构成，毽球的高度为 13 ~15 厘米，毽球的重量为 13 ~15 克。

比赛上场队员 3 人，双方队员必须站在本方场区内。采用三局两胜每球得分制。发球员必须站在本方发球区内，用手持球，将球抛起，用脚将球从网上踢入对方场区，某队取得发球权时，先按顺时针方向轮转一个位置，然后由轮转到 1 号位队员发球。团体赛每队在将球踢入对方场区前，在本方场区最多只能有 3 人次共击球 4 次。不得用手、臂触球，但防守队员在手臂自然下垂的前提下拦网时的手球不算违规。球不得明显地停留在队员身体的任何部位。违反以上规定的，判由对方得 1 分。过网击球为犯规，队员若用头攻球时，必须在限制线以外起跳，除脚以外，身体任何部位不得触及中线。脚不得完全越过中线。

第二节　毽球运动的基本技术

一、准备姿势

准备姿势按两脚开立的方向可分为前后开立准备姿势和左右开立准备姿势。

（1）前后开立准备姿势。两脚前后开立，膝关节稍屈，两臂自然弯曲置于体侧（图 2. 18. 1）。

（2）左右开立准备姿势。两脚左右开立，两膝稍弯曲内扣重心稍落于两脚之间，两臂自然弯曲置于体侧（图 2. 18. 2）。

图 2. 18. 1

图 2. 18. 2

二、起球技术

起球技术，指利用脚、腿、胸、头等身体有效部位，把对方击过网或突破封网后的球击起，即组织进攻的击球动作，可分为脚内侧起球、脚外侧起球、脚背起球、腿部起球、胸部起球和头部起球等。

（一）脚内侧起球

1. 动作要领

踢球腿大腿带动小腿由后向前上方摆动，用脚弓内侧面的中部部位击球（图 2. 18. 3）。

图 2. 18. 3

2. 练习

（1）手持球，自抛自颠。

（2）单脚连续颠球、左右脚交替颠球。

（3）两人一组，一人抛球，一人颠球。先近距离，然后逐渐拉开距离，先无障碍练习，然后再隔网练习。左、右脚分别练习。

（二）脚背起球

动作要领

一脚支撑身体，另一脚主动插入球下，利用适度的伸膝和踝关节背曲的协调勾脚动作，把球向上踢起（图 2. 18. 4）。

图 2. 18. 4

（三）腿部起球

1. 动作要领

当球飞近大腿时，击球腿自然屈膝，大腿带动小腿由后向前上方快速抬起，用大腿的前三分之一处击球（图 2. 18. 5）。

图 2.18.5

2. 大腿起脚练习

(1) 手持球，自抛自颠。

(2) 单脚连续颠球、左右脚交替颠球。

(3) 两人一组，一人抛球，一人颠球。先近距离，然后逐渐拉开距离，先无障碍练习，然后再隔网练习。左、右脚分别练习。

(四) 胸部起球

1. 动作要领

起球时，判断来球，移动利用胸部封堵来球（图 2.18.6）。

图 2.18.6

2. 练习

（1）胸部起手抛球

（2）左右移动胸部起手抛球。

（3）隔网胸堵防起练习

三、发球技术

（一）脚背正面发球

动作要领

体前抛球，踝关节绷直，抬大腿、踢小腿，用脚背正面食趾的跖趾关节处击球，将球发入对方场区（图 2. 18. 7）。

图 2. 18. 7

（二）发球的练习

（1）做无球练习，体会各种发球动作。

（2）两人一组，隔网发球。

（3）对墙发球，击墙上所画圆圈。

（4）在一定距离外画圈，要求发球进圈。先近距离，再逐渐拉长距离，先无障碍物练习，再隔网练习。

（5）在场内用粉笔在 1、2、3 号位画圈，发球队员将球依次发入圈内。

四、攻球技术

（一）正面脚掌前踏攻球

1. 动作要领

判断来球，大腿带动小腿迅速上摆到最高点，踏球时，击球腿依次利用髋、膝、踝的力量“鞭打式”下压，用脚掌前三分之一处击球（图 2. 18. 8）。

图 2. 18. 8

2. *练习方法*

（1）无球模仿练习，体会“鞭打式”下压动作。

（2）踏吊球练习，在高处用绳、线吊一球，练习前踏球动作。

（3）自抛自踏练习，自己向前抛球，上步前踏球。先无障碍物练习，再隔网练习。

（二）脚背倒勾攻球

1. *动作要领*

判断来球，击球腿微曲上摆，勾脚尖，用脚背将球击向对方场地（图 2. 18. 9）。

图 2. 18. 9

2. *练习方法*

（1）网前无球模仿练习。练习者站在网前，背对球网，原地完成倒勾动作。

（2）倒勾吊球练习。用绳把毽球吊在一长竹竿上，练习者练习倒勾球动作。

（3）网前自抛球练习。教练员在离网练习者一步助跑起跳打倒勾球。认真体会助跑起跳的时机和起跳点，正确完成倒勾动作。每人练习 3 ~ 5 次交换。

（4）倒勾二传球的练习。一练习者担任二传，接教练员的手抛球二次传到位，另一侧的进攻练习者移动到网前，做倒勾二传，倒勾完成后回原位轮流练习。认真体会移动后与倒勾动作的衔接，养成在运动中进行练习的习惯。

第十九章　跳竹竿

第一节　跳竹竿概述

竹竿舞也叫跳竹竿，是佤族、黎族和苗族等少数民族特有的一种舞蹈，黎语意为“跳柴”，跳竹竿起源于海南省黎族、苗族自治州内和广西防城港市的“京族三岛”上，至今已有数百年的历史。跳竹竿因趣味性、娱乐性强，动作技术简单易学而得到广泛的推广。据传，南方沿海生活的以渔业为主的少数民族，在余暇时间，在海滩边、丛林中敲击抬网，晒网的竹竿，来共庆丰收。后来人们在长期的劳动、生活中，将这一娱乐活动进行丰富发展，形成了竹竿有节律地敲击，表演者在竹竿间隙随敲击竹竿的节拍载歌载舞的一种娱乐性较强的活动。在海南省和我区的沿海地区，每当节日时，青年男女穿上节日盛装，在村寨的场地上举行跳竹竿活动，欢庆丰收或迎接远方的来客，随着铿锵有力、欢快奔放的节奏，人们在竹竿上表演各种动作，有的踩着高跷，有的穿着木鞋，也有多人同穿一双木鞋做出各种表达情感的动作，或者手持红绸，头戴彩帽翻跟斗等高难动作。

一付竹竿由两条粗竿和多条小竿组成。单付竹竿粗竿长4～6米，小竿需6～8条，长3～5米。有时为了表演，需要木板鞋、高跷、越南帽、扇等，用于跳竹竿中不同的动作编排。

第二节　跳竹竿的技术

跳竹竿是由8～10人打竿，数目不等的跳竿者组成，打竿者或坐或蹲或站于细竿两端，两人一组，左右手各握细竹端，统一按不同的节律敲打粗竿和互碰细竿，发出有节律的、铿锵清脆的响声；跳竿者则根据不同的节律在竹竿间隙中左跨右跳或载歌载舞或做出高、难、美、新的动作。跳竹竿的技术可分为打竿和跳竿两个基本环节。

一、摆竿

（一）横摆法

8条小竿依次摆放于底竿上，以相邻敲竿者，分竿时，竿靠近为宜（图2.19.1）。

（二）交叉法

（1）四竿交叉法：底竿不动，四条小竿横摆，另四条竿竖摆（图2.19.2）。

（2）两竿交叉法：底竿不动，两条小竿横摆，另两条竿竖摆（图2.19.3）。

图2.19.1

图2.19.2

图 2.19.3

二、敲竿

根据不同的需要，需多人敲竿。

（一）打竿姿势

单膝跪蹲：一腿全蹲，全脚掌着地，另一腿成跪式，膝与前脚掌着地（图 2.19.4）。

（二）握竿

握法：拇指与其余四指分开，虎口朝前掌心向里，拇指与其余四指扣屈握竿（图 2.19.5）。

图 2.19.4

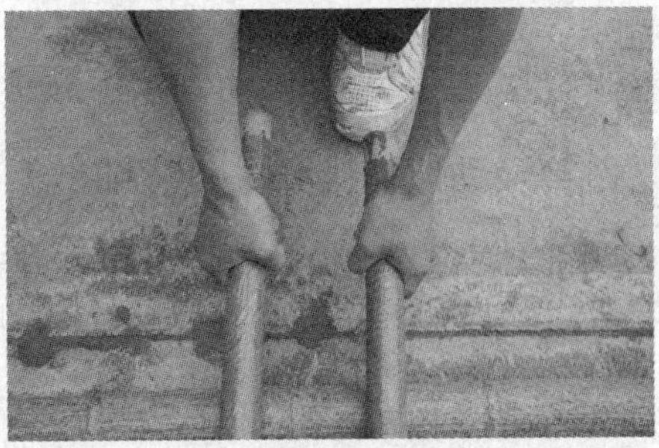

图 2.19.5

（三）打竿方法

打敲法：手握细竿有节律地敲击底竿（图 2.19.6）。

图 2.19.6

图 2. 19. 6（续）

（四）打竿节拍

打竿的节拍关系跳竹竿的节律及表演的重要因素，是跳竹竿这一项目的“中柜组织”，跳竿者必须按打竿的节拍来跳竿，否则就会踩竿或被竿夹着，如果打竿节拍紊乱，跳竿者也就无法完成跳竿，导致表演失败。

（1）2－2 节拍，分敲两次，再合敲两次。

（2）3－1 节拍，分敲三次后，再合敲一次。

（3）2－1 节拍，分敲两次后，再合敲一次。

（4）1－1 节拍，分敲一次后，再合敲一次。

（5）3－3 节拍，分敲三次后，再合敲（或平碰）三次，周而复始，形成“嗒嗒嗒……嗒嗒嗒……嗒嗒嗒……嗒嗒嗒……”的节律。

6. 打空竿：就是打竿过程中，小竿在分敲时的位置，原地连续不断地按节奏敲击粗竿。

三、跳竿及动作编排

跳竿是根据打竿的节拍，在竿中左跨右跳，并配合手部或全身动作来表达艺术抒发情感的过程。跳竿时不能踩着竹竿，也不能被竹竿夹着，而是踩着竹竿开、合时所留下的间隙行跳竿的节拍。根据跳竿时行进的方式，跳竿可分为单脚跳进、双腿并进跳。

（一）以横摆法摆竿为例

（1）跳单竿：两人以合、分的位置敲一条竹竿，跳竿者斜向进竿（图 2. 19. 7）。

图 2. 19. 7

（2）跳双竿：两人敲两条竹竿，分、合敲（图 2. 19. 8）。

图 2. 19. 8

（3）跳空竿：所有的小竿均匀摆开，不合敲，只在原地敲打，跳竿者练习节奏（图 2. 19. 9）。

图 2. 19. 9

（4）正面双脚并步直进跳（图 2. 19. 10）。

图 2. 19. 10

（5）两人相向而立，同时跳进，手部可做相互击掌动作（图 2. 19. 11）。

图 2.19.11

（6）多人手牵手相向并步跳，手部动作：第一拍，双臂内夹屈肘摆至胸前；第二拍，双臂展开至侧下（图 2.19.12）。

图 2.19.12

（7）多人一组，侧向站立，双手搭肩，跳竿（图 2.19.13）。

图 2.19.13

（二）两竿交叉

（1）斜线跳（图 2.19.14）。

图 2. 19. 14

（2）“口”字跳（图 2. 19. 15）。

图 2. 19. 15

（三）四竿交叉跳

（1）斜线跳（图 2. 19. 16）。

图 2. 19. 16

（2）“口”字跳。

跳法与两竿交叉跳同。

第二十章　木板鞋

第一节　木板鞋运动概述

一、起源与发展

木板鞋是壮族民间传统体育项目，相传源于明代。明代嘉靖年间，倭寇频频侵扰我国沿海地区，大肆进行烧杀掠夺，沿海民众苦不堪言，明统治者曾多次派兵抗倭，而收效甚微。后来，广西河池地区的瓦氏夫人受令，率兵进驻东南沿海地区抗击倭寇。为了提高军队的战斗力，在军队的训练中，瓦氏夫人令多名士兵一组，穿上同一副木板鞋齐步走、跑练习，士兵练习时，必须保持步调统一，团结一心，默契配合。长此以往，士兵们操练时步伐整齐、步调一致，大大地提高了协同一致的作战能力，士兵的身体素质也大大提高，斗志高涨，在与倭寇的作战中所向披靡，挫败了倭寇的侵扰，保护了沿海居民的生命财产安全，也为壮乡人民立了大功。后来，南丹县那地州壮族人民为了纪念瓦氏夫人，于是就模仿了瓦氏夫人训练士兵的方法，开展了木板鞋竞技的娱乐活动，特别是喜庆节日和秋后欢庆时，壮乡人民穿上木板鞋，踏着欢快的节拍，欢庆丰收和节日，相袭成俗，流传至今。

二、民间板鞋竞技的形式

板鞋竞技活动以其高度的娱乐性，越来越受广大人民群众的喜爱，在娱乐活动中人们设计了丰富多彩的板鞋竞技形式，丰富了人们的业余文化生活。在娱乐活动编排了板鞋接力、板鞋抢粽子、板鞋舞、板鞋采香包（壮族一种吉祥物）、板鞋抛绣球、板鞋扇舞、板鞋拳术、板鞋踩气球等竞技形式，当然，也可以根据活动的实际情况编排形式多样的娱乐竞技活动。

第二节　木板鞋的基本技术

如图 2. 20. 1 ~ 图 2. 20. 8 所示，以三人的右腿运动轨迹为例，三人板鞋的一个完整的跑动周期分：左板着地缓冲、右板提膝送板，右板下压、右板着地缓冲。

图 2. 20. 1

图 2. 20. 2

图 2. 20. 3

图 2. 20. 4

图 2. 20. 5

图 2. 20. 6

图 2. 20. 7

图 2. 20. 8

（一）左板着地

三人板鞋着地缓冲，三人的重心放在右板上，左板着地一瞬间，重心迅速转移，同时积极压板。

（二）右板提膝送板

左板下压同时后蹬，右腿抬膝，以大腿带动小腿向前上方摆动，提膝向前送板。

（三）右板下压

摆动腿的大腿摆至几乎与地面平行，小腿顺惯性向前摆动，脚掌保持自然的姿势。大腿积极下压，并积极向前伸腿送髋。

（四）右板着地缓冲

小腿前伸，着地缓冲，重心由左板过渡到右板。

（五）练习

（1）站位。三人的站位与扶腰。

（2）徒手节奏练习。三人同时发出“1、2；1、2”的口令，并原地踏步练习。

（3）三人穿板鞋原地踏步练习。

（4）三人穿板鞋小步跑练习。
（5）三人穿板鞋侧跨步练习。
（6）三人穿板鞋慢跑练习。
（7）三人穿板鞋曲线跑练习。

第三节　器　材

三人板鞋长 1 米，宽 9 厘米，厚 3 厘米。胶带宽 5 厘米，第一条在距板鞋头 7 厘米处，第三条距板鞋尾 15 厘米处，第二条在前后两条中间。四人、五人、多人板鞋尺寸依此类推（图 2. 20. 9）。

图 2. 20. 9

第二十一章　踩高跷

第一节　踩高跷概述

踩高跷，在我国汉族中有比较广泛的群众基础，早在唐代，就出现踩高跷的表演。踩高跷是广西京族人民特别喜爱的运动项目，相传早在100年前，每到入秋以后，北部湾的浅海处便出现一群群的海虾，为避免因天冷冻伤脚和残贝壳割伤脚，京族人便踩着高跷，扛着虾箩去浅海捕捞，以后慢慢发展成一项民间体育游戏——踩高跷。该项目在2003年宁夏回族自治区银川市举行的“中华人民共和国第七届少数民族传统体育运动会”上已被列入全国民运会正式比赛项目，共有16个省市代表团的32支代表队参加了高跷竞速的比赛，比赛中运动员创造了优异的成绩。

高跷现在已成为广大群众所喜爱的运动项目，它不仅能达到锻炼身体、提高身体素质的目的，而且还能达到娱乐的作用。每遇农闲或喜庆节日时，人们用各种姿势踩上高跷互相交流技艺，或者角力对抗，或者高跷游戏，或者高跷竞速，尽情享受丰收的喜悦或节日的快乐。由于踩高跷所需的器材简单，不受场地的限制，娱乐性强，因此，特别适合目前正在开展的全民健身运动。踩高跷活动可丰富人们的文化生活，加深各民族人民之间的团结和友谊，通过“经济唱戏，体育搭台”的方式，促进和带动民族地区的经济繁荣和发展。它不但具有健身价值，而且还具有一定的艺术价值，对振兴民族精神，活跃、充实人民的文化生活都起着积极作用。

第二节　高跷的基本技术

高跷的技术分为持握高跷、上高跷、踩高跷和下高跷四个部分。

一、持握高跷

（一）下握式

动作方法：两脚开立与肩同宽，上臂内侧与肋部上部夹紧扶把中上部，高跷下端触地，间距30～40厘米（高跷之间的间距、高跷与人的距离、手握扶把的位置均以人感觉适宜为宜，下同），踏板向内，双臂微屈，双手虎口向下，掌心向里，大拇指与其他四指分开握把，两眼平视前方（图2.21.1）。

（二）上握式

动作方法：站立，将高跷立于体前，高跷之间相距30～40厘米，高跷与人相距约30厘米，高跷踏板向后，两臂屈肘，两手虎口朝上，握紧高跷上端（约与肩同高）（图2.21.2）。

图2.21.1

图2.21.2

（三）练习

（1）教师先示范一遍完整的动作，让初学者对踩高跷的基本技术有初步印象。

（2）教师边示范边讲解不同方式的持握高跷的手法、部位及高跷的放置位置，保持身体平衡。

（3）练习者学习持握高跷，教师纠正练习者的错误动作。

二、上高跷

（一）下握式上高跷

动作方法：持握好高跷后，一脚先踏上高跷的踏板，另一只脚稍蹬地，迅速蹬上踏板，同时用上臂与肋上部夹高跷扶把，握高跷的双手向内夹控制好高跷（图 2. 21. 3）。

图 2. 21. 3

（二）上握式上高跷

动作方法：持握好高跷后，一脚先踏上高跷的踏板，脚尖贴紧扶把，另一只脚稍蹬地，迅速蹬上踏板，同时屈臂，双臂的上臂与前臂夹角成约 90°，臂和手稍紧张握紧高跷（图 2. 21. 4）。

图 2. 21. 4

（三）练习

（1）教师边讲解边示范上高跷动作，强调动作关键。

（2）练习者两人一组，一人进行保护与帮助，另一人做上高跷的练习。

（3）一个人固定高跷后，练习者练习上高跷。

（4）练习者站在台阶上（高跷放置于台阶下）上高跷，体会动作。

（5）练习者双手持高跷在平地上进行上高跷练习。

三、踩高跷

不同材料制作的高跷，因高跷的外形不一致，另外高跷竞速和高跷表演它们的动作方法各异，故踩高跷的方法多种多样。下面主要介绍高跷竞速的动作技法。

（一）下握式踩高跷

1. 正向走

动作方法：下握式上高跷后，双膝微屈站在高跷上，保持身体平衡，两眼平视前方，然后重心移至左（右）上，右（左）手将高跷提离地面，脚掌紧贴踏板，右脚带动右扶把向前迈步，左右脚夫交替行进（图 2.21.5）。

图 2.21.5

2. 侧身走

动作方法：侧对运动方向，下握式上高跷后，右腿向右下方蹬地，同时左手提拉高跷左脚侧移一步，右脚随之跟进一步，这样循环往复向左行进（图 2.21.6）。

图 2.21.6

3. 练习

（1）教师边示范边讲解动作要领。

（2）练习者站在高晓上，两人一组，一人手扶练习者的肩膀帮助练习者平衡重心。

（3）练习者按动作要领及要求自己练习。

（4）练习者加大练习难度进行练习。

① 教师发出节奏信号，练习者按节奏进行练习。

② 练习者根据自己的熟练程度加快踩高跷的速度。

③ 踩高跷上下坡。

④ 踩高跷做转弯、侧移、跳跃动作练习。

（二）上握式踩高跷

动作方法：将两只高跷平行立于体前，踏板向后，两手虎口朝上各握住一只高跷的上端，上高跷后，重心稍左移动，右脚尖向前将扶把向前推，使右手所持扶把向前移一步，左右脚交替向前行进，动作熟练后可跑动行进（图 2.21.7）。

图 2.21.7

四、下高跷

下高跷常用的方法有双脚下法和单脚下法。

动作方法：当练习者在行进间或到达终点准备下高跷时，手、脚协调用力，保持身体平衡，左脚左手、右脚右手同时支撑身体重量，双脚向前跳下落地。单脚下高跷时应保持蹬高跷一侧的重心稳定，另一侧脚先下，然后另一只脚同时跟着落地。

第三节　器　材

高跷由扶把和踏板两部分构成。扶把由 6 厘米 ×8 厘米方木条制成，高跷高度与人的身体高度接近（1.65~1.80 米），在每根扶把距地面约 40 厘米（男子高跷）或 30 厘米（女子高跷）的地方，各钉一块横切面 6 厘米 ×10 厘米，高 12~15 厘米木板作为踏板，将踏板上方约 20 厘米处到扶把梢端刨成直径为约 5 厘米圆木。踏板距地面的高度从踏板上沿计算。

参考文献

[1] 黄亚玲．奥运传奇［M］．郑州：大象出版社，2004.
[2] 詹汝琮，等，译．奥林匹克理想——顾拜旦文选［M］．北京：奥林匹克出版社，1993.
[3] 中共中央对体育工作的批示［J］．新体育，1959（1），3.
[4] 贺龙．党的路线在体育路线上的辉煌胜利［J］，新体育，1959（19）：1.
[5] 第十二届全运会官方网站．
[6] 中国少儿百科全书·文化·艺术［M］．香港：时代文化出版社，2009.
[7] 中国大百科全书体育［M］．北京：中国大百科全书出版社，1982.
[8] 体育学院通用教材．体育概论［M］．北京：人民体育出版社，1989.
[9] 周西宽．体育基本理论教材［M］．北京：人民体育出版社，2004.
[10] 杨文轩，陈琦．体育原理［M］．北京：高等教育出版社，2004.
[11] 胡小明．新时期体育社会功能的转变［J］．体育文化导刊，2003（3）．
[12] 周忍伟，陈荣杰．中国文化导论［M］．上海：华东理工大学出版社，2005.
[13] 谭华．体育史［M］．北京：高等教育出版社，2005.
[14] 周忍伟，陈荣杰．中国文化导论［M］．上海：华东理工大学出版社，2005.
[15] 程志理．体育文化初探［J］．上海体育学院学报，1987（3）：15
[16] 冯胜刚．对“文化”和“体育文化”定义的求索［J］．贵州师范大学学报（社会科学版），2003（6）：71
[17] 司马云杰．文化社会学［M］．济南：山东人民出版社，1990.
[18] 张争鸣．体育文化的功能意义［J］．贵阳：贵州体育科技，1994（1）．
[19] 吴克礼．文化学教程［M］．上海：上海外语教育出版社，2002.
[20] 郝勤．体育史［M］．北京：人民体育出版社，2006.
[21] 易剑东．体育文化学［M］．北京：北京体育大学出版社，2006.
[22] 杨弢，姜付高．中西方体育文化比较［M］．北京：社会科学文献出版社，2008.
[23] 方爱莲，赵晓红．体育文化导论［M］．北京：高等教育出版社，2009.
[24] Krawcayk Z. Physical culture from the perspective of values. Int Rev Social Sport. 1988. 23（2）：97－106.
[25] Seppanen P. A revisit to social and cultural perconditions of top level sport. Int Rev Social Sport. 1988. 23（1）2－12.
[26] Anderson，Eric. In the game：gay athletes and the cult of masculinity. State University of New York Press，2005.
[27] Keim，Marion. Nation building at play：sport as a tool for integration in post－apartheid South Africa. Meyer and Sport，2003.
[28] 赵苏喆．民族传统体育项目的分类及发展［J］．体育学刊，2007（5）：78－81.
[29] 张建雄，江月兰．民族传统体育概念相关问题辨析与界定［J］．广州体育学院学报，2004（5）：126－128.
[30] 刘德琼，胡英清，刘靖南，等．少数民族传统体育［M］．桂林：广西师范大学出版社，2004：2.
[31] 李鸿江．中国民族体育导论［M］．北京：中国书籍出版社，2000.
[32] 曾于久，刘星亮．民族传统体育概论［M］．北京：人民体育出版社，2000：16.
[33] 朱志凯．形式逻辑基础［M］．上海：复旦大学出版社，1983：50.
[34] 罗艺敏，蒋东升．论中华民族传统体育分类［J］．山东体育学院学报，2008（4）：36－38.
[35] 国家体委文史委员会，中国体育博物馆．中华民族传统体育志［M］．南宁：广西民族出版社，1990：791.

［36］周伟良．中华民族传统体育概论高级教程［M］．北京：高等教育出版社，2003：10.
［37］胡小明，赵苏喆，倪依克，等．论论中华民族传统体育的现代化［J］．武汉体育学院学报，2003（4）：1－4.
［38］周伟良．中华民族传统体育概论高级教程［M］．北京：高等教育出版社，2003：245.
［39］方哲红．对发展我国民族传统体育文化的思考［J］．福建体育科技，2002.
［40］王岗，王铁林．民族传统体育发展的文化审视［M］．北京：体育大学出版社，2005：41.
［41］张继雄，江月兰．民族传统体育概念相关问题辨析与界定［J］．广州体育学院学报，2004（24）：126－128.
［42］刘德琼，胡英清，刘靖南，等．少数民族传统体育［M］．桂林：广西师范大学出版社，2004：1.
［43］蒋东升．中华民族传统体育相关概念辨析［J］．体育学刊，2008（4）：103－106.
［44］郭伴溪．民间游戏与竞技［M］．北京：中国社会科学出版社，2008：14.
［45］涂传飞，等．民间体育、传统体育、民俗体育、民族体育的概念及其关系辨析［J］．武汉体育学院学报，2007（8）：24－31.
［46］全国体育学院教材委员会．体育史［M］．北京：人民体育出版社，2000.
［47］《体育史》教材编写组．体育史［M］．北京：高等教育出版社，1996.
［48］马克思恩格斯选集（第3卷）［M］．北京：人民出版社，1972：220.
［49］斯巴达人．http：//baike. baidu. com/view/467563. htm，引用日期：2012年3月1日
［50］谭华．体育史［M］．北京：高等教育出版社，2005：7.
［51］色诺芬．回忆苏格拉底［M］．北京：商务印书馆，1986.
［52］柏拉图．理想国［M］．北京：外语教学与研究出版社，1998.
［53］柏拉图．文艺对话集［M］．北京：人民文学出版社，1963.
［54］文烨．西方著名教育家体育思想及其对我国学校体育教育的启示［J］．高教探索，2011（3）.
［55］夸美纽斯．大教学论［M］．北京：人民教育出版社，1984. 31，81.
［56］洛克．教育漫话［M］．傅任敢，译．北京：人民教育出版社，1985：24，25.
［57］卢梭．爱弥儿［M］．北京：商务印书馆，1981.
［58］古兹姆斯．http：//baike. baidu. com/view/4771403. htm，引用日期：2012年3月4日．
［59］德国体操．http：//baike. baidu. com/view/223821. htm，引用日期：2012年3月4日．
［60］瑞典体操．http：//baike. baidu. com/view/223944. htm，引用日期：2012年3月4日．
［61］户外运动．http：//baike. baidu. com/view/17580. htm&sa = U&ei = E8JLTe36HsT_ lgfOzZUq&ved = 0CCgQFjAG&usg = AFQjCNF7MumH－CqAgdh_ IbWrM4TIW－，引用日期：2012年3月4日．
［62］现代奥林匹克运动诞生．http：//www. hebei. gov. cn/article/20080728/1029745. htm 发表日期2008年07月28日，引用日期：2012年3月4日．
［63］胡安·安东尼奥·萨马兰奇．Http：//baike. baidu. com/view/2142. htm，引用日期：2012年3月5日．
［64］中国古代体育文化．Http：//www. guoxue. com/wk/000114. htm，引用日期：2012年3月6日．
［65］杨文轩，杨霆．体育概论［M］．北京：高等教育出版社，2005.
［66］潘绍伟，于可红．学校体育学［M］．北京：高等教育出版社，2008.
［67］陈文卿，谢翔．学校体育学［M］．桂林：广西师大出版社，2006.
［68］李祥．学校体育学［M］．北京：高等教育出版社，2001.
［69］金钦昌．学校体育学［M］．北京：高等教育出版社，1994.
［70］陈文卿，谢翔．学校体育学［M］．桂林：广西师大出版社，2006.
［71］潘绍伟，于可红．学校体育学［M］．北京：高等教育出版社，2008.
［72］周登嵩．学校体育学［M］．北京：人民体育出版社，2004.
［73］毛振明．学校体育发展史［M］．桂林：广西师范大学出版社，2005.
［74］谭华．体育史［M］．北京：高等教育出版社，2009.
［75］苏竞存．中国学校体育史［M］．北京：人民教育出版社．1994.
［76］夸美纽斯．大教学论［M］．北京：人民教育出版社，1984.
［77］任雪艳．中国近代体育思想的发展演变及特点［D］．东北师范大学，硕士学位论文，2008.
［78］教育部颁发《全国普通高等学校体育课程教学指导纲要》

[79] 教育部基础教育司，教育部师范部．体育与健康课程标准研修［M］．北京：高等教育出版社，2004.
[80] 教育部基础教育司，体育（与健康）课程标准研制组．体育与健康课程标准解读［M］．武汉：湖北教育出版社，2004.
[81] 邓树勋．体育与健康［M］．广州：中山大学出版社，2002.
[82] 刘志敏．大学体育健康教程［M］．北京：北京体育大学出版社，2008.
[83] 林志超．大学体育标准教程［M］．北京：北京体育大学出版社，2007.
[84] 孙庆祝．体育测量与评价［M］．北京：高等教育出版社，2006.
[85] 孟昭兰．情绪心理学［M］．北京：北京大学出版社，2005：6.
[86] 黄敏儿，戴建林．情绪智力——促进心理健康的能力［J］．心理学动态，1997.
[87] 王滨．积极情绪对健康人格作用机制的探讨［J］．河南大学学报．2006（9）．
[88] 杨国欣．高校学生不良情绪心理及危害［J］．河南理工大学学报．2005（11）．
[89] http：//www. wjyiyuan. net/xgnza/20100422－2747. html.
[90] 赵佩漩，赵泽波．论青少年的情绪与心理健康［J］．科教文汇，2008（5）．
[91] 王家宏．球类运动——篮球［M］．北京：高等教育出版社，2009.
[92] 许明荣，谢东．体育运动与健康教程［M］．桂林：广西师范大学出版社，2007.
[93] 郭永波．现代篮球训练法［M］．北京：北京体育大学出版社，2006.
[94] 虞重干．排球运动教程［M］．北京：人民体育出版社，2009.
[95] 张瑞林．排球运动［M］．北京：高等教育出版社，2005.
[96] 黄汉升．球类运动——排球（第二版）［M］．北京：高等教育出版社，2009.
[97] 何志林，等．现代足球［M］．北京：人民体育出版社，2000.
[98] 曹镜鉴，等．足球竞赛规则与裁判法分析［M］．北京：人民体育出版社，1999.
[99] 中国足球协会．足球竞赛规则［M］．北京：人民体育出版社，1999.
[100] 陶志翔．网球运动教程［M］．北京：高等教育出版社，2003.
[101] 段黔冰．网球快速入门［M］．广州：世界图书出版公司，2007.
[102] 陶志翔．网球［M］．北京：高等教育出版社，2011.
[103] 孙卫星．现代网球技术教学法［M］．北京：北京体育大学出版社，2007.
[104] 唐建军．乒乓球运动教程［M］．北京：北京体育大学出版社，2005.
[105] 潘施伊．乒乓球教程［M］．北京：北京理工大学出版社，2011.
[106] 袁文惠．乒乓球教程［M］．郑州：黄河水利出版社，2009.
[107] 苏丕仁．现代乒乓球运动教学与训练［M］．北京：人民体育出版社，2003.
[108] 彭美丽，侯正庆．羽毛球［M］．北京：北京体育大学出版社，2003.
[109] 肖杰．羽毛球运动理论与实践［M］．北京：人民体育出版社，2005.
[110] 林建成．羽毛球技、战术训练与运用［M］．北京：人民体育出版社，2009.
[111] 邓立平．轮滑［M］．厦门：厦门大学出版社，2006.
[112] 韦见凡，丁旭．轮滑技巧图解［M］．北京：北京体育大学出版社，2006.
[113] 张瑛玮．轮滑基本技术图解［M］．北京：人民体育出版社，2002.
[114] 李瑶章．轮滑运动［M］．北京：人民体育出版社，1999.
[115] ［印度］B. K. S. 艾扬格，Light of Yoga［M］．王晋燕，译．北京：世界图书出版社公司北京公司，2006.
[116] ［英］吉尔·霍尔，多丽尔·霍尔．瑜伽与冥想［M］．尹玨林，林智，译．哈尔滨：黑龙江科学技术出版社，2010.
[117] ［美］莱斯·利卡米诺夫．瑜伽解剖学［M］．王启荣，刘晔，译．北京：人民体育出版社，2009.
[118] 张蕙兰，柏忠言．瑜伽气功与冥想［M］．北京：人民体育出版社，2006.
[119] 蔡仲林，张建军．武术［M］．桂林：广西师范大学出版社，2006.
[120] 许明荣，谢东．体育运动与健康教程［M］．桂林：广西师范大学出版社，2007.
[121] 张山．中国体育教练员岗位培训教材［M］．北京：人民体育出版社，1999.
[122] 蔡仲林，周之华．武术［M］．北京：高等教育出版社，2005.
[123] 国家体育总局．太极拳、剑竞赛规则［M］．北京：北京体育大学出版社，1993.

[124] 刘宏伟．论搏击［J］．沈阳体育学院学报，2002（2）：82.

[125] 刘映海．散打基本步法解析及练习方法［J］．搏击，2007，(6)：27－28.

[126] 刘映海．散打基本拳法和摔法［J］．搏击，2007（5）：17－20.

[127] 刘映海．散打基本腿法解析及练习方法［J］．搏击，2007（4）：17－19.

[128] 叶伟．散打运动训练理论与实践［M］．北京：人民体育出版社，2004.

[129] 高等学校新世纪体育教材编写委员会．武术与搏击［M］．北京：高等教育出版社，2008.

[130] 梁亚东．现代散打［M］．武汉：湖北科学技术出版社，2001.

[131] 马学智．散手［M］．北京：北京体育大学出版社，2002.

[132] 蔡仲林，周之华．武术（第三版）［M］．北京：高等教育出版社，2002.

[133] 林伯源．中国武术史［M］．北京：北京体育大学出版社，1994.

[134] 国家体委武术研究院．中国武术史［M］．北京：人民体育出版社，1998.

[135] 蒋东升．武术起源问题探讨［J］．搏击·武术科学，2011.

[136] 张莹，杨萍，刘令妹．健身健美操教练员指导员培训教材［M］．北京：人民体育出版社，2004.

[137] 第三套全国健美操大众锻炼标准［M］．北京：人民体育出版社，2011.

[138] 黄宽柔．健美操［M］．北京：高等教育出版社，2011.

[139] Http：//wenku. baidu. com/view/42632007eff9aef8941e0650. html.

[140] 马虎臣．空竹的抖法与玩法［M］．郑州：河南科学技术出版社，2008.

[141] 范纯，伍广津，刘靖南．民族传统体育学［M］．桂林：广西师范大学出版社，2007.

[142] 刘旭东，王亚勇．十四种竞技——中国少数民族传统体育运动会竞赛项目赏析［M］．银川：宁夏人民出版社，2003.

[143] 刘德琼，胡英清，刘靖南，陈志强．少数民族传统体育［M］．桂林：广西师范大学出版社，2000.